Erin Zammett Ruddy

Bring dein Leben auf die Reihe!

Erin Zammett Ruddy

BRING DEIN *Leben* AUF DIE REIHE!

Die ultimative Anleitung für alles

Übersetzung aus dem Englischen
von Charlotte Höcher

lübbe life

Alle Ratschläge in diesem Buch wurden sorgfältig geprüft, dennoch können Verlag und Autorin keine Garantie für den Erfolg übernehmen. Verlag und Autorin übernehmen für etwaige Schäden jeglicher Art keine Haftung.

MIX
Papier aus verantwortungsvollen Quellen
FSC® C014496
FSC
www.fsc.org

Titel der englischen Originalausgabe:
»The Little Book of Life Skills«

Textredaktion: Beate De Salve, Pulheim
Umschlaggestaltung: ZERO Werbeagentur, München
Illustrationen im Innenteil: Sarah Congdon
Satz: Helmut Schaffer, Hofheim a. Ts.
Gesetzt aus der Scala OT
Druck und Einband: GGP Media GmbH, Pößneck

Printed in Germany
ISBN 978-3-431-07015-6

5 4 3 2 1

Sie finden uns im Internet unter luebbe-life.de
Bitte beachten Sie auch: lesejury.de

Für meine Eltern, John und Cindy Zammett,
die mir so viele wichtige Dinge beigebracht haben
(aber auch nicht zu viele, sodass ich immer noch
dieses Buch schreiben konnte)

Inhalt

Einleitung

In den letzten zwanzig Jahren habe ich für bekannte Lifestyle-Magazine regelmäßig Expert*innen um Ratschläge und Tipps für alles Mögliche gebeten, angefangen davon, wie man eine Sitzung leitet, bis dazu, wie man den besten Burger brät. Wie bitte ich um eine Gehaltserhöhung, wie um etwas Abstand in der U-Bahn und wie darum, dass mein Nachbar doch bitte Mitte März endlich seine blinkende Weihnachtslichterkette abnimmt? (Alle diese Fragen werden in diesem Buch beantwortet, außer die mit der Weihnachtsdeko. Wahrscheinlich solltest du einfach umziehen, denn der Fall ist wirklich knifflig.)

Ich liebe es einfach, mit Leuten zu reden, die von etwas wirklich Ahnung haben, unabhängig davon, um was genau es sich dabei handelt. (Effizienz am Arbeitsplatz? Ja! Rasenpflege? Super! Der perfekte Blowout? Auf jeden Fall!) Und ich weiß, wie man die Tipps so aufbereitet, dass Leser*innen sie in ihrem eigenen Leben anwenden können, denn intellektuelle Expert*innen sind nicht zwangsläufig auf einer Ebene mit denjenigen von uns, die keine Seihtücher besitzen. (Oder sagen wir mal einen Mopp.) Ich kann mich mit den Leser*innen identifizieren, denn ich bin selbst die Leserin. Ja, das gilt auch für die Geschichte, wie man die komplette Vorratskammer leer räumt und alle Vorräte in schön beschrifteten Gläsern lagert. Mal ehrlich, werde ich das jemals tun? Eher unwahrscheinlich. Möchte ich lesen, wie das geht? Unbedingt!

Also, warum hab ich mir vorgenommen, genau dieses Buch hier zu schreiben? Weil ich genau dieses Buch brauche.

Mein Vater, ein ehemaliger Fluglotse, hat immer viel Wert gelegt auf Ordnung und die richtige Reihenfolge, in der etwas getan werden muss, außerdem auf mentale Checklisten und etwas, was er »Dinge beim ersten Mal richtig machen« nennt – all das, lange bevor diese Themen zu einem Trend wurden.

Jedes Jahr im Frühjahr, sobald es warm wurde, mussten meine Schwester und ich ihm helfen, die Abdeckung des Pools zu trocknen, zusammenzulegen und für den Rest der Saison wegzuräumen. Das war immer eine lange, systematisch organisierte Zerreißprobe, die aus achtzehn Schritten und unvermeidbaren Brandschutzübungen bestand. (»Schnell, nimm die Plane vom Rasen runter! Sie verbrennt das $*@# Gras!«) Irgendwann hat sich immer eine von uns lautstark beschwert, warum wir das Ding nicht einfach einrollen können, fertig. Als Antwort ernteten wir einen strengen Blick. Und jedes Jahr im Herbst, wenn wir unsere blitzblanke, schimmelfreie Plane aus dem Schuppen geholt haben, hat mein Vater vor Stolz gestrahlt und irgendwas darüber gesagt, warum man nichts halbherzig tun sollte.

Der Mann ist effizient, organisiert und erledigt die meisten Sachen tatsächlich überdurchschnittlich gut und schnell. Er hat zwar seit den 1980ern keinen Lotsen-Kontrollturm mehr von innen gesehen, stellt sich aber trotzdem jeder Aufgabe so, als ob die Leben einer kompletten Flugzeugbesatzung samt Passagieren davon abhängen würden. Wahrscheinlich muss ich nicht erwähnen, dass es ziemlich anstrengend sein kann, wenn man mit ihm zusammenarbeiten muss. Aber, Leute, er ist wirklich der Allerbeste, wenn du bei einer Entscheidung Hilfe brauchst! (So geht's mir eigentlich jeden Tag.)

Ich wünschte, ich könnte behaupten, dass alle seine Methoden magisch auf mein Leben abgefärbt haben und es deshalb bestmöglich verlaufen ist, voller abgerundeter

Ecken, erledigter To-do-Listen und ohne dass ich jemals einen Schlüssel suchen musste. Aber so war's nicht. Ich habe leider sehr wenig von der Präzisionsliebe meines Vaters geerbt (und fast gar nichts von den unglaublichen Reinigungsfähigkeiten meiner Mutter). Wenn ich mal Psychologin spielen darf, würde ich sagen, dass es ziemlich herausfordernd ist, wenn deine Eltern ständig hinterfragen, wie du scheinbar völlig belanglose Dinge angehst. »Willst du deinen Bagel wirklich so schneiden?«, »So kannst du deinen Koffer aber nicht packen!«, »Du nimmst wirklich die Abfahrt 42 von der Autobahn, Erin? Dann stehst du eine Minute und fünfundvierzig Sekunden an der Ampel, ich habe das gestoppt!« Dann versuchst du nicht länger, die Sachen »richtig« zu machen, sondern gibst dich zufrieden mit: »Wie auch immer, am Ende bekomme ich es auch hin, oder etwa nicht?«

Und jetzt, wo ich zweiundvierzig bin, erwische ich mich selbst dabei, dass ich mich, während ich etwas mache (die Geschirrspülmaschine ausräumen, Krümel vom Tresen wischen, mich mit meinem Ehemann streiten, weil er die vielen Krümel auf dem Tresen nicht weggewischt hat), frage: »Moment mal, kann man das nicht irgendwie besser machen?« Und ja, das kann man meistens. Hier kommen die Antworten. Lies einfach weiter.

Wie so viele von euch (na gut, das ist jetzt geraten) wünsche ich mir mehr Effizienz und weniger Stress für meinen Alltag, und der Wunsch wird umso größer, je komplizierter mein Leben sich gestaltet. Also, ich geb's zu, es gab eine Zeit, in der es völlig legitim war, fünfundvierzig Minuten lang im Zickzack durch den Supermarkt zu schlendern wie ein betrunkenes Baby (und dabei Barbecue-Chips zu knabbern) und dann zwei der sieben Sachen, die ich eigentlich kaufen wollte, zu vergessen. Aber diese Zeit ist lange vorbei, und das aus vielen Gründen, doch der Hauptgrund ist wahrscheinlich folgender: Ich habe drei Kinder, und wenn man als Mutter oder Vater nicht total effizient ist, wird dein Haus schneller von einem Haufen Wäsche verschluckt werden, als du sagen kannst: »Wenn du dir schon die Zähne geputzt hast, warum ist deine Zahnbürste dann noch trocken?!« Hat man mir zumindest erzählt …

Fakt ist, es gibt diese eine Reihenfolge, in der Sachen getan werden *sollten*, eine Best Practice, die maximale Erfolge bei minimalem Aufwand garantiert. Und es gibt wichtige Tipps und Tricks, wie man innehält (Zeit und Luft) und sich besser um Herz und Geist kümmert.

Als ich mein Studium begonnen habe, wusste ich noch nicht einmal, dass so etwas eine Kompetenz ist. (Ich dachte übrigens auch, dass Weichspüler dasselbe ist wie Waschmittel.) Aber der Großteil von uns (hi!) wurschtelt sich so durchs Leben, ohne überhaupt darüber nachzudenken, *wie* wir unsere Aufgaben erledigen.

Dieses Buch soll aber nicht dazu führen, dass du dich schlecht fühlst, weil du bestimmte Dinge so oder so machst. Und es wird dir auch nicht sagen, dass du dein Leben lang etwas auf die komplett falsche Art und Weise gemacht hast, denn komplett falsch gibt es nicht. Aber sehr wahrscheinlich ist deine Lösung auch nicht der effizienteste und effektivste Weg, den es gibt.

Aber Moment mal, man kann doch eigentlich einfach googeln, wie man am besten … was auch immer macht?! Das kann man natürlich; hab ich auch häufig gemacht. Gib mal »wie ein T-Shirt bügeln« ein, dann bekommst du 9,6 Millionen Ergebnisse. (Ich übertreibe nicht, das habe ich gerade wirklich gegoogelt.) Und genau deshalb brauchst du dieses Buch. Wer hat schon Zeit, sich all diese – zum größten Teil einander widersprechenden – Antworten durchzulesen und dann zu entscheiden, wem man glaubt? Musst du dir wirklich ein siebenminütiges Bügel-Tutorial auf YouTube anschauen? Und was wäre, wenn … Oh, schau mal! Celebrities ohne Make-up! Und schon steckst du mitten in den Kommentaren auf Kim Kardashians Instagram-Account fest. Na ja, kein Problem, das passiert den Besten von uns, aber wolltest du nicht effizienter werden? Dann kommt hier die schockierende Neuigkeit: Etwas im Internet nachzuschlagen kann unglaublich viel Zeit auffressen. Und da sind noch nicht mal die fünfzehn Popup-Werbungen für Bügeleisen mitgezählt, die du gleich auf deinem Rechner haben wirst.

Also hab ich mich direkt an Expert*innen gewendet. Ich habe die Besten der Besten ihrer Fachgebiete gebeten, mir ihre Basic-Schritte für alles Mögliche zu erklären. Sachen, die ich noch nie konnte – eine Pflanze am Leben erhalten, alleine tanken (da, wo ich aufgewachsen bin, ist das per Gesetz verboten, also mach dich nicht lustig über mich!) und Leute einander via E-Mail vorstellen (Warum fühlt sich das immer so peinlich an?). Und natürlich auch den ganzen mentalen und emotionalen Kram, mit dem wir uns eigentlich alle auskennen sollten – uns selbst gut behandeln, beruhigende Atemtechniken, jemanden im Zug grüßen, ohne sich zu ihm zu setzen. Jeder Beitrag dieses Buches ist randvoll mit Tipps, wie du tägliche To-dos schneller, klüger und problemloser lösen kannst. Dein Lohn: mehr Zeit, weniger Frust und das gute Gefühl, eine Aufgabe gut bewältigt zu haben. Ja, man freut sich wirklich, und ja (du hast recht, Dad!), man ist *stolz*, wenn man etwas richtig gut kann – auch wenn es so etwas Einfaches ist, wie die Spülmaschine auszuräumen oder eine Pool-Plane zu verstauen.

Es geht nicht darum, die alltäglichen Aufgaben total gehetzt zu erledigen, damit du dich dann möglichst schnell dem wirklichen Leben (oder deinem Netflix-Account) widmen kannst. Es geht darum, zu entschleunigen und die kleinen

Dinge richtig zu machen. Denn einkaufen gehen, E-Mails schreiben und an Kreuzungen rätseln, wer Vorfahrt hat, *ist* das wirkliche Leben.

Mit den mehr als hundertfünfzig Tipps und Tricks in diesem Buch – in einfache Schritte gegliedert, die wir alle umsetzen können – wirst du dich den beschriebenen Aufgaben selbstbewusster stellen können, und diese ruhige Ich-schaff-das-Haltung wird dich dann durch den Rest des Tages tragen. Du wirst mehr erreichen (und weniger fluchen). Und du musst nicht mehr jedes Mal, wenn du dir etwas auf die Seidenbluse kleckerst, deine Mutter anrufen. Wer von uns freut sich nicht über ein paar Erfolgserlebnisse am Tag? Und einige von den Tipps sind wirklich einfach genial. Ich will nicht übertreiben, aber der Tag, an dem ich gelernt habe, woher ich auf den ersten Blick weiß, auf welcher Seite des Autos der Tank ist, war wirklich ein großer Tag für mich. (In Kapitel 2 findest du diesen Knaller.)

In diesem Buch habe ich mich auf die essenziellen Fähigkeiten und Kompetenzen konzentriert, die wir wahrscheinlich alle im Laufe einer Woche benötigen. Was bringt es dir, wenn du zwar weißt, wie du dein Badezimmer streichst oder eine Thanksgiving-Party schmeißt, aber keine Ahnung hast, wie du dein Bett machen sollst? Es sind die alltäglichen Aufgaben, bei denen man mit kleinen Veränderungen die größten Effekte erzielen kann. Sachen, die wir immer und immer wieder machen, aber bei denen wir selten innehalten und uns fragen: »Stopp mal, mache ich das eigentlich richtig?« Und während wir monatelang zu Hause festsaßen, haben wir festgestellt, dass wir bei ein paar Haushaltsaufgaben Nachhilfe bräuchten. Oder geht's nur mir so?

Die Kapitel sind in der Reihenfolge angeordnet, in der du die Tipps und Tricks im Verlauf eines ganz normalen Tages brauchst. Von aufstehen, sich fertig machen und ohne Stress das Haus verlassen über einen produktiven, befriedigenden Arbeitstag und wie man entscheidet, was verflixt noch mal man zu Mittag essen möchte, bis hin zu Tipps, wie du deinen Haushalt und Garten in den Griff bekommst, Abendessen machst (oh Gott, schon wieder?!) und nachts gut schläfst. Es gibt auch Kapitel darüber, wie du dein bestmögliches Selbst sein kannst – im Kopf, im Herzen und in Beziehungen mit anderen. (Ja, produktiv zu streiten *ist* eine Kompetenz!)

Ach, und kennst du das, wenn du eigentlich nur ein Rezept brauchst und die Food-Bloggerin lockt dich mit dem Versprechen, das beste Zitronentarte-Rezept aller Zeiten zu besitzen, aber dann findest du dich in einem 1200-Wörter-Essay wieder über die Zitronenfarm ihrer Tante und den fantastischen Limoncello, den sie während ihres Gap Year in der Toskana getrunken hat, und denkst: »Aber wo, verdammt noch mal, ist jetzt eigentlich das Rezept?« *Bring dein Leben auf die Reihe!* liefert dir das richtige Rezept für alles. Ohne zu viel Hintergrundinformationen, ohne ausschweifende Erklärungen, ohne dass du die Hälfte überspringen musst, um zum Kern der Sache zu kommen. Einfach die Aufgabe, die wichtigsten Schritte in der richtigen Reihenfolge, und dann kommen schon die High fives, die du damit ernten wirst.

Du kannst das Buch von vorne bis hinten durchlesen, oder du schaust im Inhaltsverzeichnis nach, wenn du Hilfe bei einer bestimmten Sache brauchst. Vielleicht liest du mal hier ein Kapitel, mal dort einen Ratschlag, ganz wie du magst. Ich verspreche dir, dass ich kein Urteil darüber fälle, wie du ein Buch liest, in dem es um die richtige Reihenfolge geht – solange du meinem Dad nicht verrätst, dass ich immer noch die Ausfahrt 42 nehme. Jedes Mal.

Kapitel

1

Aufwachen und in den Tag starten

Aus dem Bett kommen

1. Drück NICHT die Snooze-Taste. WIRKLICH NICHT. SEI STARK.
2. Öffne die Augen. (Zähle: »Eins, zwei, drei, los!«, falls das der Knackpunkt ist.)
3. Schwing die Füße aus dem Bett, und stell sie auf den Boden.
4. Atme fünfmal tief ein und aus.
5. Trink ein Glas Wasser.
6. Geh raus in die Sonne, wenn das geht. (Oder stell dich ans Fenster – mach es auf, für ungefiltertes Sonnenlicht.) Ideal sind fünfzehn Minuten.

Der Experte:

Dr. Michael J. Breus, aka »der Schlaf-Doktor«, ist ein renommierter Schlafwissenschaftler und Autor des Buches *The Power of When*.

Warum:

Den Tag mit der Snooze-Taste zu beginnen ist das Schlechteste, was du tun kannst. In den sieben bis neun Minuten kannst du nicht wieder tief einschlafen, also bekommst du nur den leichten, dösigen Schlaf, nach dem du dich noch kaputter fühlst. Schau lieber, dass du – am besten noch im Liegen – ein paar tiefe Atemzüge nimmst und damit Sauerstoff durch deinen Körper und dein Gehirn jagst, dann funktionieren beide gleich viel besser. Pro Nacht verlierst du etwa einen Liter Wasser beim Atmen (irgendwie cool, irgendwie eklig), mit einem Glas Wasser füllst du den leeren Speicher wieder. Und dann Sonnenlicht – idealerweise zehn bis fünfzehn Minuten –, das knipst den Melatonin-Schalter in deinem Gehirn an und vertreibt die Morgenmüdigkeit. Geh am besten innerhalb der ersten Viertelstunde nach dem Aufwachen nach draußen (ohne Sonnenbrille). Falls die Sonne noch nicht scheint, wenn du aufstehst (oder du, sagen wir mal, im hohen Norden lebst), schalte das Licht an. Blaues Licht – das im Sonnenlicht, in LED-Lampen, bei elektronischen Geräten und Leuchtstoffröhren vorkommt – ist genau das, was dich vormittags vorwärtsbringt. Oder kauf dir eine Licht-Therapie-Lampe, neben der du arbeiten kannst; damit kannst du helles Sonnenlicht simulieren.

BONUS

Du willst den extra Boost zum Wachwerden? Wenn du morgens duschst, senk am Ende langsam die Temperatur ab. Das Wasser muss nicht eiskalt sein, aber ein bisschen frieren solltest du schon, das lässt dein Blut zirkulieren und macht richtig wach. Cool!

Den Tag positiv beginnen

1. Schreib direkt nach dem Aufwachen drei Dinge auf, für die du dankbar bist. (Sei möglichst konkret und nicht nur »für das schöne Wetter«, auch wenn du dafür natürlich ebenfalls dankbar sein kannst.) Leg dir ein Notizheft neben das Bett, damit du es griffbereit hast.
2. Schreib etwas richtig Gutes auf, das in den letzten vierundzwanzig Stunden passiert ist. Das kann eine Kleinigkeit oder etwas Großes sein, Hauptsache, möglichst konkret.
3. Mach Sport. (Ideal sind dreißig Minuten.) Tipps, wie du es regelmäßig zum Sport schaffst, findest du auf Seite 249.
4. Bete oder meditiere. Einfache Meditationstipps findest du auf den Seiten 233 und 235.
5. Tu jemandem etwas Gutes – egal was.

Die Expertin:

Hoda Kotb ist Moderatorin des amerikanischen Morgenmagazins *Today* und Autorin zahlreicher Bestseller. Ein Grund, warum Hoda immer so glücklich wirkt? Sie schreibt (»kritzelt«) jeden Morgen in ihr Notizbuch, damit sie nie vergisst, wie viel Glück sie hat.

Warum:

Wenn du als Erstes nach dem Aufwachen drei Dinge aufschreibst, die positiv sind, und eine Sache, die fantastisch ist, dann wird das nach und nach dein Denken verändern. Statt aufzuwachen und als Erstes »Oh Gott ...« und dann an etwas zu denken, was dich am Tag zuvor geärgert hat, oder an etwas,

was du später erledigen musst, beginnt dein Gehirn, anders zu funktionieren. So programmierst du es darauf, aus deinem Tag einen guten Tag zu machen. Genaue Details helfen dir dabei, also schreib nicht einfach den Sonnenaufgang oder das schöne Wetter auf. (Auch wenn Hoda für beides dankbar ist.) Nimm stattdessen etwas möglichst Konkretes wie den Typen, der dir gestern Abend die Tür aufgehalten hat, obwohl er selbst mit Einkäufen bepackt war und die Tür auch hätte zufallen lassen können. So vergisst du nicht, dass es tausend gute Dinge in deinem Leben gibt. Und du fängst sogar an, nach ihnen Ausschau zu halten!

Und natürlich Sport, weil, na klar, Endorphine! Es muss auch nicht immer total anstrengend sein, ein Spaziergang in deinem Viertel reicht.

Einer der besten Wege, schlechte Laune loszuwerden, ist, etwas Nettes für jemanden zu tun. Das kann etwas ganz Einfaches sein, wie der Kollegin einen Kaffee mitzubringen, wenn du dir einen kaufst.

BONUS

Hodas zweiter Trick für eine positive Einstellung: gute Musik. Stell dir eine Playlist mit deinen Lieblingsliedern zusammen, und hör sie bei Bedarf.

Das Bett machen

»Du verbringst ein Drittel deines Lebens in deinem Bett, also solltest du dich dort wohlfühlen. Das Bett zu machen dauert bloß zwei Minuten!«

– Ariel Kaye

1. Zieh die Decke zum Fußende des Bettes, und starte dort, um die Lage zu beurteilen – wahrscheinlich sieht das Bett jeden Morgen ein bisschen anders aus.
2. Checke, ob das Laken schön gerade gezogen und an allen Seiten eingesteckt ist, sodass es straff ist und du eine glatte Oberfläche hast. (Leg deine Kissen zur Seite oder arbeite um sie herum.)
3. Nimm die Decke, und schüttle sie aus. (Wirf sie richtig weit hoch, damit sie sich aufbläht wie ein Fallschirm!) Dann streich die Decke glatt.
4. Mach dasselbe mit dem Überwurf, wenn du einen hast. Achte darauf, dass er gleichmäßig liegt.
5. Falls du viele Kissen hast, zieh den Überwurf bis zum Kopfende, und streiche ihn glatt. Wenn du wenige Kissen hast, falte ein Drittel des Überwurfes am Kopfende Richtung Bettmitte – das sieht schick aus.
6. Schüttle deine Kissen auf, damit sie kuschelig aussehen, und leg sie vor das Kopfteil des Bettes (Reißverschluss nach unten). Wenn du den Überwurf eingefaltet hast, sollten die Kissen oberhalb des Knicks liegen. Am Ende kommen die Deko-Kissen aufs Bett.

Die Expertin:

Ariel Kaye ist Gründerin und Vorstandsvorsitzende von Parachute, einer modernen Lifestyle-Marke.

Warum:

Bist du Schlaftyp Tornado oder eher Leiche? Je nachdem sieht dein Bett am Morgen aus. Beim Aufschütteln der Decke ist der Fallschirm-Wurf total wichtig! Nur so bekommst du ein faltenfreies Ergebnis, und gleichzeitig lüftest du den Bezug. Achte darauf, dass die Decke dann gleichmäßig auf dem ganzen

Bett verteilt liegt. Wenn du ein Kissen-Fan bist (je mehr, desto besser – Ariel ist es), musst du die Decke am Kopfende nicht einfalten. Das Bett soll strukturiert, aber nicht zu unruhig aussehen.

Alle Menschen machen das Bett ein bisschen unterschiedlich, das ist kein Problem, solange du es jeden Tag machst. Ja, du hast Zeit dafür. (Es dauert nur zwei, drei Minuten!) Es ist wissenschaftlich bewiesen, dass ein gemachtes Bett glücklich macht. Der Raum sieht sofort ordentlich aus, und das überträgt sich auf dich. Und was gibt es Besseres, als wenn du schon vor dem ersten Kaffee die erste Aufgabe von deiner To-do-Liste erledigt hast?

BONUS

Ariels Meinung zum Thema Fadenzahl: Die Fadenzahl ist ein Marketing-Trick, der eigentlich nichts über die tatsächliche Stoffqualität aussagt. (Alles über einer Fadenzahl von vierhundert bekommt man nur hin, wenn man dem Stoff synthetische Komponenten hinzufügt, damit er sich weicher anfühlt.) Was wirklich zählt: die Art der Faser, keine chemischen und synthetischen Zusätze sowie die Webtechnik. Was solltest du also kaufen? Wenn dir nachts schnell zu warm ist, solltest du Perkal-Bettlaken kaufen, die sind durch ihre Webtechnik besonders atmungsaktiv. Wenn du nachts tendenziell eher frierst, nimm Satin, das ist schön weich, anschmiegsam und fühlt sich durch die Webtechnik wärmer an.

Finger weg von Produkten, die mit »knitterfrei« werben – die sind meistens mit Formaldehyd behandelt. Eigentlich solltest du bei allen Werbeversprechen, bei denen du spontan denkst: »Aber wie machen sie das eigentlich?!«, misstrauisch sein, denn dann ist in der Regel irgendeine Chemikalie im Spiel, die du garantiert nicht auf deiner Haut haben willst.

Halte besser Ausschau nach Produkten mit dem Oeko-Tex-Siegel, die enthalten garantiert keine Chemikalien, künstliche Bleichmittel oder synthetische Zusatzstoffe.

Ariels Tipps zum Falten eines Spannbettlakens und zum Bettbeziehen findest du auf den Seiten 135 und 139.

Der perfekte Blowout für deine Haare

»Das richtige Werkzeug nimmt dir die meiste Arbeit ab, also investiere in einen guten Föhn, eine gute Bürste, einen guten Lockenstab. Dann gibt es ein paar wichtige Dinge zu beachten, und – zack – wirst du ein perfektes Ergebnis haben, zu Hause und ohne fremde Hilfe!«

– Sarah Potempa

1. Sprüh ein Hitzeschutz-Spray auf deine Haare, um sie zu schützen, und föhne so lang, bis etwa siebzig bis achtzig Prozent trocken sind. (Oder lass sie so lange an der Luft trocknen.)
2. Wenn du einen Pony hast, föhne den zuerst, damit er sitzt. Wenn dir ein anderes Element wichtig ist, fang damit an.

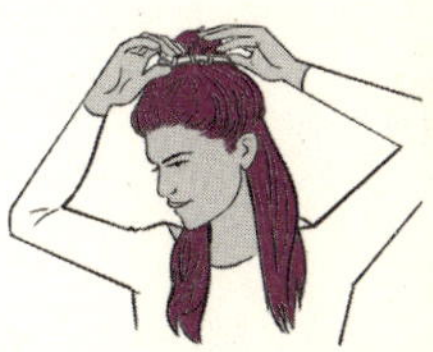

Schritt 1

3. Teile dein Deckhaar ab, und steck es hoch. (Du fängst mit dem Blowout dann bei den unteren Haaren an und arbeitest dich nach oben und nach außen.)
4. Setz einen kleinen Aufsatz (nicht den Diffuser!) auf deinen Föhn. Solange du Hitzeschutz-Spray verwendest, kannst du auch sehr heiß föhnen.

Schritt 2

5. Leg eine etwa fünf Zentimeter breite Strähne um eine Rundbürste, und dreh sie oberhalb deines Kopfes auf. So kommst du gut an deinen Haaransatz, den du dann von unten föhnst, um ihn zu stärken.

Schritt 3

6. Wickle die Bürste von unten in die abgetrennte Strähne, und hebe die Haare unter Spannung nach oben, um mehr Volumen zu bekommen. Dann starte mit dem Föhn am Haaransatz, und führe ihn sowie die Bürste in einer gleichmäßigen Bewegung nach unten und zu den Haarspitzen (parallel zum Haar und in ungefähr anderthalb Zentimeter Abstand zur Strähne). So versiegelst du die Haaroberfläche.

Schritt 4

7. Roll die Haarspitzen ein, und entferne den Föhn etwas. Halte das für drei bis vier Sekunden, dann zieh die Bürste nach unten raus.

Schritt 5

8. Nimm nach und nach alle Clips raus, und wiederhole die Technik mit allen Strähnen. Föhne am Ende einmal kurz kalt von oben nach unten über dein gesamtes Haar. Glätte alle widerspenstigen Haare – wie die rund um deine Ohren – mit einem Glätteisen auf niedriger Temperatur. Fass deine Haare erst an, wenn sie komplett trocken sind, denn sie sollen ja in genau dieser Form bleiben!

Schritt 6

Die Expertin:

Sarah Potempa ist Celebrity Hairstylistin (zu ihren Kundinnen gehören Lea Michele, Emily Blunt, Camila Cabello und Reese Witherspoon) und hat als Hairstylistin für *Vogue, Marie Claire* und *Vanity Fair* gearbeitet.

Warum:

Im Idealfall sollte dein Haar zu siebzig bis achtzig Prozent trocken sein, wenn du mit dem Blowout anfängst; also nutz die Zeit bis dahin fürs Schminken, Anziehen oder zum Meditieren. Widerstehe der Versuchung, deine Haare einfach über Kopf hängend zu föhnen; das raut ihre Oberfläche zu sehr auf. Und Finger weg von einem normalen Handtuch, das du dir um die Haare wickelst! Auch das raut sie auf und verdreht sie, vor allem dann, wenn du Locken hast oder schnell Frizz bekommst. (Statt rauer Handtücher solltest du Tücher aus T-Shirt-Stoff verwenden, die nehmen die Feuchtigkeit der Haare auf, ohne sie aufzurauen.)

Einzelne Strähnen abzuteilen beschleunigt das Ganze, also nimm gut haltende Clips, um dich Schritt für Schritt vorzuarbeiten. Sanftes und gezieltes Föhnen glättet die Oberfläche deiner Haare und lässt sie schimmern. (Stell dir die Oberfläche deiner Haare wie ein Dach vor – die Ziegeln zeigen nach unten. Wenn du also gegenläufig von unten föhnst, reißt du das Dach auf, indem du die Ziegeln hochklappst.)

Viele Leute fangen sofort nach dem Blowout an, sich ständig in die Haare zu fassen. Ja, sie fühlen sich fantastisch an, aber du willst ja nicht deine gerade getane Arbeit zerstören! Damit der Blowout gut hält, solltest du das Haar komplett trocknen lassen, bevor du damit weiterarbeitest.

Apropos Haare waschen:

Den perfekten Blowout kannst du schon unter der Dusche vorbereiten. Das Shampoo sollte hauptsächlich auf deiner Kopfhaut landen, um sie von natürlichen Fetten und Stylingprodukten zu reinigen, die deine Haarwurzeln unnötig beschweren. Der Conditioner gehört in deine Haare und gibt ihnen Feuchtigkeit und Nährstoffe. Trag ihn nur in deine Spitzen und den mittleren Teil deiner Haare auf. (Wenn du ihn auf den Ansatz tust, drückt er dein Haar platt.) Die Spitzen sind der älteste Teil deiner Haare und brauchen am meisten Pflege. Spül deine Haare mit kaltem Wasser aus, um die Oberfläche zu versiegeln.

Apropos sulfatfreies Shampoo:

Sulfate sind Emulgatoren und Schäummittel, die in vielen Kosmetikprodukten und Industriereinigern vorkommen. Sulfate sind auch der Hauptbestandteil vieler Shampoo-Marken, aber sie sind wirklich ziemlich scharf und können Irritationen hervorrufen. Stell dir zum Beispiel Spülmittel vor: Wenn du dein Shampoo nicht sachgemäß verwendest (also beispielsweise in den Haarspitzen statt auf der Kopfhaut), wäschst du quasi deine Haare mit Spülmittel und raust ihre Oberfläche komplett auf – und hast jeden Tag einen Bad Hair Day.

BONUS

So hast du länger was von deinem Blowout:

- Verwende Trockenshampoo *am Haaransatz*. Die meisten Leute verwenden das Trockenshampoo nur auf ihren Deckhaaren, die dann an den Ohren und im Nacken auf fettigem, angeklebtem Haar aufliegen. Um eine gute Basis zu schaffen, heb dein Haar auf Ohrenhöhe hoch und arbeite dich dann schichtweise vor, sprüh immer von unten in dein Haar. Die Strähnen sollten nicht mehr als zwei bis drei Zentimeter breit sein, und das Shampoo sollte das Fett direkt an der Haarwurzel aufnehmen.

- Haar-Frizz (abstehende, krisselige Haare) bekommst du in den Griff, indem du Haarspray auf eine Bürste sprühst, dir damit durch die Haare fährst und es so gleichmäßig verteilst. Im Notfall kannst du auch die Haarspraydose (die immer kalt ist!) über deine Haare rollen und so abstehende Härchen glätten. (Sarah nutzt diesen Trick häufig bei Fotoshootings.)
- Mach dir nachts zwei lose, weit oben sitzende Haarknoten. Dreh beide Seiten, jeweils von deinem Gesicht wegzeigend, ein. (Ziel ist der Prinzessin-Leia-Look.) Fixiere die Knoten mit weichen Scrunchies oder großen Haarnadeln. Wenn deine Haare lang genug sind, kannst du auch einfach einen Dutt oben auf dem Kopf machen, aber meistens will eine Hälfte der Haare lieber in die andere Richtung und zerzaust. Deshalb sind zwei Dutts besser.
- Wenn du lange Haare hast, kannst du für nachts auch einen losen, tief sitzenden Zopf flechten. Das gibt deinem Blowout noch mehr Struktur. Wenn du den Zopf löst, ist die Oberfläche deiner Haare immer noch glatt, aber du hast zusätzlich weiche, schöne Wellen.
- Finger weg von Gummihaarbändern, die verknoten deine Haare. Nimm lieber Scrunchies, Haarnadeln und Haarbänder aus Seide. (Kopfkissenbezüge aus Seide sind auch super, weil sie deine Haare nicht aufrauen.)

Dein Gesicht waschen und pflegen

»Gesunde Haut ist die beste Foundation.«
– Nyakio Grieco

1. Wasch dein Gesicht, und tupf es trocken.
2. Gib ein paar Tropfen Gesichtsöl in deine Hände, und reib sie, damit das Öl warm wird. Tupf es dir ins Gesicht, und beginn am Hals, arbeite dich dann hoch über die Wangen, die Nase, die Stirn und dann wieder runter zum Kinn.
3. Falls du trockene Haut hast und eine Feuchtigkeitspflege brauchst, trag sie jetzt auf – in derselben Reihenfolge, von unten nach oben, wie das Öl.
4. Trag deine Augencreme auf, indem du sie auf die Fingerkuppe deines Ringfingers gibst. Beginn in der Mitte, und verteil Richtung außen vier Punkte Creme unter einem Auge. Verwende denselben Finger, um hin und her zu tupfen, bis die Creme eingearbeitet ist. (Damit hast du fast schon eine Lymphmassage!) Dasselbe unter dem anderen Auge.
5. Wenn die Feuchtigkeitspflege eingezogen ist, trag Sonnencreme auf.[1] SIEHE SEITE 32 FÜR MEHR SONNENCREME-TIPPS. (Alle Menschen sollten jeden Tag Sonnencreme verwenden, unabhängig von ihrem Hauttyp.) Wenn du einen feuchtigkeitsspendenden Sonnenschutz verwendest, kannst du die Feuchtigkeitspflege weglassen.

---

1 Lass abends die Sonnencreme weg, und verwende eine intensive Feuchtigkeitspflege, denn über Nacht erholt sich deine Haut und wird repariert. Bonuspunkte bekommst du, wenn du eine Schlafmaske trägst. (Kauf am besten eine mit Kamille oder Hagebutten, dann hast du automatisch eine Aromatherapie, die entspannend wirkt.)

Die Expertin:

Nyakio (Neh-Kay-Oh) Grieco ist Hautpflege-Expertin und Gründerin von Nyakio Beauty, einer biologisch nachhaltigen, tierversuchsfreien Hautpflegeserie. Nyakios Großvater war Medizinmann in Kenia, deshalb sind Öle und andere Inhaltsstoffe afrikanischer Pflanzen fester Bestandteil ihrer Produkte.

Warum:

Alle Menschen sollten ihr Gesicht waschen, auch wenn sie kein Make-up verwenden und auch wenn sich ihr Gesicht nicht schmutzig anfühlt. (Unsere Poren nehmen den ganzen Tag Schmutz aus der Luft auf.) Öl im Gesicht auftragen? Ja! Unsere Haut besteht aus Fetten und Öl, und je älter wir werden, desto weniger Öl produziert unsere Haut. Manche Leute sagen: »Ich hab so ölige Haut, ich bekomme leicht Pickel.« Dann solltest du wahrscheinlich sogar mehr Öl verwenden als jemand mit trockener Haut, denn deine Haut überanstrengt sich mit der Ölproduktion, um etwas zu kompensieren – und erst durch die Überanstrengung entstehen Hautirritationen und Pickel. Um unsere Haut in der Balance und gesund zu halten, müssen wir Öl *verwenden*, um Öl zu *bekämpfen*.

Jedes Mal, wenn du dein Gesicht oder deinen Hals eincremst, solltest du von unten nach oben arbeiten. Zieh niemals deine Haut nach unten! (Das macht schon die Schwerkraft.) Und klopf die Produkte sanft ein, vor allem auf der empfindlichen Haut unter deinen Augen. Du willst deine Haut nicht dehnen und ziehen, indem du hin und her schmierst. Das Klopfen wirkt auch wie eine Massage, mindert Schwellungen und macht dich morgens wach!

Jede und jeder sollte eine feuchtigkeitsspendende Sonnencreme verwenden. (Die Hautkrebsrate von Menschen mit dunkler Haut ist so hoch wie noch nie.) Stell sie am besten neben deine Zahnpasta – du solltest sie genauso häufig nutzen.

Apropos qualitativ hochwertige, ökologische Hautpflegeprodukte: Verwende sie. Ebenso wenig wie unser Körper bestimmte Stoffe, zum Beispiel Margarine, verarbeiten kann, kann unsere Haut synthetische Produkte mit einem Haufen Konservierungsstoffen verarbeiten. Du willst, dass deine Haut die Pflegeprodukte aufsaugt; sie sollen nicht bloß auf der Oberfläche bleiben. Wenn du ein neues Hautpflegeprodukt verwendest, solltest du es – egal, wie natürlich es ist – erst auf einer kleinen Hautfläche testen. Dafür eignet sich die Haut unter deinem Kinn, denn wenn du Ausschlag bekommen solltest, ist er zumindest nicht mitten auf deiner Stirn zu sehen.

Profi-Tipp: Mach zweimal die Woche ein Peeling, um alte, trockene Hautschuppen zu entfernen. Unsere Poren werden durch Luftverschmutzung, Schweiß und Stress strapaziert – durch Peelings helfen wir unserer Haut, sich davon zu befreien. Wichtig ist, nicht zu vergessen, dass die Poren zwar fast unsichtbar sind, aber trotzdem genauso schmutzig werden wie der Rest unseres Körpers.

Sonnencreme verwenden

»Sonnencreme ist das einzige Hautpflegeprodukt, das den Alterungseffekt des Sonnenlichts abzumildern hilft.«
– Chris Birchby

1. Wenn du normale Sonnencreme verwendest: Trag sie, dreißig Minuten bevor du in die Sonne gehst, auf. (Wenn

du eine mineralische Sonnencreme verwendest, kannst du direkt nach dem Eincremen in die Sonne.)

2. Beginne mit dem Gesicht. (Investiere in eine Gesichtssonnencreme, und trag sie *über* deiner Feuchtigkeitspflege auf.)
3. Vergiss deine Ohren nicht!
4. Arbeite dich von oben nach unten vor, und creme alle Körperteile, die in der Sonne sein werden, ein. (Du brauchst mindestens zwei große Esslöffel Sonnencreme für deinen ganzen Körper und einen viertel Teelöffel für dein Gesicht.)
5. Falls du mit nackten Füßen rausgehst, vergiss nicht deine Fußrücken.
6. Creme dich nach zwei Stunden – oder wenn du viel geschwitzt hast oder im Wasser warst – erneut ein. (Sei besonders vorsichtig, wenn du dich am Wasser, im Schnee oder am Strand aufhältst. Diese Oberflächen reflektieren die schädlichen Strahlen und erhöhen die Wahrscheinlichkeit, dass du einen Sonnenbrand bekommst.)
7. Auch wenn es vielleicht manchmal nervt, creme dich jeden Tag ein: im Winter, im Sommer, wenn es bewölkt ist, wenn die Sonne scheint.

Der Experte:

Chris Birchby ist Gründer und Geschäftsführer von COOLA, einer weltweit vertriebenen, biologischen Sonnenschutzmarke. Nachdem seine beiden Eltern Hautkrebs hatten (und zum Glück wieder gesund wurden), hat Chris sich genauer damit beschäftigt, wie schlecht er sich vor der Sonne schützt und wie wichtig regelmäßiges Eincremen ist. Da er keine gesunden, gut aufzutragenden Sonnencremes finden konnte, hat er begonnen, selbst welche zu entwickeln.

Warum:

Sonnenstrahlen sind zwischen zehn Uhr und vierzehn Uhr am stärksten, aber bis zu zwanzig Prozent der schädlichen Sonnenstrahlen erreichen selbst an bewölkten Tagen deine Haut. Und neunzig Prozent der sichtbaren Hautalterung entsteht durch die Sonne. Sonne und Schmutz treffen deine Gesichtshaut besonders hart, also fang dort mit der Sonnencreme an. Wichtig ist, ein nicht komedogenes Produkt (also eins, das deine Poren nicht verstopft) extra fürs Gesicht zu verwenden. Kauf dir eine leichte, feuchtigkeitsspendende Sonnencreme, und verwende sie statt deiner Feuchtigkeitspflege. (Wenn du extra Feuchtigkeit brauchst, trag das Produkt *unter* deiner Sonnencreme auf.) Creme dich sorgfältig ein, und vergiss keine Stelle – die Ohren und die Oberseiten der Füße werden meistens vergessen. (Und Sonnenbrand auf den Füßen macht den schönsten Strandurlaub kaputt.)

Ein Trick für Kinder und Erwachsene: Such dir eine Sonnencreme, die gut aussieht und sich gut anfühlt (also keine dicke, weiße Schmierschicht), dann ist das Auftragen auch nicht so nervig.

Apropos LSF:

LSF steht für »Lichtschutzfaktor«. Sonnencreme ist nach dem Lichtschutzfaktor klassifiziert, der ausdrückt, wie viel UV-Strahlung sie blocken kann. Der Faktor berechnet sich danach, wie lange es dauert, bis die Haut mit diesem Produkt einen Sonnenbrand entwickelt – im Verhältnis zur Dauer ohne Schutz. Du solltest mindestens LSF 30 oder höher verwenden, dann schützt du dich vor Sonnenbrand, reduzierst dein Hautkrebsrisiko und verhinderst frühzeitige Hautalterung.

Profi-Tipp: Blaulicht (oder auch HEV, high-energy visible light) heißt das Licht, das unsere Handys, Computer, Tablets und Fernseher, aber auch Leuchtstoffröhren und LED-Lampen abstrahlen. (Und ja, auch die Sonne beinhaltet Blaulicht, es ist also wirklich überall.) Nach aktuellem Forschungsstand dringt Blaulicht noch tiefer in unsere Haut ein als UVA- und UVB-Strahlung – und richtet dort auch Schaden an. Soll heißen: Verwende Sonnenschutz. Immer!

Make-up auflegen

1. Trag Primer auf, wenn du welchen verwendest. (Das solltest du ausprobieren; dann wirkt die Feuchtigkeitspflege besser, und auch das Make-up hält länger.)
2. Verwende erst Foundation, dann Concealer.
3. Jetzt das Rouge. (Und dann erst den Highlighter, wenn du welchen verwendest – und das solltest du!) SIEHE SEITE 37 FÜR HIGHLIGHTER-TIPPS.
4. Bau den Lidschatten auf, indem du erst das ganze Lid mit einer hellen Farbe bedeckst und dann eine dunklere Farbe in der Lidfalte setzt.
5. Trag Eyeliner auf.
6. Jetzt die Wimperntusche. Nur nicht zu zögerlich! Geh sicher, dass du die Wimpern bis zur Wurzel tuschst.
7. Jetzt kommen die Augenbrauen. SIEHE SEITE 39 FÜR ALLES RUND UM AUGENBRAUEN.
8. Und zum Abschluss: Lippenstift oder Lipgloss.

Die Expertin:

Mally Roncal ist Celebrity-Make-up-Artist und Gründerin der Kosmetik-Linie Mally Beauty. Zu ihren Kundinnen zählen Jennifer Lopez, Beyoncé und Heidi Klum.

Warum:

Früher haben Expertinnen empfohlen, als Erstes die Augen zu schminken, aus Sorge, dass sonst Lidschatten auf das fertig geschminkte Gesicht rieseln würde. Aber die Schminkprodukte sind so viel besser geworden, dass da eigentlich nichts mehr rieselt, also spricht nichts mehr dagegen, die Augen zuletzt zu schminken. (Falls dein Lidschatten krümelig oder staubig ist, wird es Zeit, einen neuen zu kaufen.) Ein weiteres Plus, wenn du mit Primer und Foundation anfängst: Du hast eine solide Basis (wörtlich und bildlich!) und bist nicht von dunklen Ringen und anderen Makeln abgelenkt, wenn es an die Augen geht. Trag unbedingt erst das Rouge, dann das Augen-Make-up auf, denn die Farbe auf deinen Wangen beeinflusst, wie viel Farbe deine Augen benötigen. Der Sinn von Lidschatten ist es, deine Augen hervorzuheben und größer zu machen, der Eyeliner definiert den Wimpernansatz und lässt die Wimpern dichter aussehen. (Den trägst du nach dem Lidschatten auf, damit du ihn gut sehen kannst.) Zeichne eine möglichst dünne Linie – je dicker sie ist, desto kleiner wird dein Auge wirken, weil der Eyeliner deine Augen optisch in die Augenhöhle zurücksetzt –, sonst sehen deine Augen am Ende aus wie zwei kleine schwarze Löcher in einem Bettlaken. Die Augenbrauen kommen als Vorletztes dran, sie sollten sich nach deinem sonstigen Augen-Make-up richten. (Das heißt, betonte Augen brauchen betonte Brauen.)

Profi-Tipp: Falls du dich für eine auffällige Lippenstiftfarbe entscheidest, solltest du deine Lippen und den Bereich außen herum entsprechend vorbereiten – Peeling, Haare entfernen –, denn dunkle Farben sind ein Hingucker, und alle werden auf deinen Mund schauen. Kauf dir einen halbmatten Lippenstift, keinen glänzenden oder glitzernden. Das Auftragen geht leichter und präziser, wenn du mit der spitzen Seite des Lippenstifts arbeitest. (Also dreh die angeschrägte Seite einfach nach oben.) Vergiss nicht den Lipliner, oder nimm dafür eine kleine Eyeliner-Bürste, mit der du Lippenstift aufnimmst und deine Lippen ergänzt beziehungsweise korrigierst. Um die Konturen noch deutlicher hervorzuarbeiten, trag als Finish etwas Concealer rund um deinen Mund auf. Yes!

Highlighter auftragen

»Das Schöne am Highlighter ist, dass er das hervorhebt, was du an dir liebst. Jeder kann und sollte Highlighter verwenden – nicht nur um einen Look abzurunden, sondern auch einfach mal ohne jedes andere Make-up, als perfekten Glow!«

– Lisa Sequino

1. Verwende Highlighter, nachdem du dein Make-up abgeschlossen hast oder anstelle deines Make-ups.
2. Trag ihn an der Außenseite der Augen in einem Halbbogen in Form eines C auf, beginnend an der Augenbraue, über die Schläfe und zum Wangenknochen. Gut verblenden.
3. Tupfe ihn auf die höchsten Punkte in deinem Gesicht – Wangenknochen, Augenbrauenknochen, Nasenrücken, Kinnspitze –, und dann verblende ihn. (Um die höchsten Punkte deines Gesichts zu finden, nimm einen Handspiegel, und schau aus dem Fenster oder in eine andere Lichtquelle. Die Stellen, auf die im Spiegel das Licht fällt, sind die höchsten Punkte in deinem Gesicht.)
4. Mach einen Strich mit Highlighter direkt über deiner Oberlippe, dann sieht sie voller aus.

5. Überprüfe, ob du den Highlighter überall gut verblendet hast. Er sollte natürlich aussehen, nicht wie ein Streifen.
6. Finger weg von Highlighter an den Nasenflügeln und direkt unterhalb des Auges.

Die Expertin:

Lisa Sequino ist weltweite Geschäftsführerin und Senior-Vizepräsidentin von BECCA Cosmetics, einer tierversuchsfreien Marke mit PETA-Siegel.

Warum:

Beim Highlighter kommt es darauf an, ihn richtig aufzutragen. Egal ob du ihn direkt nach der Feuchtigkeitspflege auf deinem ungeschminkten Gesicht verwendest oder als Finish eines vollständigen Make-ups, das Wichtigste ist, ihn an den *richtigen Stellen* einzusetzen. Er sollte deine Augen, deinen Mund und den Gesamtausdruck deines Gesichts betonen. (Die höchsten Punkte sind deshalb so wichtig, weil sie dein Gesicht dreidimensionaler erscheinen lassen.) Mit Highlighter kannst du das, was dich sowieso schon auszeichnet, betonen. (Bei BECCA sagen sie, dass Highlighter uns von innen und außen strahlen lässt.)

Jede von uns hat dieses eine Foto, auf dem wir perfekt aussehen – häufig ist es ein Strand- oder Urlaubsfoto, und wir strahlen. So wollen wir immer aussehen, und genau das kann Highlighter. Damit siehst du den ganzen Tag so aus, als ob das Licht perfekt für dich ist. Wenn du also ein Foto von dir anschaust, auf dem du deinen Highlighter richtig aufgetragen hast, wirst du feststellen, dass du natürlich strahlst und aussiehst wie mit achtzehn ... oder wie im Sommerurlaub. Yes!

BONUS

Keinen Highlighter griffbereit? Kein Problem. Im Notfall kannst du einfach Lipgloss auf deine Wangenknochen auftragen. Das verleiht dir einen glänzenden Look, der vor allem nachts super aussieht. Wenn dein Gesicht frischer und dynamischer aussehen soll, kannst du auch roten oder pinken Lippenstift mit den Fingern auf die Wangenknochen auftragen. Oder du probierst mal Lidschatten (nur Hauttöne) aus, auch der lässt dich strahlen.

Profi-Tipp: Mit Highlighter kannst du auch dein Dekolleté, deine Schultern und deine Beine akzentuieren und einen glänzenden und sonnengebräunten Look kreieren – yes und yes!

Augenbrauen selbst zupfen

»Früher hieß es: Alles, was du brauchst, ist ein bisschen Wimperntusche. Heute lautet die Devise: Schöne Augenbrauen reichen!«

– Jimena Garcia

1. Verwende einen Primer. Trag einfach Rizinusöl mit einer Spoolie-Bürste auf, das bewirkt Wunder: Das Öl ist leicht, die Haare bleiben beweglich und werden gleichzeitig gepflegt. (Eine Spoolie-Bürste ist das Ding, mit dem du Wimperntusche aufträgst. Man kann sie auch einzeln online oder im Drogeriemarkt kaufen.)
2. Kämme deine Brauen, damit du weißt, womit du arbeiten kannst.
3. Nimm einen Augenbrauenstift, der deiner natürlichen Augenbrauenfarbe entspricht. (Verwende ihn zum Zeichnen direkt auf der Haut, dort, wo Härchen im Augen-

brauenbogen fehlen.) Zeichne kurze, weiche Striche, die deinen natürlichen Augenbrauenhaaren ähneln.

4. Trag dann Augenbrauenpuder in einer etwas helleren Farbe auf. (Wenn du unterschiedliche Farben kombinierst, bekommst du mehr Struktur.) Verwende eine abgewinkelte Bürste, um die Form der Brauen besser definieren zu können.
5. Fixiere die Haare mit Brauen-Gel. (Bürste die Härchen in der Nähe der Nase von unten nach oben, wenn du einen natürlichen, vollen Effekt erzielen willst.)
6. Übertreib es nicht. Achte darauf, dass man in deinen Augenbrauen immer noch Haare sieht, nicht bloß Make-up; schließlich willst du in deinem Gesicht Akzente setzen und es nicht überdecken.

Die Expertin:

Jimena Garcia ist viel gefragter Celebrity-Brow-Artist und bringt seit mehr als zwanzig Jahren weltweit Augenbrauen in Form. Seit Kurzem trägt sie den erstmalig vergebenen Titel Chanels Brow-Artist.

Warum:

Normalerweise sind Augenbrauen der krönende Abschluss deines Make-ups, also der letzte Teil, den du schminkst. Aber vielleicht sollten sie stattdessen der erste und einzige Teil sein. Beginne mit dem Augenbrauenstift für die Detailarbeit – kreiere die Grundform, und fülle Lücken auf. Der Augenbrauenpuder sollte nur ein Akzent auf den Brauen sein und weniger dominant als die Haare selbst. Mit einem farbigen Brauen-Gel kannst du die Härchen in der gewünschten Form fixieren.

Augenbrauen-Hack: Solltest du kein farbiges Brauen-Gel haben, kannst du braunen Lidschatten und ein ätherisches Öl verwenden. Trag es mit einer Spoolie- oder einer Zahnbürste auf. Genauso gut eignet sich im Notfall braune Mascara – einfach zügig auftragen, genauso wie das Gel. Du kannst auch ein Aloe-vera-Blatt im Kühlschrank aufbewahren und die Flüssigkeit dann mit der Spoolie-Bürste auftragen. Funktioniert und ist erfrischend!

Apropos gefärbte Augenbrauen:

Wenn du deine Brauen färben lässt, sind sie besonders voll und dicht. Der Farbstoff ummantelt auch winzige Härchen und erzeugt eine gleichmäßige und glänzende Farbe, während natürliches Haar meistens stumpf ist. Auch wenn du schwarze Augenbrauen hast, werden sie durch das Färben glänzender und dichter. (Natürlich kannst du deine Augenbrauen auch aufhellen, falls dein Gesicht sehr markant ist und du es weicher zeichnen willst.)

Apropos zupfen:

Entferne alle überflüssigen Härchen außerhalb deiner Augenbraue oder solche, die nicht zur Brauenform passen, die du gern hättest, mit einer Pinzette. Aber zupf dir nicht jeden Tag die Augenbrauen, und zupf keine Haare in Bereichen aus, wo du gern welche hättest! Schneide sie im Zweifelsfall lieber mit einer Nagelschere ab, und lass etwas Haar übrig, damit keine Löcher in der Braue entstehen. Wenn ein widerspenstiges Haar in die falsche Richtung wächst, zupf es in die Richtung aus, in die es danach wachsen soll. (Der Haarkanal innerhalb der Haut kann umgelenkt werden, du kannst also dem Haar die richtige Richtung beibringen. Wahnsinn, oder?!)

Apropos Wachstum:

Das Ziel ist es, dass deine beiden Augenbrauen im selben Rhythmus wachsen und gezupft werden können. Dafür musst du sie vermutlich einmal »lang« wachsen lassen, damit sie auf demselben Stand sind. (Sonst musst du ja ständig die eine oder andere zupfen, und das kann niemand wollen.) Um den Vorgang zu beschleunigen, kannst du Rizinusöl, Vitamin E und Mandelöl zusammenmischen (zu gleichen Teilen) und vor dem Schlafengehen auf die Brauen auftragen. Hat deine Oma auch immer gesagt, dass deine Haare schneller wachsen, wenn du sie täglich hundert Mal bürstet? Dasselbe gilt für Augenbrauen!

Der perfekte Smoothie

»Ein Smoothie am Morgen ist wie meditieren. Du beeinflusst damit, wie dein Tag wird.«

– Catherine McCord

1. Kauf tiefgefrorene Früchte, die sind meistens günstiger und schmecken sogar besser als frische, je nach Jahreszeit. Lagere alle Früchte zusammen in einer Schublade im Gefrierschrank, damit du immer auf einen Blick siehst, was du vorrätig hast, und nicht lange vor dem offenen Kühlschrank rumstehen musst.
2. Hab immer ein paar Bananen im Eisfach. Eine halbe Banane macht den Smoothie cremig und enthält viel Kalium.
3. Entscheide dich für ein paar Superbooster, die du immer zu Hause hast. Das sind Nahrungsergänzungsmittel, die den Nährstoffgehalt deines Smoothies steigern (Hanf-Samen, Chia-Samen, Blütenpollen, Protein-Pulver).
4. Wähle eine Flüssigkeit aus, die zu deinen Zutaten passt. Alles ist möglich, von Kuh- bis Erbsenmilch (wirklich le-

cker!) über Kaffee oder einfach nur Wasser. (Kokoswasser passt sehr gut zu allem, was grün ist.) Für Smoothies mit wenigen oder ohne Kalorien eignet sich grüner Tee. Der gibt dir einen Energie-Kick ganz ohne Koffein!

5. Wasche alle frischen Zutaten erst unmittelbar, bevor du sie in den Smoothie tust. (Bonus: Dann musst du sie auch nicht abtrocknen!) **Siehe Seite 172 für Tipps für frisches Obst und Gemüse.**
6. Wenn du den Smoothie mixt: Beginne mit den weichen und frischen Früchten, zum Beispiel Bananen und Avocados, dann alles Gefrorene und das Gemüse. Ideal ist ein Mix aus zwei bis drei Stücken Gemüse und zwei bis drei Früchten.
7. Jetzt alle Samen oder Pulver dazugeben.
8. Schütte noch deine Flüssigkeit dazu (etwa drei viertel bis eine Tasse pro Portion) – und dann schmeiß den Mixer an, Baby!

Die Expertin:

Catherine McCord ist Lebensmittelexpertin und Gründerin der Weelicious-Marke. Ihre Homepage widmet sich den Themen Ernährung und Familie, ebenso wie ihr zauberhafter Instagram-Auftritt. (Sie und ihre Lieben beginnen jeden Tag mit einem Smoothie.)

Warum:

Dein Smoothie ist immer anders, je nachdem, was du zu Hause hast. Bei der Zusammenstellung hast du völlig freie Wahl, Hauptsache, es schmeckt dir. Manche Leute wollen es fruchtig, andere stehen auf Schokolade und Erdnussbutter (wer tut das nicht?!), wiederum andere wollen die megagesunde Detox-Variante. Das kommt auch auf deine Tagesform an. Welche Variante auch immer, Tiefkühlzutaten sind deine Freunde. Bioprodukte sind günstiger, wenn du sie tiefgefroren kaufst, und dann hast du auch im tiefsten Winter Erdbeeren, plus: Du musst nichts waschen und klein schneiden!

Folgendes Grünzeug passt immer: Spinat, Grünkohl, Mangold. Aber das ist nur die Spitze des Eisbergs; es gibt noch x andere Gemüsesorten, die du für Smoothies verwenden kannst – und noch nicht einmal rausschmecken wirst. Ja, auch Brokkoli!

Catherines Lieblingshack: gefrorener Blumenkohl. Eine Tasse Blumenkohl hat nur zwanzig Kalorien, aber zwei Gramm Proteine und macht deinen Smoothie schön cremig, ohne die Farbe oder den Geschmack zu verändern. Mit deinem Smoothie willst du dir den maximalen Boost holen. Vergiss nicht, ganz am Ende, vor der Flüssigkeit, deine Nüsse, Samen oder Extra-Pulver dazuzugeben. Wenn du sie früher reintust, kleben sie am Boden fest.

BONUS

Smoothies auf Vorrat machen: Wenn du morgens unter Zeitdruck stehst, mach am besten am Sonntag einen großen Vorrat an Smoothies. Teil die Menge auf sieben Gläser mit Drehverschluss auf, die du zu drei Vierteln befüllst (damit sich die Flüssigkeit im Glas ausdehnen kann, ohne es zu sprengen), schraub gut zu, und ab ins Gefrierfach damit. Stell immer am Vorabend einen Smoothie in den Kühlschrank, dann morgens einmal gut durchschütteln – fertig!

Smoothies kannst du drei Monate lang einfrieren. Das Einfrieren ist auch eine gute Lösung, wenn du die Erste bist die aufsteht, und nicht alle anderen mit dem lauten Mixer wecken willst. Wenn du deinen Smoothie erst im Laufe des Tages auf der Arbeit trinkst, gib ein bisschen Zitronensaft dazu, dann bleibt die Farbe schön.

Welcher Superbooster ist der richtige für dich? Ein Superbooster ist kein Muss, aber wenn du möglichst viel Effekt für wenig Geld haben willst, warum eigentlich nicht?

- Du hast wenig Energie? Dann probier mal Spirulina-Pulver oder Matcha oder Blaualge (aus dem Meer mit jeder Menge Spurenelementen).
- Du brauchst Ballaststoffe? Chia-Samen!
- Wenn du deine Haare, Haut und Nägel boosten willst, nimm Kollagen. (Laut Catherine sollte jede Frau über fünfunddreißig Gelenke, Haut, Haare und Nägel mit Kollagen pflegen – am besten von außen und innen!)
- Du willst dein Immunsystem stärken? Dann probier Blütenpollen aus. Der ist auch reich an Proteinen, und wenn du lokalen Blütenpollen kaufst, werden deine Allergien vielleicht sogar schwächer. (Blütenpollen ist Catherines Geheimwaffe – alle Familienmitglieder trinken ihre Smoothies damit!)

Gemüse-Hack: Wenn du das nächste Mal viel Gemüse zu Hause hast, mach dir schnell ein paar »grüne Eiswürfel«. Mixe dazu zwei Tassen Gemüse, eine Banane und eine Tasse Milch, Wasser oder Kokosmilch, und schütte den Mix in eine Eiswürfelform. Ab damit ins Gefrierfach. Wenn sie gefroren sind, kannst du sie in einer Tüte oder Box bis zu vier Monate im Gefrierfach lagern. Nimm zwei davon für deine Smoothies! (Die Banane gibt dem Mix etwas Süße, aber wenn du es grün und puristisch magst, lass sie weg.)

Fluffiges Rührei kochen

»Eier sind einfach, aber anspruchsvoll. Für Köche sind sie perfekt, um gute Technik und Geschmack zu verbinden.«

– Jacques Pépin

1. Schlag sechs Eier in eine Schüssel, und gib Salz und Pfeffer dazu (ungefähr einen halben Teelöffel Salz und einen viertel Teelöffel frisch gemahlenen Pfeffer).
2. Verquirle die Eier mit einer Gabel oder einem Schneebesen, damit sie sich gut mischen. (Stich die Eigelbe zuerst mit der Gabel ein, dann geht es leichter.)
3. Stell eine viertel Tasse des Mix zur Seite.
4. Bring circa zwei Teelöffel ungesalzene Butter in einer schweren Pfanne bei mittlerer Hitze zum Schmelzen.
5. Sobald die Butter schäumt, gib den Ei-Mix dazu und rühre währenddessen vorsichtig mit dem Schneebesen.
6. Lass es stocken, und rühre stetig weiter, bis die Eier schön cremig sind. Es sollte möglichst wenige Klumpen geben.
7. Noch weiter stocken lassen, aber die Pfanne, falls notwendig, kurz vom Herd nehmen und wieder draufstellen, so lange, bis du den Pfannenboden siehst, wenn du den Schneebesen durch die Eier ziehst.
8. Nimm jetzt die Pfanne vom Herd. Die Eier werden noch weiterbraten, vor allem am Rand der Pfanne – das ist kein Problem.
9. Gib jetzt den Rest der rohen Eier dazu und – falls du magst – zwei Teelöffel Sourcream oder Schlagsahne. Dann rühr gut um, bis sich alles vermischt hat.
10. Nun ab auf den Teller, damit die Eier nicht verbrennen, und so schnell wie möglich servieren.

Der Experte:

Jacques Pépin ist ein weltweit berühmter Koch, Autor und Fernsehmoderator. Er hat unter anderem eine Kochshow mit Julia Child gedreht.

Warum:

Ist das die gesündeste Variante, Eier zuzubereiten? Nein. Ist das wichtig? Ebenfalls nein. Das ist Jacques Pépin, Leute! Köche danach zu beurteilen, wie gut ihr französisches Omelett ist, ist sein Job; der Mann kennt sich aus mit Eiern. (Auch wenn du Butter und Sourcream weglässt und nur die Kochtechnik anwendest, wird es immer noch ein perfektes Rührei – das Rezept funktioniert immer!) Die Eier werden ununterbrochen gerührt, damit der Mix möglichst cremig ist. Wahrscheinlich setzen sich am Rand der Pfanne Teile des Eis ab und werden dort bröselig – achte also darauf, auch außen zu rühren. Indem du am Ende den rohen Rest dazugibst, vermeidest du, dass das Rührei über den perfekten Punkt hinaus kocht. (Die Pfanne und die bereits gekochten Eier sind heiß genug, um die rohen Eier mitzugaren.) Die Mengenangaben oben sind für drei Personen. (Oder zwei sehr hungrige!) Je nachdem, für wie viele du kochst, kannst du mehr oder weniger Zutaten nehmen. Man braucht Übung, um aus Eiern etwas zu machen, aber sobald du die Basics sicher kannst, wirst du immer etwas zaubern können. (Jacques ist auch Fan von Eiern zum Abendessen; egal ob mit Schinken, Käse, Trüffelsoße oder Kaviar!)

Die Nachrichten im Blick haben (schnell und ohne den Kopf zu verlieren)

»Wenn es sich anfühlt, als ob du einem detaillierten Sportbericht zuhörst, sind es nicht wirklich Nachrichten, sondern bloß Lärm.«

– Jenna Lee

1. Mach dir bewusst, dass es wichtig ist, gut informiert zu sein (das ist es!), und sei bereit, etwas dafür zu tun.
2. »Ganz oder gar nicht« gilt hier nicht. Nur weil du keine Zeit hast, zwei Stunden lang gemütlich Zeitung zu lesen, heißt das nicht, dass du nicht auf dem Laufenden sein kannst. Ein paar Minuten jeden Tag reichen, damit du informiert bist.
3. Such dir ein paar verlässliche Quellen/Medien, und stelle daraus deine eigene »News Family« zusammen. Bleib bei diesen Medien, statt immer neue zu suchen.
4. Such dir einen Journalisten, dem du vertraust, und verfolge, was er schreibt. (Wenn es eine unabhängige Stimme sein soll, achte darauf, dass derjenige einen seriösen journalistischen Background hat.)
5. Wenn du zu einem Thema eine Einschätzung suchst, finde eine Redakteurin, die zu diesem Thema schon viel geschrieben hat und deren Texte folgerichtig und anregend sind.
6. Abonniere den täglichen Newsletter deiner Lieblingszeitung oder -website. (Die großen Zeitungen werden in der Regel dieselben Meldungen bringen, also entscheide dich für eine, und bleib dabei, dann wird es nicht zu viel.) Alternativ folge dem täglichen Info-Block eines Radiosenders oder Podcasts.

7. Bleib bei drei Themen deiner Wahl auf dem Laufenden, zum Beispiel der Wirtschaft, der Innenpolitik und technischen Erfindungen oder Entwicklungen im Gesundheitssektor. (Dann hat deine News-Diät auch immer einen positiven Anteil!)
8. Frag dich immer: »Vor welchem Hintergrund muss ich diese Meldung sehen? Was ist das *bigger picture?*« Wenn du darauf keine Antwort weißt, ist der Artikel wahrscheinlich Zeitverschwendung. Verlauf dich nicht im Medien-Dschungel!
9. Folge Fotojournalisten auf ihren Social-Media-Kanälen. Ihre Perspektive ist bereichernd, weil sie von vor Ort berichten.

Die Expertin:

Jenna Lee ist eine amerikanische Journalistin, Autorin, Produzentin und Gründerin von Leep Media LLC und SmartHERNews.com. Bevor sie ihr eigenes Business startete, war sie Co-Moderatorin einer täglichen, zweistündigen Nachrichtensendung bei Fox News, wo sie über die wichtigsten nationalen und internationalen Geschehnisse der letzten zehn Jahre berichtete.

Warum:

Du solltest immer darüber nachdenken, woher du deine Nachrichten beziehst, damit du sicher sein kannst, dass du verlässliche Informationen bekommst. Journalisten sind auch heute noch der Schlüssel – und wenn du Beiträge guter Journalistinnen liest, sparst du Zeit, weil sie dir umfassende Antworten auf deine Fragen liefern, statt eine einseitige, vereinfachende Meinung zu vertreten. Such dir einen Autor, der häufig Leitartikel schreibt und der dir einen neuen Blick auf verschiedene aktuelle Themen eröffnet. Dann kennst du alle Fakten, lernst aber auch einen interessanten Standpunkt kennen, den du mit deinen Bekannten diskutieren kannst.

Bevor du zu viel Zeit damit verbringst, einfach irgendetwas zu lesen, frag dich, was der Kontext, der Hintergrund des Ganzen ist. Manchmal schaukeln sich Nachrichten auch einfach hoch, und darum sollte es nicht gehen.

Und achte immer darauf, dass du auch positive Nachrichten liest: Welche neue Technologie bringt die Menschheit weiter? Welche Studie verändert unsere Sicht auf Gesundheitsthemen oder wird unser Leben verbessern? Wenn du positive Nachrichten liest, bist du ausgeglichener und verlierst die Vielfalt des Lebens nicht aus den Augen.

BONUS

Nutze die App einer Nachrichtenagentur. The Associated Press ist zum Beispiel eine internationale Nachrichtenagentur, die dich mit News aus aller Welt versorgt. Größtenteils bringt die Agentur meinungsunabhängige Nachrichten, dadurch kannst du sie leichter einordnen. (Wenn die Nachrichten nicht mit meinungsbasierten Kommentaren gemischt sind, kannst du sie schneller aufnehmen und dich dann anderen Dingen widmen.)

Apropos »auf dem Laufenden sein«:

»Ganz egal, was deine politische Einstellung ist, du bist Bürgerin eines Landes. Deshalb ist es deine Pflicht, auf dem Laufenden zu sein. Was sind die großen Themen in deinem Land? Wenn du dich regelmäßig über dein Land informierst, macht das dein Leben in vielerlei Hinsicht reicher.« – Jenna Lee

Profi-Tipp: »Wenn du es manchmal einfach zu beunruhigend findest, was in der Welt alles so passiert, dann nimm dir einen Moment Zeit, um zwischen deinem Nachrichtenkonsum und deinem Social-Media-Konsum zu unterscheiden. Natürlich gibt es da Überschneidungen, aber du verbringst deine Zeit immer sinnvoller mit dem Lesen eines qualitativ hochwertigen Artikels über ein aktuelles Thema, als wenn du in den sozialen Medien über irgendwelche zusammenhanglosen News stolperst. Ein gezielter Medienkonsum wird deine Ängste sogar abbauen und dein Wissen aufbauen. Auch hier gilt: Qualität statt Quantität – ein Klassiker, aber ein guter!« – Jenna Lee

Kapitel

2

Von A nach B kommen

Morgens das Haus verlassen (in Ruhe und ohne etwas zu vergessen)

»Zwischen dem Schuheanziehen und dem Ausparken vergeht Zeit; das vergessen die meisten Leute. Deshalb kommen sie überall fünf Minuten zu spät.«

– Laura Vanderkam

1. Entscheide dich für einen Ort, an dem immer alle Dinge sind, die du mitnehmen musst, wenn du das Haus verlässt. Das kann in der Garage sein, im Flur oder an der Garderobe.
2. Kümmere dich darum, dass alle Mitglieder deines Haushalts wissen, dass es diesen Ort gibt. (Sorge dafür, dass alle ihren eigenen Haken, ihren Korb oder ihr Fach für Jacken, Taschen, Schuhe ... haben.)
3. Alles, was an diesen Ort gehört, aber irgendwo anders auftaucht, muss sofort zu diesem Ort gebracht werden – idealerweise von demjenigen, der es von dort weggenommen hat. (Wie sollen sie es sonst lernen?)
4. Wähle eine Tasche oder ein Portemonnaie für die wichtigen Dinge aus, die man immer braucht. Falls du etwas

rausnimmst, leg es unmittelbar danach zurück. Jetzt. Ich warte so lange.

5. Nimm grundsätzlich weniger mit. Was brauchst du wirklich? Entscheide, miste aus. Und noch einmal.
6. Wenn du eine bestimmte Sache immer wieder vergisst, leg dir ein zweites Exemplar davon zu, und lass es dort, wo du es in der Regel brauchst. Nach der Arbeit gehst du immer ins Fitnessstudio? Dann stell dir ein Ersatzpaar Turnschuhe ins Büro. Das kostet nicht die Welt, und du kannst sie nie mehr zu Hause vergessen.
7. Pack eine Tasche mit ein paar Dingen, und leg sie ins Auto: einen Ersatzregenschirm, Einkaufstaschen, eine Sonnenbrille. Wenn du diese Dinge aus dem Auto nimmst, leg sie hinterher zurück. (Kommt dir das bekannt vor?)
8. Bilde Teams aus den Dingen, an die du denken willst. Wenn du zum Beispiel am nächsten Tag etwas zu essen mitnehmen willst, leg am Vorabend deine Schlüssel in den Kühlschrank auf die entsprechende Tupperdose.
9. Wenn es etwas wirklich Wichtiges gibt, das du nicht vergessen darfst, schreib dir einen Erinnerungszettel, und kleb ihn irgendwohin, wo du ihn auf jeden Fall siehst, bevor du das Haus verlässt (am besten einfach direkt an die Tür).
10. Lass dir einen Moment Zeit, um deine mentale Checkliste durchzugehen: Was muss ich heute alles mitnehmen?

Die Expertin:

Laura Vanderkam ist Expertin für Zeitmanagement und -effizienz. (Ihr Hack, damit ihre Kinder nie das Schulbrot vergessen: Alle essen in der Schulkantine!)

Warum:

Ja, damit du das Haus in Ruhe verlassen kannst, musst du wirklich anfangen, die Sachen dorthin zu räumen, wo sie hingehören. Gib den Sachen ein Zuhause – dann gibt es, wenn du dich beim Aufbrechen fragst: »Wo ist denn bloß mein x?!«, nur eine mögliche Antwort. Der Ort sollte in der Nähe des Ausgangs sein, damit du das Gesuchte auf jeden Fall siehst, wenn du das Haus verlässt.

Die Leute sagen ja häufig: »Bereite dich am Abend vorher gut vor, dann sparst du am nächsten Morgen Zeit.« Aber in Wirklichkeit brauchst du dann *länger*, denn eigentlich bereitest du dich so ja doppelt vor. Und nicht nur das, wahrscheinlich gehst du auch später ins Bett, denn nach der ganzen Vorbereiterei für den nächsten Tag willst du bestimmt noch ein bisschen Zeit für dich haben. Und später ins Bett zu gehen macht den nächsten Morgen garantiert nicht besser, eher schlechter.

Gib den Sachen stattdessen ein Zuhause, dann musst du auch abends nichts vorbereiten – die Sachen sind einfach an dem Ort, an den sie gehören. Und: Alle Dinge, die du unbedingt mitnehmen musst, sollten *in* etwas sein, das du immer mitnimmst. (Also Geld, Karten, Busticket, Sonnenbrille *in* deiner *einen* Handtasche. Wenn du zu häufig deine Handtasche wechselst, kommt garantiert der »Oh $*@#«-Moment, in dem dein Führerschein in der anderen Handtasche ist.)

Am wahrscheinlichsten vergisst du die Dinge, die du auch zu Hause lassen könntest, deshalb leg sie zu den Dingen, ohne die du das Haus nicht verlassen kannst (also zum Autoschlüssel oder zu deinen Schuhen). Helfen können auch gut platzierte Erinnerungen. Und wenn du Kinder hast, häng am besten einen Kalender mit ihren wöchentlichen Aktivitäten an die Tür, sodass du sofort den Überblick hast. Wenn du jeden Morgen an so viele Sachen denken musst, dass du eigentlich eine Checkliste brauchst, ist dein Leben womöglich zu vollgepackt! Dann musst du etwas reduzieren.

Eine Kreuzung ohne Ampeln oder Verkehrszeichen souverän meistern

1. Halte an. Komplett.
2. Überprüfe, ob du den Blinker gesetzt hast, wenn du abbiegen willst.
3. Stelle Augenkontakt mit den anderen Fahrenden her.
4. Das Auto, das zuerst an der Kreuzung war, darf zuerst fahren. (So gehört sich das.)
5. Aber halt, zwei Autos sind gleichzeitig angekommen? Hier gilt rechts vor links. Wenn drei Autos gleichzeitig ankommen, darf immer noch das Fahrzeug ganz rechts zuerst fahren, dann alle anderen im Uhrzeigersinn. (Also muss das Auto ganz links warten, bis alle anderen gefahren sind).
6. Wenn zwei Autos gleichzeitig ankommen und einander gegenüberstehen und ein Auto will abbiegen, das andere geradeaus fahren, hat das Auto, das *geradeaus* fährt, Vorfahrt. Wenn beide geradeaus fahren (also keins von beiden blinkt) oder beide nach rechts (beide nach links abbiegen), dürfen beide gleichzeitig fahren – aber bitte langsam! Schließlich weißt du nie, ob das andere Auto auch dorthin fährt, wohin du vermutest. (Vielleicht wurde der Blinker vergessen.)
7. Wenn vier Autos gleichzeitig ankommen, gibt es keine Regel. Man stimmt sich einfach ab, wer zuerst fährt, danach geht es nach den oben genannten Regeln – aber wieder *Vorsicht*, vielleicht kennen sie nicht alle.

Die Expertin:

Emily Stein ist Vorsitzende von Safe Road Alliance, einer Non-Profit-Organisation, deren Ziel es ist, dass Autofahrer*innen vorsichtiger fahren.

Warum:

Ja, an einem Stoppschild musst du wirklich anhalten – auch wenn du es eilig hast und auch dann wenn kein anderes Auto in Sicht ist. Wenn andere Autos da sind, ist Blickkontakt mit den Menschen am Steuer der Knackpunkt. Sie sollen wissen, dass du sie siehst, und sie sollen dich sehen. Das ist ein wichtiger Sicherheitsaspekt, vor allem, weil viele abgelenkt sind. Selbst wenn Autofahrende Freisprechanlagen nutzen, wenn sie am Telefon sind – und du weißt, das sind sie oft –, konzentrieren sie sich nicht wirklich auf die Straße. (Außerdem gibt es jede Menge Leute, die nicht blinken oder falsch blinken.) Wenn du dich einem Zebrastreifen näherst und da steht schon ein anderes Auto, denk als Erstes an Fußgänger. »Halte Ausschau nach Füßen und Rädern« ist ein guter Merksatz. Wenn jemand auf dem Zebrastreifen ist, müssen die Autos anhalten.

Die Regeln der allgemeinen Höflichkeit gelten auch für den Straßenverkehr, und du kannst jemanden damit sehr glücklich machen – und unglücklich. (Ist es nicht ein gutes Gefühl, wenn du jemanden aus seiner Einfahrt fahren lässt und er dir dann ein »Danke« zunickt? Ist es nicht $*@# ärgerlich, wenn dich niemand aus der Einfahrt lässt und sich keiner bedankt?!)

Die Höflichkeit kann natürlich auch zu weit gehen, wenn alle den anderen zuerst fahren lassen wollen. In solchen »Fahr du zuerst!«-»Nein du!«-»Nein du«-Momenten lächle einfach, lockere die Situation auf und fahr los.

BONUS

Und im Kreisverkehr? Werde langsamer, wenn du dich dem Kreisverkehr näherst. Wenn schon ein Auto im Kreisverkehr ist, hat es Vorfahrt. (Also erwarte nicht, dass es abbremst, damit du reinfahren kannst.) Wenn du das Auto im Kreisverkehr bist, halte nicht an, um andere reinzulassen; das ist nicht deine Aufgabe und keine höfliche Geste, sondern ziemlich gefährlich. Ein Mittel, um Kreisverkehre übersichtlicher zu machen, ist: deutlich machen, wohin du willst, also blinken.

Profi-Tipp: Studien haben gezeigt, dass jeglicher Handy-Kontakt während des Fahrens (auch die Freisprechanlage) ablenkt und das Fahrvermögen beeinflusst. Auch ein kurzer Blick auf das Handy, während du an einer roten Ampel wartest, kann einen »Hangover-Effekt« haben – das heißt, dein Gehirn ist bis zu siebenundzwanzig Sekunden abgelenkt, bevor es wieder vollständig die gegenwärtige Situation erfasst (also zum Beispiel die anderen Autos, die mit hundert Stundenkilometern vorbeisausen). »Hands free« und »risk free« sind nicht dasselbe!

Problemlos tanken

1. Finde heraus, auf welcher Seite des Autos der Tankdeckel ist. (Tipp: Schau auf die Tankanzeige im Auto. Dort zeigt ein kleiner Pfeil neben dem Tanksäulen-Piktogramm an, auf welcher Seite des Autos der Tankdeckel ist. WAHNSINN, ODER?)
2. Fahr auf der richtigen Seite an die Tanksäule heran, halte so, dass zwischen Tanksäule und Tank zwei Schritte Platz bleiben.
3. Öffne die Tankklappe von innen (bei Autos, die dieses Feature haben), bevor du aussteigst.

4. Mach den Motor aus, und vergiss nicht, deine EC-Karte (oder Kreditkarte oder Bargeld) mitzunehmen.
5. Schraub den Deckel von deinem Tank. Viele Autos haben für den Deckel eine extra Halterung oder einen Ring an der Tankklappe zum Aufhängen. Falls nicht, leg den Deckel an einen Ort, wo er nicht wegrollen kann und wo du ihn nicht vergisst!
6. Wähle den Treibstoff, den du willst, nimm dann den entsprechenden Schlauch vom Haken, und steck den Stutzen in deinen Tank. Pass auf, dass er tief genug drinsteckt! Er sollte von selbst halten, ohne rauszurutschen.
7. Jetzt drück den Hebel, erst dann fließt der Treibstoff. Damit du nicht gedrückt halten musst, leg den kleinen Haken neben dem Hebel um, dann rastet er dauergedrückt ein.
8. Wenn der Tank voll ist – du hörst ja, wenn es aufhört zu fließen –, nimm den Stutzen mit Öffnung nach oben raus, dann tropft es nicht, und häng ihn zurück an die Tanksäule. (Falls du den kleinen Haken zum Feststellen gedrückt hast – er löst sich, wenn du einmal kurz den Hebel drückst, oder selbstständig, wenn der Tank voll ist.)
9. Dreh den Tankdeckel wieder drauf, und vergewissere dich, dass er fest zugeschraubt ist. Merk dir die Ziffer deiner Tanksäule.
10. Geh in die Tankstelle rein, nenn die Ziffer deiner Tanksäule und bezahle. Dann steig in dein Auto ein, und fahr langsam von der Tankstelle.

Der Experte:

Chris Riley ist der Gründer von AutoWise, einer Online-Community für Auto-Experten (und für ganz normale Leute, die ganz normale Autos fahren).

Warum:

Damit das Tanken optimal läuft, solltest du schon ein paar Dinge checken, bevor du aussteigst. Hast du die Tankklappe von innen geöffnet? Den Motor ausgestellt? Hast du deine EC-Karte am Start? So vermeidest du, dass du x-mal ein- und aussteigen musst. Nimm den Tankdeckel erst dann ab, wenn du den Tankstutzen wirklich reinsteckst – denn sobald der Tank offen ist, strömen Benzindämpfe an die Luft, und das ist nicht gut für die Umwelt. Das Schwierigste am Tanken ist das Rumstehen und Warten. Du solltest dich nicht zu weit entfernen, aber du kannst dein Scheibenwischwasser oder das Öl in der Zeit checken – oder du putzt deine Windschutzscheibe. Behalte dabei die Leute im Blick, die hin- und herlaufen, weil sie nicht wissen, auf welcher Seite ihres Autos der Tank ist. (Also zum Beispiel ich jedes Mal, bevor ich dieses Buch geschrieben habe.)

BONUS

Ein paar Don'ts:

- Rauche niemals in der Nähe von Tankstellen. Das sollte eigentlich selbstverständlich sein, aber hier noch mal die Erklärung: Benzin- und Dieselgase sind hochentflammbar, und es braucht nicht viel, damit die Katastrophe ihren Lauf nimmt.
- Telefoniere nicht mit deinem Handy, während du tankst. Es ist eher unwahrscheinlich, aber dein Handy könnte mit einem winzigen Funken ein Feuer oder eine Explosion auslösen. Außerdem lenkt dich das Handy ab – und dann tankst du vielleicht die falsche Sorte Kraftstoff oder vergisst, den Tankdeckel wieder draufzuschrauben.
- Steig nicht in dein Auto ein, während du tankst. Und falls du es doch aus irgendeinem Grund musst, fass vorher ein-

mal an die Metallkarosserie, damit du statische Elektrizität loswirst.

Funfact: New Jersey ist der einzige amerikanische Bundesstaat, in dem du nicht allein tanken darfst.

Starthilfe geben

1. Finde heraus, wo im liegen gebliebenen und im funktionierenden Auto die Batterien eingebaut sind. (Normalerweise im Motorraum, sie können aber auch im Kofferraum oder unter einem Sitz sein.)
2. Park das funktionierende Auto so neben das andere, dass die Überbrückungskabel die beiden Batterien verbinden können, aber man auch noch zwischen den Autos stehen kann. Stell den Motor ab.
3. Sortiere die Kabel so, dass du jeweils ein rotes und ein schwarzes an jedem Auto hast. Die Anschlüsse dürfen sich ab jetzt nicht mehr berühren.
4. Suche den positiven und den negativen Pol an den beiden Batterien. Der Pol ist eine kleine Schraube oder ein Knopf oben auf der Batterie – auf dem positiven steht »POS« oder »+«, und er ist normalerweise rot. Auf dem negativen steht »NEG« oder »–«, und er ist normalerweise schwarz.
5. Beginne am liegen gebliebenen Auto: Verbinde den roten Anschluss mit dem positiven Pol.
6. Jetzt ab zum funktionierenden Auto: Verbinde den anderen roten Anschluss mit dem positiven Pol und den schwarzen Anschluss mit dem negativen Pol.
7. Geh zurück zum kaputten Auto, und klemm den letzten freien, schwarzen Anschluss an den negativen Pol. Ach-

tung: Nicht bei einer tiefentladenen Batterie! Hier sucht man sich bei dem liegen gebliebenen Auto ein Metallteil im Motorraum, weil es sonst zu Funkenschlag und einem Brand kommen kann.

8. Starte den Motor des funktionierenden Autos, und lass ihn etwa eine Minute laufen. Es empfiehlt sich, bei dem Starthilfe gebenden Motor die Drehzahl zu erhöhen, vor allem, wenn es sich bei dem liegen gebliebenen Auto um eines mit einem großen Motor handelt.
9. Starte dann den Motor des kaputten Autos. (Wenn du magst: vorher Daumen drücken!)
10. Lass beide Motoren laufen, und bau die Startkabel in umgekehrter Reihenfolge wieder ab: zuerst das schwarze Kabel von der (ehemals) kaputten Batterie, das schwarze sowie das rote vom Helfer-Auto und schließlich das rote von dem liegen gebliebenen Auto. Die Anschlüsse dürfen sich nicht berühren, solange einer davon angeschlossen ist!

Der Experte:

Harry Hendrickson ist der Besitzer von Hendrickson Car Care in Halesite, New York, und wird seit fünfzig Jahren allseits als Automechaniker hochgeschätzt. Er hat so vielen Autos Starthilfe gegeben, dass er sie nicht mehr zählen kann; mindestens eins pro Tag macht er wieder flott.

Warum:

Starthilfe zu geben ist eine von den Sachen, bei denen es wirklich auf die richtige Reihenfolge ankommt, sonst sprühen Funken – und das nicht im positiven Sinne. Falls sich die negativen und die positiven Anschlüsse berühren, während die anderen Enden der Kabel schon mit der Batterie verbunden sind, fließt Strom, und der kann die Kabel sogar zum Schmelzen bringen. Und es gibt Funkenflug. Und Funken willst du nicht in der Nähe deines Motors haben, weil – na klar – dort auch Kraftstoffdämpfe sind. (Harry sagt, dass du deshalb auch nicht rauchen solltest, während du Starthilfe gibst. Merk dir das!) Du verbindest zuerst den roten Anschluss mit der leeren Batterie, weil die am wenigsten Saft hat und deshalb am ungefährlichsten ist. Merk dir: rot an rot; schwarz an schwarz. (Wenn du da einen Fehler machst, erzeugst du einen Kurzschluss im Bordcomputer deines Autos.) Teste am besten, ob die Anschlüsse fest sitzen, indem du ein bisschen an ihnen ruckelst; erst dann solltest du die Autos anlassen. Vielleicht reißt du dir einfach diese Seite hier raus und steckst sie ins Handschuhfach deines Autos. Das wäre kein Problem für mich.

Profi-Tipp: Wenn die Starthilfe funktioniert und dein Auto anspringt (wenn du alle Schritte befolgst, wird es anspringen!), schalte den Motor nicht sofort wieder aus. Fahr eine Runde, oder lass den Motor mindestens dreißig Minuten lang laufen, erst dann ist deine Batterie wieder aufgeladen. Wenn das Auto bei der nächsten Fahrt wieder nicht anspringt, brauchst du eine neue Batterie.

Kapitel

3

Smarter arbeiten

Das Outfit für einen wichtigen Termin auswählen

»Ein Outfit zu planen ist wie kochen: Je mehr du vorbereiten kannst, desto weniger Stress (und größeren Erfolg) hast du, wenn du dann alle Elemente zusammenfügst.«

– Sali Christeson

1. Plane dein Outfit mindestens einen ganzen Tag vor dem wichtigen Termin oder der Präsentation. (Das heißt vielleicht auch, dass du in der Wäscherei noch etwas abholen musst, also schieb das nicht bis achtzehn Uhr am Tag vor dem Termin auf.)
2. Wenn du dir unsicher bist, wähle ein Outfit, in dem du dich wohlfühlst – auch wenn das nicht dein schickstes oder neuestes Outfit ist.
3. Wähle eine Farbe, die du magst, die dir aber auch gut steht. (Du weißt nicht, welche Farbe dir steht? Dann achte darauf, wann Freundinnen zu dir sagen: »In der Farbe siehst du super aus.«)
4. Falls du gefilmt wirst (Zoom, Skype, Interview), vermeide Muster – die lenken bloß ab. Und vermeide Farben, die

deinen Umriss verschwimmen lassen. Karminrot steht auf dem Bildschirm eigentlich allen Menschen.

5. Vergewissere dich, dass alle wichtigen Kleidungsstücke gebügelt oder dampfgeglättet sind. **Bügel-Tipps findest du auf Seite 136.**
6. Stell alles, was du sonst noch für ein komplettes Outfit brauchst, zusammen: Schmuck, Unterwäsche, Unterkleid, Schuhe. Häng alles zusammen in deinen Schrank.
7. Am Morgen selbst mach alles, was irgendwie geht, *bevor* du dich anziehst (Haare, Make-up, frühstücken, Kinder versorgen, verabschieden, in ihre Nähe kommen). Um die beiden größten Gefahrenherde – Make-up und Kinder – zu vermeiden, zieh statt deines eigentlichen Outfits erstmal ein T-Shirt an.
8. Zieh das Outfit erst an, kurz bevor du das Haus verlässt.
9. Mach ein Foto von dir im Spiegel (oder bitte jemand anderen, der im selben Haushalt wohnt, eins zu machen), damit du dich an das Outfit erinnerst, wenn du das nächste Mal überlegst, was du zu einem wichtigen Termin anziehen sollst.
10. Los geht's.

Die Expertin:

Sali Christeson ist Gründerin und Geschäftsführerin von Argent, einer immer bekannter werdenden Mode-Marke. (Bevor sie Argent ins Leben gerufen hat, hat Sali zehn Jahre lang in der Finanz- und Technologie-Branche gearbeitet und hatte immer Schwierigkeiten, Kleidung zu finden, die sowohl gut und professionell aussieht als auch praktisch ist.)

Warum:

Triff alle Entscheidungen am Vortag, damit du dich am Morgen deines großen Tags voll auf deine Präsentation/das

Vorstellungsgespräch/den Termin konzentrieren kannst und nicht darüber nachdenken musst, was du anziehen sollst. Durchschnittlich verbringen Frauen zwanzig bis dreißig Minuten – manchmal auch eine Stunde – mit der Outfit-Auswahl. Wie unproduktiv! Such dir auch die richtige Unterwäsche samt BH für dein Outfit raus. Und es ist wirklich hilfreich, wenn du weißt, was für ein Farbtyp du bist, denn du willst ja Farben tragen, die dich zum Strahlen bringen. Wenn du Selbstbewusstsein ausstrahlst, werden sich die Leute an dich erinnern.

Natürlich solltest du, damit alles gut läuft, erst einmal die Sachen in deinem Schrank wirklich *mögen*. Vielleicht willst du dir für den neuen Job auch was Neues kaufen. Viele Unternehmen für Arbeits- und Businesskleidung beschäftigen Stylisten, die dir dabei helfen, die richtigen Outfits für dich, deine Körperform und deine Branche zu finden. Sie machen ein paar Fotos von dir und stellen dir eine Auswahl unterschiedlicher Outfits zusammen, die du dann im Arbeitsalltag testen kannst.

BONUS

Basics, die jede Frau in ihrem Kleiderschrank haben sollte (damit die Outfit-Auswahl schneller und ohne Flüche abläuft):

- einen hochwertigen, maßgeschneiderten Anzug – Hose und Jackett –, den du komplett oder einzeln tragen kannst (das Jackett mit einem Jumpsuit, die Hose mit einer Jeansjacke)
- ein Paar schöne Jeans, die bürotauglich sind (besonders wichtig, da heutzutage Casual Outfits im Büro viel häufiger Standard sind)
- eine schwarze Hose (basic)
- einen Blazer (in einer anderen Farbe als der Anzug)

- eine Jeansjacke (und eventuell auch eine Lederjacke)
- einen guten Trenchcoat

Kauf bei diesen Sachen lieber Qualität statt Quantität – das sind die »Investitionsstücke«, die den Grundstock deiner Garderobe bilden sollen. Danach kannst du von Zeit zu Zeit neue Blusen, Tops, Schals und Accessoires für weniger Geld kaufen, damit du auch etwas Neues im Kleiderschrank hast.

Richtig sitzen

1. Stell dich gerade vor den Stuhl.
2. Spüre, wie deine Füße komplett flach auf dem Boden aufliegen und dich erden.
3. Spann deine Mitte an, und beug die Knie, um dich hinzusetzen. Lass deinen Oberkörper währenddessen möglichst gerade. (Eine starke Mitte hilft dir dabei.)
4. Wenn du sitzt, konzentriere dich auf dein Becken, und beweg deine Sitzbeinhöcker hin und her, bis du dich wohlfühlst.
5. Beug dich ein bisschen vor, damit dein Körper direkt über deinem Becken ausgerichtet ist.
6. Zieh deine Schultern zu deinen Ohren hoch, dann nach hinten, dann nach unten.
7. Heb deinen Kopf hoch und ein bisschen zurück, sodass er oben und in einer Linie mit deinem Körper und deinem Becken ist.
8. Stell deinen Stuhl so ein, dass deine Hüften entweder etwas höher oder auf gleicher Höhe wie deine Knie sind; die Knie stehen dann in einem Winkel von neunzig Grad oder etwas mehr.

Der Experte:

Steve Weiniger ist ein international anerkannter Experte für Körperhaltung und Autor des Buches *Stand Taller – Live Longer: An Anti-aging Strategy*.

Warum:

Eine gute Haltung bedeutet weniger Stress für deine Muskeln und Gelenke, außerdem haben Studien nachgewiesen, dass Menschen, die eingesunken sitzen, mehr Kortisol im Blut haben (das Stresshormon) und weniger Testosteron. Ganz zu schweigen von deiner Ausstrahlung, wenn du buckelig dasitzt! Gerade stehen – und sitzen – lässt dich selbstbewusster wirken. Und der erste Schritt zum richtigen Sitzen ist das richtige *Stehen*. Eine gute Haltung beginnt in deinen Füßen, von dort baust du sie nach oben auf, über die Hüfte, den Rumpf, zuletzt den Kopf. Die meisten Leute sinken zusammen, sobald sie sitzen. Um das zu vermeiden, achte darauf, dass deine Hüfte nie unterhalb deiner Knie ist. (Du musst also die Stuhlhöhe eventuell korrigieren.) Wenn du richtig sitzt, solltest du deine Hände entspannt auf den Tisch legen können, und deine Ellbogen sollten dabei einen rechten Winkel bilden. Wirst du die richtige Haltung vergessen, sobald du dich auf deine Arbeit konzentrierst? Ja. Aber wenn du nur ein paar Mal im Laufe des Tages daran denkst, deine Position zu überprüfen und zu korrigieren, wird das schon einen großen Unterschied machen. Je gerader du sitzt, desto mehr stärkst du dein Zentrum. (Hallo, Sixpack!)

BONUS

Egal, wie gut du sitzt, achte darauf, mehrmals am Tag aufzustehen und dich zu bewegen.

Am besten alle dreißig Minuten. Entwickle ein paar Angewohnheiten, die es dir erlauben, dich auf der Arbeit zu bewegen (wie wär's mit Arbeitstreffen im Laufen?!), denn unsere Körper sind nicht dafür gebaut, so viel und lange zu sitzen, wie wir es alle tun.

Eine effektive E-Mail schreiben

»Einer der Hauptgründe, warum Menschen so viele Überstunden machen müssen, ist, dass sie schlechte E-Mail-Schreiber sind.«

– Justin Kerr

1. Formuliere einen einfachen Betreff aus maximal sieben Wörtern (lieber weniger). Die Lesbarkeit sinkt rapide, wenn der Betreff länger als eine Zeile auf dem Handy ist.
2. Verzichte auf eine umständliche Grußformel. Ein einfaches »Hallo, Nick« reicht aus, dann sollte schon der Grund des Schreibens folgen.
3. Fang mit dem Fazit an – also mit dem, was du durch die E-Mail bewirken willst.
4. Verwende Aufzählungsstriche, wenn du bestimmte Punkte vom Mail-Empfänger erwartest. (Ist klar, worum du den Empfänger bittest? Achte darauf, dass deine Punkte nachvollziehbar und gut geordnet sind, damit der Empfänger problemlos zustimmen kann.)
5. Achte darauf, Leerzeilen/Weißraum zu lassen.
6. Check die Formatierung. Wie wird die E-Mail beim Empfänger aussehen (zum Beispiel wenn sie auf einem Handy-Display gelesen wird). Ein endloser Textblock in riesiger Typo kann ziemlich abstoßend wirken.
7. Streiche alles Überflüssige, und verwende noch mehr Leerraum.

8. Wähle eine Abschiedsformel (»herzlich«, »danke«, »Grüße«), und bleib bei allen deinen E-Mails dabei.
9. Schreib deinen Namen (auch wenn du keine Abschiedsformel verwendest), sonst wirkt die E-Mail eventuell herablassend, insbesondere, wenn du den Empfänger um etwas bittest.
10. Lösch alle langen Signaturen, in denen inspirierende Zitate, Bilder oder dein komplettes LinkedIn- oder Xing-Profil vorkommen. (Signaturen müllen den Posteingang zu, werden häufig als Anhang gesendet und erschweren es den Empfängern, die Mail schnell zu lesen und schnell zu beantworten.)

Der Experte:

Justin Kerr ist Berater für Effizienz am Arbeitsplatz und Macher des Podcasts *Mr. Corpo*.

Warum:

Sinn und Zweck einer E-Mail ist es, möglichst schnell und ohne viel Aufwand an eine Information zu kommen, die du brauchst. Der erste Schritt sollte ein schnörkelloser Betreff sein. Auch wenn es bereits einen Mailverkehr zu einem anderen Thema gibt, solltest du, wenn du ein neues Thema anschneidest, eine neue Mail mit dem entsprechenden Betreff schreiben, sonst liest der Empfänger deine Mail vielleicht nicht, weil er denkt, sie sei alt. In der Schule lernen wir, als Erstes eine Einführung zu schreiben, dann sachdienliche Argumente zu liefern, dann das Fazit. Eine Arbeitsmail sollte umgekehrt aufgebaut sein: als Erstes das Fazit, dann notwendige Schritte, dann sachdienliche Argumente (falls dein Gegenüber so weit liest).

Die Geheimwaffe für effiziente Mails: Aufzählungspunkte. Denk darüber nach, *wie und wo* der Empfänger die Mail lesen wird. Du schreibst deine Mail zwar wahrscheinlich auf einem Computer oder Laptop mit großem Bildschirm, aber die Empfänger werden sie sehr wahrscheinlich zwischen zwei Terminen oder im Taxi auf dem Handy *lesen*. Leerraum macht das Ganze übersichtlicher und leichter zu beantworten. Überleg dir eine Abschiedsformel, die zu dir passt und die du immer verwendest – eine Entscheidung weniger, die du jeden Tag fällen musst. (Mach es wie Steve Jobs mit seinem Outfit – deine »Grüße« sind sein schwarzer Rollkragenpulli.)

BONUS

Wenn sich ein Konflikt in deinen Mails anbahnt, beantworte diese Mails nicht. Du kannst keinen Mail-Konflikt durch eine Mail lösen. Also Finger weg vom Computer, und lös das Problem übers Telefon oder im direkten Gespräch. Die gute Nachricht ist: Stänkerer werden meistens kleinlaut, wenn man sie direkt anspricht. Sag einfach: »Hallo, ich glaube, wir haben eine Meinungsverschiedenheit.« Und sehr wahrscheinlich werden sie antworten: »Überhaupt nicht, wir können es genau so machen, wie du willst. Ich hab nur meinen Senf dazugegeben.« Falls es eine Gruppenmail war, ist es wichtig, dass du allen eine Antwort mit dem Lösungsvorschlag schickst (»Hallo, wir haben eine Lösung, wir machen es so und so«), dann wissen auch alle, dass es keinen Mail-Konflikt geben wird. Außerdem sehen alle, dass du eine Problemlöserin bist … und Mail-Konflikte gewinnst.

Eine Sprachnachricht hinterlassen

»Die Faustregel ist: Wenn der Empfänger deine Sprachnachricht zweimal abhören muss, hast du keine gute Arbeit geleistet.«

– Joel Schwartzberg

1. Stell dir vor, du sprichst in Aufzählungspunkten, nicht in Absätzen.
2. Sprich die Nachricht ein paarmal laut. (Das hilft deinem Mund und deinem Gehirn, zusammenzuarbeiten.)
3. Wenn das Piep ertönt, beginne mit einem kurzen Gruß (»Hallo, Sarah«), dann stelle dich (und deine Firma) direkt vor (»Hier ist Katrin Grull vom ABC Verlag«). Mach das *sehr* langsam und vor allem *deutlich*.
4. Nenne deine Telefonnummer gleich zu Anfang.
5. Falls notwendig: Erwähne, woher ihr euch kennt (»Wir haben uns bei dem Meeting letzte Woche kennengelernt« oder »Unser gemeinsamer Freund Matti hat mir deine Nummer gegeben«).
6. Vermeide lange Einleitungen wie zum Beispiel Entschuldigungen (Ist die Störung geringer, wenn man sagt: »Es tut mir so leid, dich damit zu behelligen«?), und komm direkt zur Sache. Möchtest du ein Treffen vereinbaren? Benötigst du einen E-Mail-Kontakt? Wartest du auf dein Honorar? Sag es.
7. Halt deine Frage einfach, und frag nur nach *einer* Sache.
8. Nenn noch einmal eine Telefonnummer (oder E-Mail-Adresse). Tu es langsam und überdeutlich – und dann wiederhole es.
9. Beende die Sprachnachricht mit zwei Dingen: Wertschätzung (»Danke, Sarah«) und einem Hinweis, was du

vom Empfänger erwartest (»Ich freue mich auf deinen Rückruf/unsere gemeinsame Arbeit/einen Lösungsvorschlag«).

Der Experte:

Joel Schwartzberg ist Trainer für strategische Kommunikation und Autor des Buches *Get to the Point!*. Er ist außerdem professioneller Redenschreiber und National Champion Public Speaker.

Warum:

Zu wissen, was du sagen wirst, ist der Knackpunkt, so viel ist klar. Wenn du deine Gedanken mit Aufzählungspunkten strukturierst, kannst du dich besser auf das Wesentliche konzentrieren und sparst dir unnötige Sätze. (Das heißt: Komm zum Punkt!) Mehrteilige Fragen verkomplizieren deine Nachricht und sind für die Empfänger eine Herausforderung, denn sie hören zwar die Nachricht ab, sind aber zeitgleich auf Instagram – natürlich wollte ich sagen: Sie lesen ihre Arbeitsmails! Deshalb solltest du auch als Allererstes langsam und deutlich deinen Namen sagen, denn sonst fragen sie sich beim Abhören der Nachricht die ganze Zeit: »Wer spricht da eigentlich?«, statt sich auf den Inhalt zu konzentrieren. Die meisten Leute sagen erst am Ende der Sprachnachricht, wie man sie erreichen kann. Aber wenn dem Empfänger diese Info durchrutscht, muss er die ganze Nachricht noch mal abhören (das nervt tierisch!), deshalb solltest du deine Telefonnummer oder E-Mail-Adresse (entscheide dich für eins von beidem) auch ganz am Anfang sagen.

Zwei Menschen einander vorstellen – via E-Mail

1. Setze beide Namen in den Betreff: »Darf ich vorstellen: Erin und Justin«.
2. Adressiere die E-Mail gezielt an einen der beiden. (Wenn du einen für den anderen ansprichst, adressiere denjenigen zuerst, der den Neuen kennenlernen soll.) »Erin, ich möchte dir Justin vorstellen.«
3. Schreibe etwas über Justin. (Und ergänze eventuell einen Link zu seinem Social-Media-Account oder zu seiner Website.)
4. Sprich denjenigen, der vorgestellt wird und dem du hilfst, ebenfalls an: »Justin, über Erin haben wir gesprochen.« Ergänze den Kontext des Gesprächs, falls das notwendig ist, damit klar wird, warum du die beiden einander vorstellst.
5. Lass die beiden wissen, wer als Nächstes was tut. »Justin, du solltest Erin auf einen Kaffee einladen und mehr von ihrer Arbeit erfahren.«
6. Bitte darum, in Zukunft nur BCC gesetzt zu sein oder ganz aus der Kommunikation genommen zu werden. »Gerne könnt ihr mich aus dem E-Mail-Verkehr rausnehmen.«

Warum:

Nimm dir Zeit, um den Empfängerkreis der Mail mit Hintergrundinformationen zu versorgen – ohne viel Aufwand geht das, indem du die Websites oder LinkedIn-Profile der Personen in der E-Mail verlinkst –, und mach eine Ansage, wer von beiden den nächsten Schritt machen wird. Das ist häufig das größte Dilemma für Leute, die einander per Mail vorgestellt werden: Wer antwortet zuerst? Dein Job als derjenige, der die beiden einander vorstellt, ist es, ihnen eine Hilfestellung zu geben, damit klar ist, wer als Nächstes ein Treffen/Kaffeetrinken/Telefonat ansetzt. Und wenn du darum bittest, aus dem Mailverkehr rausgenommen zu werden, tust du deinem Posteingang einen großen Gefallen.

Argumentieren und gehört werden

»Die Leute werden sich nicht an jedes einzelne Wort erinnern, das du gesagt hast, aber sie werden sich daran erinnern, was du gemeint hast … wenn du ein gutes Argument hattest.«

– Joel Schwartzberg

1. Finde heraus, was der Kern deines Redebeitrags ist. (Der Kern ist ein Argument, nicht einfach nur ein Thema oder allgemeines Statement.) Stell dir die Frage: »Wenn meine Zuhörerschaft nur einen einzigen Gedanken von dem, was ich erzähle, mitnehmen kann, welcher soll es sein?« So findest du den Kern deines Arguments.
2. Um sicherzugehen, dass deine Idee tatsächlich auf einem guten Argument basiert, mach den »Ich bin überzeugt, dass …«-Test. (Setze den springenden Punkt in die Leerstelle. Wenn das einen vollständigen Satz ergibt, hast du ein gutes Argument; wenn nicht, überdenke noch mal, was du sagen willst.)
3. Verstärke dein Argument, indem du den einmaligen Nutzen/Gewinn hervorhebst (also das Warum). Statt zu sagen: »Wenn wir das Meeting gut vorbereiten, werden wir den Kunden beeindrucken, unsere Ideen besser präsentieren, und das Ganze wird runder laufen«, sag ein-

fach: »Wenn wir das Meeting gut vorbereiten, werden wir den Pitch gewinnen.« Bäm!

4. Vermeide schwammige Adjektive (solche, die so vage sind, dass sie keinen Inhalt kommunizieren). Statt zu sagen, dass irgendwas »großartig/super« ist, sag, *wieso* es großartig ist. Das Warum solltest du so deutlich machen, dass alle sich daran erinnern.
5. Bring dein Argument, und dann halte den Mund. Dein Punkt ist klar.

Der Experte:

Joel Schwartzberg ist Trainer für strategische Kommunikation und Autor des Buches *Get to the Point!*. Er ist außerdem professioneller Redenschreiber und National Champion Public Speaker.

Warum:

Es sollte eigentlich selbstverständlich sein, aber hier noch mal zur Sicherheit: Du solltest wissen, was du sagen willst, bevor du anfängst zu reden. Was ist der Kern dessen, was du mitteilen möchtest? Es ist ziemlich überraschend, wie viele Leute einfach anfangen, zu sprechen, und erwarten, dass ihr Gegenüber schon versteht, was sie sagen wollen.

Um gehört zu werden und klarzumachen, dass du einen wertvollen Beitrag lieferst, solltest du deine Botschaft bestmöglich formulieren. Überprüfe dich also selbst, vor allem, wenn du viele Adjektive wie »exzellent«, »fantastisch« oder »großartig« verwendest – die sind sowohl trügerisch (wollen wir nicht alle exzellent sein?) als auch inhaltslos.

Wir wissen alle, dass »weniger mehr ist«, aber wir sollten auch lernen, dass »mehr weniger ist«. Wenn du verschiedene Gedanken mitteilen willst, pack sie nicht alle in ein Statement.

Konzentrier dich auf den wichtigsten, und bring später die anderen, immer einzeln. Und schweif nicht ab! Dein Gegenüber wird sich immer nur an das erinnern, was du zuletzt gesagt hast. Wenn deine Gedanken also am Ende ausfransen und du immer weiterredest, geht der Kern deiner Aussage verloren.

Konstruktives Feedback geben

1. Frag, ob du Feedback geben darfst und wann der richtige Zeitpunkt dafür ist. »Hey, ich würde dir gern Feedback geben, wäre das okay für dich? Wann hättest du Zeit dafür?«
2. Sag, *warum* du Feedback geben möchtest. Bevor du loslegst, sei dir über deine Absicht im Klaren. Das Ziel sollte nicht sein, den-/diejenige kleinzumachen, sondern das Feedback sollte ihm/ ihr helfen, erfolgreicher zu sein.
3. Beschreibe, was dir aufgefallen ist – also das Was –, und das sollte objektiv, moralisch neutral und messbar sein.[2]
4. Sag, wie sich das, was dir aufgefallen ist, zur Norm verhält. Dieser Schritt heißt: »Was im Verhältnis zu was«. Wenn du vorher noch nicht die Norm formuliert hast, wird es jetzt Zeit dafür: »Normalerweise ist es so, dass ...«
5. Besprich, was daraus für sein/ihr Verhalten folgt. So stellst du sicher, dass dein Gegenüber versteht, was sich ändern soll, und sich darauf konzentrieren kann.
6. Kontextualisiere das Verhalten – der »Was ich bisher von dir weiß«-Schritt. »So wie ich dich bisher wahrgenommen

2 Wenn du jemandem Feedback gibst, der offen dafür ist und dem die Qualität seiner Arbeit ebenso am Herzen liegt wie seine Arbeitsbeziehung zu dir, reicht es eventuell aus, wenn du bis Schritt 3 kommst. Er/sie sagt dann vielleicht schon: »Alles klar, danke, ich werde daran arbeiten.«

habe, liegt dir die Kundenzufriedenheit sehr am Herzen. Deshalb möchte ich dich bitten, darüber nachzudenken, wie du dein Verhalten so verändern kannst, dass dies deutlicher wird.«

7. Frag nach: »Was hältst du davon?«/»Was denkst/meinst du?«
8. Formuliere einen Plan (»Wie geht es weiter?«). Im Idealfall ist es ein gemeinsamer Plan. Falls nicht, ist es besser, der/die Betroffene formuliert den Plan, nicht du.
9. Bedanke dich. Feedback anzunehmen ist eine Qualität, die du fördern willst; wenn dein Gegenüber das also gut kann, benenne das auch.

Die Expertin:

Deborah Grayson Riegel ist Geschäftsführerin und leitender Kommunikationscoach bei Talk Support, einer Coaching-Firma, die sich auf Führungs- und Kommunikationsthemen spezialisiert hat. Sie hat an der University of Pennsylvania, der Columbia Business School und der Duke Corporate Education gelehrt.

Warum:

Wenn du der Boss bist, musst du nicht um Erlaubnis fragen, bevor du Feedback gibst. Du solltest Feedback aber immer so anmoderieren, dass deutlich wird, was du willst, und dein Gegenüber das Feedback möglichst schnell und produktiv umsetzen kann. Du kannst also zum Beispiel sagen: »Hättest du einen Moment Zeit, damit ich dir Feedback zu unserem gemeinsamen Termin geben kann?« Das Ziel kannst du so formulieren: »Ich denke, dass du dann unsere Kundschaft besser betreuen kannst.« Dann folge diesen sechs »Was?«-Basis-Regeln:

1. **»Was?«** Dein »Was« sollte ihr Verhalten, nicht ihre Persönlichkeit oder ihren Charakter betreffen. »Während deines Termins hast du dreimal unsere Kunden unterbrochen«, statt: »Du warst total unhöflich zu unseren Kunden.« (»Unhöflich« ist eine Interpretation, »unterbrechen« ist eindeutig sichtbar.)
2. **»Was im Verhältnis zu was?«**
3. **»Was folgt daraus?«**
4. **»Was ich bisher von dir weiß.«** Damit konstruktives Feedback nicht nur negativ aufgefasst wird, kannst du dein Feedback in Relation zu dem setzen, wie du die Person ansonsten wahrnimmst und was du von ihr weißt.
5. **»Was denkst du darüber?«** Im Idealfall fühlt sich das Feedback wie ein Dialog, nicht wie ein Monolog an. Vielleicht ist diese Frage schon früher aufgekommen, aber falls nicht, stell sie auf jeden Fall! Sag so etwas wie: »Jetzt rede ich schon eine ganze Weile und habe meine Sichtweise dargestellt. Aber wie siehst du das? Wo sind wir uns einig, wo nicht?«
6. **»Was jetzt?«** Vereinbare ein Datum, an dem ihr wieder über das Thema sprecht. Wenn wir Feedback geben – einem Kind, unserem Partner/unserer Partnerin, Kolleg*innen –, denken wir oft: »Oh Gott, hoffentlich hat sich das hiermit erledigt, und wir müssen nie wieder darüber sprechen!« Spar dir diese Sorgen, indem du *gezielt plantst,* wieder darüber zu sprechen.

Ein produktives Meeting leiten

1. Sei dir hundertprozentig darüber im Klaren, was der Zweck des Meetings ist. Dann frag dich: »Ist das Meeting wirklich notwendig?« Falls ja …

2. Wähle einen guten Ort. Wenn ihr ein langweiliges Meeting an einem langweiligen Ort habt, werdet ihr langweilige Ergebnisse bekommen.
3. Überlege, wer an dem Meeting teilnehmen soll, und gehe sicher, dass die Teilnehmer auch kommen. Eine Zusage im Kalender reicht nicht aus.
4. Informiere alle, die zugesagt haben, über den Zweck des Meetings, damit sie sich vorbereiten können.
5. Plane den Ablauf des Meetings – nicht nur die einzelnen Punkte der Tagesordnung, sondern auch *den Vorgang* zu jedem Punkt: Brauchen wir zu diesem Punkt neue Ideen, also machen wir ein Brainstorming? Müssen wir hier eine Entscheidung treffen, oder will ich das Team bloß informieren?
6. Entscheide, wie das Meeting dokumentiert werden soll, wie detailliert und von wem.
7. Fang pünktlich an. PÜNKTLICH.
8. Sollte dein Meeting länger als etwa zwei Stunden dauern, lass die Teilnehmenden wissen, dass es eine Pause gibt. Menschen schauen seltener auf ihre Handys, wenn sie wissen, dass es eine Pause gibt, in der sie ihre Mails checken können.
9. Informiere alle über die nächsten Schritte, und mache deutlich, wer welche Aufgabe bis wann zu erfüllen hat. Definiere, was »erfüllen« bedeutet – individuell für jedes To-do –, damit alle von den gleichen Standards ausgehen.
10. Beende das Meeting pünktlich. Oder, wenn du die Leute glücklich machen willst, ein bisschen früher.

Die Expertin:

Dr. Rebecca Sutherns ist Gründerin von Sage Solutions, einer Beratungsfirma mit dem Schwerpunkt gemeinschaftliche

Strategie-Planung. (Rebecca gibt unter anderem Workshops zum Thema »Produktive Arbeitstreffen«.)

Warum:

Man sollte keine Arbeitstreffen abhalten, nur um Arbeitstreffen abzuhalten. Wie lässt sich dein Thema oder deine Frage mit dem wenigsten Aufwand bearbeiten? Reicht vielleicht ein Telefonat? Eine E-Mail? Eine Telefonkonferenz? (Persönliche Arbeitstreffen leisten hauptsächlich zwei Dinge: Sie holen alle ins Boot, und sie decken Probleme oder »blinde Flecken« auf.) Sei dir im Klaren darüber, worum es bei dem Treffen wirklich geht. So findest du auch heraus, ob es wirklich notwendig ist, und dann kannst du die Gruppe auch auf Kurs halten. (Wenn du keine Ahnung hast, wie dein »Kurs« aussehen soll, wird es sehr viel wahrscheinlicher, dass du ihn verlässt und abschweifst.)

Häufig werden Leute zu Arbeitstreffen eingeladen, die gar nicht daran teilnehmen müssen. Wir kennen alle den Moment, wenn jemand sagt: »Oh, das kann ich gar nicht entscheiden. Da muss ich Rücksprache mit X halten.« Also sorg dafür, dass du die richtigen Leute einlädst (und X persönlich da ist).

Und: Die Leute sind kreativer, wenn sie in kreativen Räumen sind – das kann im Büro oder draußen sein. Es geht dabei eher um eine Veränderung des Settings als darum, wie genau der Raum aussieht, aber beides ist wichtig. Wenn du das Treffen detailliert genug und klar verständlich organisierst, werden die Leute sich engagierter beteiligen. (Bilder helfen uns, bei der Sache zu bleiben und uns später zu erinnern.)

Last but not least: Nur was aufgeschrieben wird, hat auch Bestand. Also sorg dafür, dass es ein genaues Protokoll gibt, das nicht zu lang ist, denn sonst liest es niemand.

Profi-Tipp: Wenn das Treffen zu Ende ist, ist es zu Ende. Du musst nicht dableiben und Small Talk machen. Wenn du Teilnehmerin bist, frag einfach: »Haben wir alles Wesentliche besprochen?« Wenn die Antwort »Ja« lautet, brich auf. Du musst nicht begründen, warum du nicht plaudern willst oder was du so dringend erledigen musst (na ja, deine Arbeit halt), und du musst auch nicht betonen, wie *tierisch* beschäftigt du bist. (Das klingt dann so, als ob du wichtiger bist als die anderen, und das hört niemand gern.)

Ein Geschäftsessen frühzeitig verlassen

1. Wenn du planst, früher zu gehen, werde dir selbst darüber klar, *warum* du gehst (und warum es okay ist, sich zu verdrücken).
2. Gestalte Erwartungen – deine und die der anderen –, indem du den wichtigen Leuten deinen Plan mitteilst.
3. Gib deinen Mantel nicht an der Garderobe ab.
4. Erledige das ganze Netzwerken vorher.
5. Bedanke und verabschiede dich; verdrück dich nicht einfach wortlos.
6. Geh ohne Schuldgefühle. Dass du da warst, war ein Gewinn für dich und für die anderen.
7. Nutze die Zeit zwischen dem Ende des Events und deiner Ankunft zu Hause zum Runterkommen. Atme tief durch, schreib die letzten Mails, mach dir Notizen, oder tu etwas, was dir hilft, die Arbeit abzuschließen und bereit für das jetzt Anstehende zu sein.

Die Expertin:

Lauren Smith Brody ist die Gründerin von Fifth Trimester Consulting, einer Beratungsagentur, die Firmen dabei unterstützt, talentierte Frauen im Unternehmen zu halten, indem sie neue Arbeitsmodelle für Eltern entwickelt.

Warum:

Zu deiner Entscheidung zu stehen ist der wichtigste Schritt, wenn du eine Veranstaltung frühzeitig verlassen willst. Also klär mit dir selbst, warum du früher gehen willst und was es dir bringen würde, zu bleiben. Bereite dich darauf vor, dass du vielleicht genau dann gehst, wenn es gerade spannend wird, und bereite deine Kolleg*innen darauf vor, dass es einen leeren Platz am Tisch geben wird, wenn der Nachtisch kommt. Kümmere dich schon bei deiner Ankunft darum, dass du unkompliziert aufbrechen kannst. (Setz dich also nicht in die Mitte einer Reihe, sondern lieber an den Rand.) Du willst deine Zeit optimal nutzen, also sprich am besten eins zu eins mit den Leuten, mit denen du reden willst. (Vielleicht kommst du auch ein bisschen früher zu dem Termin.)

Es kann ziemlich herausfordernd sein, zu einer kleinen Gruppe dazuzustoßen und dich selbst vorzustellen. Aber du hast nur wenig Zeit, also nutze sie, und sei mutig. Verlier nicht zu viel Zeit mit jemandem im Zweiergespräch, mit dem du dich zwar wohlfühlst, der aber nicht nützlich für dich ist (also zum Beispiel mit deinem Lieblingskollegen). Ganz wichtig: Übergeh niemanden, und mach dich nicht selbst unsichtbar. Ein Hallo hier, ein Nicken da, ein Schulterklopfen dort … oder ein kurzes Gespräch, in dem du sagst, dass du froh bist, da zu sein, und gespannt, morgen zu hören, wie die Veranstaltung weitergegangen ist.

Profi-Tipp: »Wenn du aufbrichst, weil du Kinder hast, erzähl deinen Kindern beim Nachhausekommen (oder am nächsten Morgen), wo du warst, was du dort gemacht hast und warum es wichtig für dich war, dort zu sein. Du solltest dich wohl dabei fühlen, im Arbeitskontext auch als Elternteil aufzutreten, aber es sollte auch selbstverständlich sein, als Elternteil von der Arbeit zu sprechen, damit deine Kinder verstehen, wohin du jeden Tag verschwindest. Du musst die Tatsache, dass du arbeitest, nicht verheimlichen – auch nicht, warum du es tust und welche Erfolge und Niederlagen du erlebst. Sie machen dich zu der Person, die du bist, und es ist gut für deine Kinder, das mitzubekommen.« – Lauren Smith Brody

Eine Gehaltserhöhung verhandeln

1. Denk darüber nach, welches Gehalt du bekommen willst, und vergiss nicht: Es geht nicht nur ums Geld, sondern auch um flexible Arbeitszeiten, mehr Urlaubstage, mehr Verantwortung oder eventuell einen anderen Titel.
2. Leg ein Minimalziel fest (also das niedrigste Angebot, das du anzunehmen bereit bist). Das kann dein derzeitiges Gehalt sein oder ein höheres Gehalt, falls du ein alternatives Jobangebot hast. Vereinbare eventuell ein Treffen mit der Personalabteilung, und finde heraus, ob dein Gehalt im Firmengefüge gerecht ist, bevor du in die Gehaltsverhandlung gehst. Recherchiere auch das marktübliche Durchschnittsgehalt für deine Stelle; setz dir ein ehrgeiziges Verhandlungsziel, und mache einen Plan, von welcher Summe ausgehend (dein »Anker«) du verhandeln willst. Diese Summe sollte höher sein als dein angestrebtes Gehalt, damit du Verhandlungsspielraum hast.

3. Hab einen alternativen Plan – ein anderes Jobangebot, eine Stelle in einer anderen Abteilung oder auch ein Gespräch mit der Personalabteilung, um herauszufinden, ob es andere Möglichkeiten für dich in deiner Firma gibt.
4. Denk darüber nach, worauf deine Vorgesetzte/dein Vorgesetzter Wert legt und was sie/er von dir brauchen könnte.
5. Wähle den richtigen Zeitpunkt, um nach einem Termin zu fragen, und sag vorher Bescheid, worüber du sprechen möchtest. (Quatsch deinen Chef/deine Chefin nicht einfach unvorbereitet auf dem Gang an.)
6. Beginne das Gespräch mit einem Statement wie: »Ich würde gerne über eine Gehaltserhöhung und weitere Punkte, die mir wichtig sind, sprechen. Und ich würde auch gern wissen, worauf Sie Wert legen, damit wir eine Lösung finden, mit der wir beide zufrieden sind.«
7. Besprich einige der Punkte, die du in Schritt 4 definiert hast. Vielleicht geht deine Vorgesetzte/dein Vorgesetzter zu vielen Netzwerk-Veranstaltungen, die abends stattfinden, wodurch ihre/seine Familie zu kurz kommt. Du könntest dich in diesem Bereich stärker einbringen.
8. Irgendwann wird die Frage kommen: »Was wollen Sie denn verdienen?« Begründe deinen Wert, verweise auf deine Erfolge und Qualitäten, und nenne deine »Anker-Summe«.
9. Wenn deine Chefin/dein Chef nicht zustimmt, bring Schritt 3 zur Sprache. »Die Gehaltsverhandlung ist mir wichtig, weil ich ein alternatives Angebot habe. Ich würde sehr gern weiter hier arbeiten – deshalb ist es mir so wichtig, dass wir gemeinsam eine Lösung finden.«

Der Experte:

Tad Mayer leitete die Agentur Career Negotiations und coacht Einzelpersonen sowie Unternehmen zu den Themen Fortschritt, Mitarbeiterbindung und persönliche Entwicklung (also: wie bekomme ich eine Gehaltserhöhung?).

Warum:

Je besser du dich vorbereitest, desto besser wird die Verhandlung laufen. Wenn du einfach so ins Büro deiner Vorgesetzten platzt und »mehr« oder »eine Erhöhung« forderst, bekommst du höchstwahrscheinlich nicht so viel, wie du eigentlich willst. Wenn du ein anderes Angebot hast, ist das natürlich ein gutes Argument, und du hast Verhandlungsspielraum – du solltest deine Vorgesetzten aber nur darüber informieren, nicht damit drohen. Und starte nicht mit deinen Leistungen; konzentrier dich lieber darauf, was du für dein Gegenüber tun kannst. Sie/er freut sich wahrscheinlich nicht über die Unterhaltung, aber es geht darum, eine Beziehung aufzubauen und das Gespräch in Gang zu bringen, damit dann dein Gegenüber dich fragt, was deine Forderung ist. Derjenige, der die Bedürfnisse des anderen am ehesten erfüllt (oder der unabhängiger von seinem Gegenüber ist), hat die beste Verhandlungsposition. Wenn dein Gegenüber etwas von dir braucht, ist sie/er eher gezwungen, sich mit dir zu einigen.

Kapitel

4

Ein produktiver Arbeitstag

Den Arbeitstag planen

»Plane deinen Tag und welcher Aufgabe du wie viel Aufmerksamkeit schenken willst – nur dann bist du im Gleichgewicht. Ein nachhaltiger Plan mit einer starken Struktur ermöglicht dir erholsame Pausen und lässt dir genug Raum, um zu reflektieren, wie und wofür du deine Zeit verwendest.«

– Nicole Lapin

1. Setze Prioritäten auf deiner To-do-Liste, indem du überprüfst, was an diesem Tag ansteht und was unerlässlich ist. **Wie du eine To-do-Liste schreibst, die du auch erledigst, erfährt du auf Seite 112.**
2. Verschiebe Aufgaben. Wirklich! Setze Dinge, die nicht dringend sind, auf die Liste für morgen (oder später).
3. Schau dir deine verbleibenden To-dos an: Welche passen zu deinen übergeordneten Zielen? Streich alle, die es nicht tun. Dann ordne die übrigen in absteigender Wichtigkeit – also beginn mit dem wichtigsten.
4. Weg damit! Mark Twain hat angeblich gesagt: »Wenn es dein Job ist, einen Frosch zu essen, dann weg damit,

am besten direkt morgens. Und wenn du zwei Frösche essen sollst, dann fang am besten mit dem größeren an.« Soll heißen: Erledige zuerst die schwierigsten und unangenehmsten Dinge.

5. Achte auf deinen Körper und seinen Rhythmus. Wie fühlst du dich vormittags, mittags, nachmittags? Plane deine Aufgaben entsprechend. (Kümmere dich dann um Dinge, die Konzentration erfordern, wenn du fit bist und besonders fokussiert denken kannst.)
6. Plane ein Zeitfenster für E-Mails oder »Nachdenken« am Vormittag ein, dann bist du am wachsten.
7. Setze Meetings nach dem Mittagessen an. Studien haben nachgewiesen, dass Nachmittage, vor allem gegen fünfzehn Uhr, optimal für Meetings mit sozialer Komponente sind.
8. Mach keine Termine für dreißig Minuten oder eine Stunde, nur weil das im Kalender ordentlich aussieht. (Wenn du ein Meeting hast, das nur sieben Minuten dauern sollte – bäm! Du hast gerade dreiundzwanzig Minuten Lebenszeit geschenkt bekommen.)

Die Expertin:

Nicole Lapin war die jüngste CNN-Moderatorin aller Zeiten und die jüngste Moderatorin der CNBC Morgenshow. Gleichzeitig war sie bei MSNBC und Today für Wirtschaftsthemen verantwortlich.

Warum:

Um deinen Arbeitstag erfolgreich zu planen, musst du vor allem Prioritäten setzen; du musst also zwangsläufig einige Dinge auf den nächsten Tag oder noch später verschieben. Und du solltest bei der Planung immer deinen eigenen natürlichen Tagesrhythmus berücksichtigen. Dein Gehirn funktioniert in den ersten zwei bis vier Stunden nach dem Aufstehen am besten. Wenn du Prioritäten setzt, solltest du im Auge haben, dass du den unangenehmen Dingen, die du aufschiebst, so noch mehr Raum in deinem Gehirn gibst. Wenn du also jemanden feuern, Verantwortung für etwas übernehmen und ein herausforderndes Projekt angehen musst – mach es früh am Morgen, dann hast du es hinter dir. Und überprüfe, ob du den Termin via Zoom effektiver erledigen kannst. **SIEHE SEITE 78 ZU PRODUKTIVEN ARBEITSTREFFEN.**

Apropos »busy sein«:

»Leute, die ›total busy‹ sind, befüllen ihren Terminkalender völlig willkürlich: mit Desktop-Ordnen, Wäsche-aus-der-Wäscherei-Holen, einem Treffen mit jemandem, den sie eigentlich gar nicht sehen wollen. ›Produktive‹ Menschen setzen Prioritäten, die ihren Zielen und emotionalen Bedürfnissen entsprechen. Achte ganz bewusst darauf, wie du deinen Tag gestaltest, und triff bewusste Entscheidungen darüber, womit du deinen Terminkalender füllst.« – Nicole Lapin

Den Posteingang in den Griff bekommen

»E-Mails sind unsere Alltagskommunikation – und die wichtigste Austauschform im beruflichen Kontext.«

– Justin Kerr

1. Komm zehn Minuten zu früh zur Arbeit.
2. Sichte und beantworte alle neuen E-Mails, bevor deine Termine anfangen.

3. Halte deine E-Mails kurz und prägnant. **Auf Seite 68 findest du Tipps dazu, wie du sie schreibst.**
4. Setze andere nur in Kopie, wenn sie deine Mail wirklich lesen müssen. (So vermeidest du auch eine Flut von »Allen-antworten-Mails«.)
5. Falls du eine Mail bekommst, die an mehrere Adressaten ging, antworte an alle, damit alle wissen, dass du die Aufgabe übernommen hast.
6. Wenn du jemanden um etwas bittest, setze eine seltsame Deadline (Dienstag um 13.22 Uhr). Auf diese Art werden sich die Leute an deine Deadline erinnern. (»Bis spätestens Dienstag« ist zu unklar und wird völlig unterschiedlich interpretiert: morgens, mittags, kurz vor Arbeitsende ...)
7. Wenn es einen endlosen Thread gibt, der offensichtlich zu nichts führt, schnapp dir das Telefon oder sprich direkt mit den Kollegen, um das Problem zu lösen.

Der Experte:

Justin Kerr ist Berater für Effizienz am Arbeitsplatz und gibt jedes Jahr bei zahlreichen Firmen Workshops, in denen er den Teilnehmenden beibringt, dass sie mehr E-Mails schreiben sollen, nicht weniger. (Häufig glauben ihm die Leute nicht.)

Warum:

Bei deinen E-Mails solltest du deiner Zeit immer ein bisschen voraus sein – wie beim Windsurfen. Du solltest E-Mails zügig aus deinem Posteingang rausbekommen, damit die Antworten schnell *bei dir* eingehen und du weitermachen kannst. Wie auch immer dein Terminkalender aussieht, such dir über den Tag verteilt heimliche Fünf-Minuten-Fenster, in denen du ein oder zwei Mails beantwortest. (Du kannst bis zu dreißig Minuten täglich solche Effizienz-Sprints einbauen.) Wenn du eine Gruppenmail bekommst, musst du allen antworten – wirklich! Du denkst vielleicht, dass es hilfreich ist, wenn du nur der Person antwortest, die die Mail geschrieben hat, aber dann fragen sich alle anderen, wie deine Meinung dazu ist, und verschwenden außerdem ihre Zeit mit Nachfragen.

Wenn du deinen Posteingang immer noch nicht im Griff hast, fang am nächsten Tag noch zehn Minuten früher an. Komm so lange jeden Tag weitere zehn Minuten früher, bis du alles aufgearbeitet hast und von null starten kannst. Das kann zwar heißen, dass du eine Woche lang (oder noch länger) wirklich früh zur Arbeit kommen musst – aber die Alternative ist, dass du dich das nächste halbe Jahr lang überlastet fühlst.

BONUS

Schick am Wochenende oder spätabends keine E-Mails. Erstens wirkt das so, als ob du deine Arbeit nicht in der Arbeitszeit erledigen könntest, und zweitens – und das ist viel wichtiger! – gewöhnen sich die Leute dann daran, dass du um dreiundzwanzig Uhr oder sonntags per Mail erreichbar bist. Von Oprah haben wir gelernt, dass wir selbst anderen beibringen, wie wir gern behandelt werden wollen. Bring den Leuten bei, dass du Arbeitsmails nur während der Arbeitszeit beantwortest.

Sichere Passwörter wählen (an die du dich auch erinnerst)

»Ein Computer wird immer besser rechnen und schneller Muster erkennen können als das menschliche Gehirn. Aber das Gehirn ist dem Computer in einer Sache überlegen: Kreativität – darin bist du besser als Hacking-Programme!«

– Die Redaktion von MakeUseOf

1. Bau dir ein Basis-Passwort. Fang mit einem Satz, einem Ort oder einem Namen an.
2. Verändere es so, dass es schwieriger zu entziffern ist. Nimm zum Beispiel deinen Lieblingssatz – »Liebe geht durch den Magen« –, und mache aus den Anfangsbuchstaben ein neues Wort: LgddM. Oder ersetze Buchstaben nach dem Zufallsprinzip durch Zahlen (zum Beispiel wird *Lifeskills* zu *Lif3skill5*). Oder schreib dein Wort rückwärts auf (zum Beispiel *Eselsbrücke* wird zu *ekcürbslesE*).
3. Füge Zahlen oder Sonderzeichen hinzu, um dein Basis-Passwort weiter zu verfremden (wandle Buchstaben in bestimmte Zahlen oder Zeichen um, an die du dich erinnerst – aus i wird 1 oder !), oder ändere die Schreibweise bekannter Wörter. (*Love* wird *luv*.)
4. Überprüfe, ob dein Passwort folgende Kriterien erfüllt:
   a. Steht nicht im Wörterbuch.
   b. Beinhaltet Sonderzeichen und Zahlen.
   c. Nutzt Groß- und Kleinschreibung.
   d. Ist mindestens zehnteilig.
   e. Kann nicht erraten werden, wenn man persönliche Informationen über dich hat – deinen Geburtstag,

Postleitzahl, Telefonnummer oder die Straße, in der du groß geworden bist. (Hoppala!)

6. Präg dir dein Basis-Passwort ein. Das schaffst du!
7. Jetzt kannst du daraus individuelle Passwörter für alle deine Online-Zugänge kreieren, indem du die ersten drei Buchstaben der jeweiligen Homepage an den Anfang oder ans Ende deines Passworts setzt; also *passwortGma* bei deinem Gmail-Account oder *eBapasswort* für deinen eBay-Zugang. (Achtung: *Passwort* ist kein gutes Passwort.)

Die Expertinnen:

Tina Sieber und Yaara Lancet sind Technik-Autorinnen und Redakteurinnen bei MakeUseOf, einem Online-Ratgeber, der täglich Tipps und Empfehlungen gibt, wie du das Internet, Computer-Software oder Smartphone-Apps am besten nutzen kannst.

Warum:

Ganz spontan: Wie viele unterschiedliche Passwörter hast du? Wenn deine Antwort zehn oder weniger lautet, verwendest du dasselbe Passwort für mehrere Zugänge – und gehst damit ein ziemliches Risiko ein.

Der entscheidende Trick, um dir viele verschiedene Passwörter zu merken, ist, ein Basis-Passwort zu kreieren, das du jeweils nur modifizierst. Denn dann musst du dir eigentlich nur *ein* Passwort merken. Und ja, du brauchst wirklich unterschiedliche Passwörter, ehrlich! Stell dir vor, jemand würde dein einziges Passwort hacken!

Achtung: Manchmal darf dein Passwort keine Sonderzeichen beinhalten – in den Fällen solltest du ein möglichst langes und abstraktes Passwort verwenden. Ebenso solltest du, wenn das Passwort nicht länger als sechs bis acht Zeichen sein darf, möglichst alle anderen Punkte aus Schritt 4 berücksichtigen.

BONUS

Brauchst du Hilfe dabei, ein gutes Wort zu finden, das dein Basis-Passwort wird? Nimm dir ein Buch, das du im Regal stehen hast, und schlag es auf einer beliebigen Seite oder an deiner Lieblingsstelle auf, dann such dir ein passendes Wort aus. Zum Beispiel steht auf Seite 109 von Charles Dickens' *Oliver Twist* das Wort »jocularity«. Es ist das vierte Worte in der dreiunddreißigsten Zeile, also könnte das Passwort lauten: 109jocularity334. Probier ein bisschen rum, in welcher Reihenfolge du dir die Zahlen am besten merken kannst. Sicherheitshalber kannst du noch Sonderzeichen an einer hilfreichen Stelle einfügen. Und du kannst das Wort im Buch ruhig markieren, damit du es wiederfindest, solltest du dein Passwort vergessen.

Profi-Tipp: Nutze einen Passwort-Manager. (Das ist eine Software, die für dich nahezu unknackbare Passwörter kreiert und sich auch merkt.) Du brauchst dir bloß dein Basis-Passwort zu merken. Alle anderen Passwörter sind im Manager sicher – und jederzeit abrufbar – hinterlegt. Mit nur einem Klick füllt die Software deine Zugangsdaten automatisch aus ... superpraktisch! Ein paar Passwort-Manager können sogar deine Kreditkartendaten speichern und automatisch deine Rechnungsadresse ergänzen, wodurch Online-Shopping sicherer und einfacher wird.

Funfact: Die zwei am häufigsten verwendeten Passwörter sind »Passwort« und »123456«.

Entscheiden, was du zu Mittag isst (damit du auf der Arbeit nicht einschläfst)

1. Mach eine Liste mit drei Restaurants, wo du immer gern isst.
2. Frag dich: »Was esse ich gern dort – und fühle mich hinterher gut?«
3. Minimiere die Optionen, indem du dir in Erinnerung rufst, was du zuletzt gegessen oder gesnackt hast. Falls es bloß Karotten und Humus waren, macht ein Salat dich jetzt wahrscheinlich nicht glücklich.
4. Überlege, was es zum Abendessen gibt und wann es Abendessen gibt. Wähle etwas, was Abwechslung bietet und dich ausreichend satt macht (aber nicht zu satt, falls es früh Abendessen gibt).
5. Schau in deinen Kalender, was nachmittags ansteht. Ein wichtiges Meeting? Dann iss kein Getreide. (Viele Kohlenhydrate machen dich eventuell ausgerechnet dann müde, wenn du eigentlich einen Energie-Schub brauchst!)
6. Überlege, wie du Gemüse mit deinem Essen kombinieren kannst, je nachdem, was du essen willst (einen Beilagen-Salat, vegetarisches Sushi, mehr Salat auf dem Sandwich ...).
7. Vergiss nicht ein ungesüßtes Getränk – ausreichend Flüssigkeit ist wichtig!

Die Expertin:

Jaclyn London ist Autorin, Ernährungswissenschaftlerin und zertifizierte Diätassistentin. Aktuell leitet sie die Abteilung Ernährung und Wellness von WW (früher: Weight Watchers).

Warum:

Im Büro treffen wir häufig schlechte Ernährungsentscheidungen, und viele davon haben mit der Essensmenge zu tun. Entweder essen wir zu wenig, dann plündern wir hinterher die Süßigkeiten-Schublade, oder zu viel, dann wollen wir uns um fünfzehn Uhr unter unserem Schreibtisch zum Mittagsschlaf zusammenrollen. Wenn du darauf etwas mehr achtest, wirst du nachmittags viel produktiver sein. Das Ziel sollte eine gute Kombination aus Ballaststoffen, Proteinen und gesunden Fetten sein. Ballaststoffe sind sättigend, aber verlangsamen auch deine Verdauung und binden andere Nährstoffe, sodass dein Körper gleichmäßiger mit Glukose versorgt wird – und der Wechsel von Hoch und Tief dich nicht aus der Bahn wirft. Iss mehr Gemüse, also häufiger und so viel, wie du kannst. (Denk nicht: »Was sollte ich beim Essen weglassen?«, sondern: »Was kann ich meinen Mahlzeiten hinzufügen?«) Um viel Energie zu haben, musst du ausreichend trinken, also solltest du immer Wasser oder ungesüßte Getränke griffbereit haben. Die gute Nachricht ist: Du darfst viel mehr Koffein zu dir nehmen, als du denkst – bis zu vierhundert Milligramm pro Tag, das sind vier große Tassen Kaffee!

BONUS

Hattest du nach einer großen Mahlzeit mit vielen Kohlenhydraten schon mal das Gefühl, dass du unter Drogen stehst? Dafür gibt es eine biochemische Erklärung. Wenn du eine große Menge einfacher Kohlenhydrate isst, wie sie in Brot oder Pasta vorkommen, schüttet dein Körper Insulin aus, um mit der Glukose und anderen kurzen Aminosäuren fertigzuwerden. Dadurch ist der Weg frei für längere Aminosäuren wie Tryptophan. Sie gehen dann direkt ins Gehirn und werden dort zu Serotonin und Melatonin umgewandelt, beides Stoffe, die müde machen. Wenn du dafür besonders anfällig bist – und viele Leute sind es –, vermeide beim Mittagessen Pasta und Getreide.

Funfact: Der Gänsebraten ist nicht schuld an deiner nachweihnachtlichen Trägheit. Es sind alle anderen klassischen Beilagen, die vor Kohlenhydraten nur so strotzen. Der Braten selbst ist sehr proteinhaltig – der Vogel ist also unschuldig.

Unterbrechungen vermeiden (und damit umgehen)

1. Bitte explizit darum, für eine bestimmte Zeit x nicht gestört zu werden.
2. Erkläre, warum du nicht gestört werden willst. (»Heute ist Deadline, und der Zeitplan ist knapp, deshalb muss ich zwei Stunden konzentriert arbeiten.«)
3. Sei nicht zaghaft.
4. Frag, ob irgendetwas dagegenspricht. (»Hast du Pläne, die es dir unmöglich oder schwer machen, meinen Wunsch zu erfüllen?«, »Spricht von deiner Seite etwas gegen meinen Plan?«)
5. Bedanke dich im Voraus.
6. Schließ deine Tür, zieh Kopfhörer auf, deaktiviere alle Push-up-Nachrichten, und klinke dich aus allen Leitungen nach draußen aus. (Du kannst sogar einen Autoresponder in deinem Posteingang aktivieren.) So signalisierst du deinen Kollegen und dir selbst, dass du dich auf etwas Wichtiges konzentrierst.
7. Gib Feedback, und frag nach. Wenn deine ungestörte Arbeitsphase vorbei ist, frag deine Kolleginnen, welche

Auswirkungen diese Zeit auf ihre Arbeit hatte. Hoffentlich keine negativen, damit du in Zukunft wieder so arbeiten kannst!

Die Expertin:

Deborah Grayson Riegel ist Geschäftsführerin und leitender Kommunikationscoach bei Talk Support, einer Coaching-Firma, die sich auf Führungs- und Kommunikationsthemen spezialisiert hat. Sie hat an der University of Pennsylvania, der Columbia Business School und der Duke Corporate Education gelehrt.

Warum:

Vermeide Unterbrechungen, indem du darum bittest, in Ruhe gelassen zu werden – aber erkläre auch, *warum* du das möchtest. Eine grundlegende Technik, um Vertrauen zu anderen aufzubauen, ist, ihnen deine Entscheidungen zu erklären, auch wenn sie dein Gegenüber eventuell nicht nachvollziehen kann. (Wenn es dir schwerfällt, zu begründen, wozu du diese Auszeit brauchst, versuch es hiermit: Es ist wissenschaftlich bewiesen, dass wir nach einer Störung dreißig Minuten brauchen, um wieder volle Konzentration zu erlangen.) Deine Bitte sollte nicht aggressiv oder passiv, sondern nachdrücklich sein. Wenn du aggressiv bist, setzt du deine Bedürfnisse auf Kosten anderer durch, wenn du passiv bist, befriedigst du die Bedürfnisse der anderen auf deine Kosten, und wenn du nachdrücklich bist, berücksichtigst du deine Bedürfnisse *und* erkennst die der anderen an. Wenn du also fragst, ob etwas gegen dein Vorhaben spricht, solltest du auch kompromiss- und verhandlungsbereit sein. Aber zögere nicht, um die Zeit zu bitten, die du brauchst.

BONUS

Wenn jemand deine Auszeit unterbricht, und das wird zwangsläufig geschehen, versuch das hier: »Ich bin gerade beschäftigt und nehme mir gerne fünf Minuten Zeit für dich, aber du solltest wissen, dass ich gedanklich ganz woanders bin und dir nicht meine volle Aufmerksamkeit schenken kann. Wenn du die willst, lass uns um x Uhr treffen. Was ist dir lieber?« Wenn sich dein Gegenüber für die fünf Minuten entscheidet, musst du das akzeptieren.

Im Homeoffice arbeiten

1. Definiere einen bestimmten Ort als Arbeitsort (im Idealfall gibt es eine Tür, die du schließen kannst), damit du nicht einfach auf dem Sofa rumlungerst mit dem Laptop auf dem Bauch ... wie ich, während ich den Satz schreibe.
2. Stürz dich nicht direkt nach dem Aufstehen in die Arbeit, sondern lass dir Zeit, um gut in den Tag zu starten.
3. Dusche und zieh dich an. (Du musst keinen Anzug anhaben, solltest aber den Schlafanzug ausziehen, damit du in die richtige Arbeitsstimmung kommst.)
4. Kommuniziere mit deinem Team, wann du erreichbar bist – und sei es dann auch!
5. Mache Pausen, aber sag deinen Kolleg*innen auch Bescheid, dass du jetzt für eine gewisse Zeit nicht am Computer bist.
6. Versuche kein Multitasking mit paralleler Arbeit im Haushalt; konzentrier dich während der Arbeitszeit auf die Arbeit.
7. Plane Zeit ein für zwischenmenschliche Begegnungen. (Triff andere Homeoffice-Freunde in deiner Mittagspause auf einen Kaffee oder für einen Spaziergang.)

8. Entscheide, wann du aufhörst zu arbeiten; wähle einen fixen Zeitpunkt. Schließ dann die Tür aus Schritt 1.
9. Vergiss nicht, zu netzwerken und deine Karriere voranzubringen. Schau regelmäßig im Büro vorbei, um Leute von Angesicht zu Angesicht zu sehen; oder nimm an Konferenzen teil, und verabrede dich zum Arbeitslunch.

Die Expertin:

Lauren McGoodwin ist Gründerin und Vorstandsvorsitzende von Career Contessa, einer Karriere-Plattform, die sich insbesondere an Frauen richtet.

Warum:

Wenn du eine feste Morgenroutine hast, an die du dich immer hältst, kannst du damit gestalten, wie dein Tag läuft, und vermeiden, dass du dich überarbeitest. (Ob du es glaubst oder nicht: Zu viel zu arbeiten ist ein Riesenthema für Leute im Homeoffice. Wenn es keinen eindeutigen Anfang und kein eindeutiges Ende des Arbeitstags gibt, verwischen die Grenzen zwischen Arbeit und Freizeit.) Wenn du dich anziehst, signalisierst du auch den Mitgliedern deines Haushalts, dass du jetzt – tatsächlich – arbeitest. Wenn du einen bestimmten Ort in der Wohnung als Arbeitsort definierst, hilft dir das auch dabei, Arbeit und Privatleben zu trennen. Kommuniziere explizit, ob du gerade arbeitest oder frei hast. Wenn du im Büro arbeiten würdest, würdest du ja auch aufstehen und sagen: »Ich mache jetzt Mittagspause«, oder: »Ich muss zu einem Termin.« Das kannst du im Homeoffice genauso machen. (Das heißt, du musst dein Handy nicht mit aufs Klo nehmen, um zu beweisen, dass du auch wirklich arbeitest.) Schau, dass du zwischendurch auch Menschen triffst – sowohl im privaten Rahmen (Freunde auf einen Kaffee) als auch im beruflichen

(Netzwerktreffen). Homeoffice kann ziemlich einsam sein, das kennen wir alle. Wenn du die Einzige in deiner Firma bist, die nicht vor Ort arbeitet, achte darauf, dass in deinem Vertrag steht, dass die Firma einmal im Monat oder einmal alle zwei Monate die Kosten für deine Anreise zahlt. Wenn sich alle anderen ständig sehen, wirst du schnell zum fünften Rad am Wagen, und das ist nicht gut.

BONUS

Vermeide FOND – Fear of Not Doing (die Angst, nichts zu tun). Leute, die im Homeoffice arbeiten, leiden häufig unter FOND, denn sie haben das Gefühl, nicht nur ständig arbeiten, sondern auch noch multitaskingfähig sein zu müssen. (»Ach, ich bin ja zu Hause, ich sollte noch die Spülmaschine einräumen, die Wäsche aufhängen und den Briefkasten leeren.«) Aber wenn du dich durch deine private To-do-Liste ablenken lässt, wirst du garantiert nicht effizient im Homeoffice arbeiten können. Man muss ziemlich diszipliniert dafür sein, aber: Statt deine Arbeitspause mit der Wäsche zu verbringen, mach eine wirkliche Pause, geh mit Freundinnen Mittagessen, oder mach einen Spaziergang – und lass dein Gehirn auch mal Pause machen.

Profi-Tipp: Wenn du dich früher aus einer Telefonkonferenz oder einem Zoom-Meeting ausklinken musst und das schon im Vorhinein weißt, sag es deinem Team gleich am Anfang. Sag, dass du zum Zeitpunkt x das Meeting verlassen musst und dich später auf den neuesten Stand bringen lässt. Wenn du dann losmusst, klink dich einfach aus, ohne die anderen zu unterbrechen.

Falls du kurzfristig losmusst, sag es am besten, wenn ihr eine Pause einlegt. Sag einfach höflich, dass du jetzt gehen musst und dich später wieder meldest. Und dann brichst du auf! Was wirklich stört, sind Leute, die sich endlos verabschieden oder von allen anderen eine Verabschiedung erwarten. Also bitte, verkrümele dich einfach – schnell und unauffällig.

Kapitel

5

Zu Hause alles im Griff haben

Entrümpeln

»Wenn du anfängst, einen Raum aufzuräumen, konzentrierst du dich meistens auf die Dinge. Das ist das Problem. Es geht nicht um die Dinge, es geht um dich.«

– Peter Walsh

1. Stell dir die Frage: »Welche Vision habe ich für mein Leben?«
2. Schau dir den Raum an, den du entrümpeln willst, und die Dinge, um die es geht, und frag dich: »Hilft mir dieser Gegenstand, das Leben zu führen, das ich leben will? Oder lenkt er mich ab und verhindert, dass ich dieses Leben führe?«
3. Lerne, dass es zwei Kategorien von Gerümpel gibt – »Erinnerungs-Gerümpel« (etwas erinnert uns an einen wichtigen Menschen, einen Erfolg, ein Ereignis) und »Brauche-ich-eines-Tages-bestimmt-noch-Gerümpel« (irgendein Stück Holz, ein Fondue-Topf, alte Skinny Jeans – alles Dinge, die wir für eine eventuelle Zukunft aufbewahren).

4. Statt darüber nachzudenken, welche Dinge *der Raum* braucht (Vorhänge, Lampen, Kissen ...), denk darüber nach, was *du* von diesem Raum brauchst (Ruhe, Erholung, Energie ...).
5. Jetzt bist du mental so aufgestellt, dass du allen Mitgliedern des Haushalts zwei Müllbeutel geben und einen Timer auf zehn Minuten stellen kannst. Füllt einen Beutel mit Müll, den anderen mit Dingen, die man spenden kann. Werft die Müllbeutel direkt danach in den Müll, und bringt die Spendenbeutel ins Auto/in die Garage/in den Keller.
6. Wende die Quoten-Regel für alle Dinge an, von denen du mehrere hast (Bücher, Spielzeug, T-Shirts). Entscheide dich für eine Zahl zwischen eins und zehn, dann nimm dir vor: Für x davon, die ich behalte, werfe ich eins weg. Wenn du anschließend immer noch zu viele Dinge für den Ort hast, an den sie gehören (zu viele Bücher für das Regal), mach dasselbe noch einmal (vielleicht mit einem etwas niedrigeren x).
7. Um deine Küche zu entrümpeln, leere alle Schubladen in einen großen Karton, den du einen Monat lang auf dem Tresen stehen lässt. Jedes Mal, wenn du etwas aus dem Karton verwendest, räum es danach an den Ort, an den es gehört. Am Ende des Monats schau dir die Dinge in der Box an und überlege, ob du sie spenden kannst. (Aber denk daran, spezielle Küchengeräte, die du selten brauchst – den Bräter für die Weihnachtsgans –, zu behalten.)
8. Für deinen Kleiderschrank verwende den Auf-links-Trick: Hänge alle deine Sachen auf links. Jedes Mal, wenn du etwas getragen hast, hänge es danach richtig herum. Nach einem Jahr spendest du alles, was immer noch auf links hängt – außer Kleidung für bestimmte Anlässe.

(Achtzig Prozent der Zeit trägst du zwanzig Prozent deiner Sachen – dein Schrank ist der Beweis dafür!)

9. Beim Badezimmer-Entrümpeln heißt es: Zahlen lesen. Make-up hat ein Verfallsdatum. Die Faustregel lautet: Je näher an deinen Augen ein Produkt verwendet wird, desto schneller verfällt es. Wimperntusche muss ungefähr alle vier Monate erneuert werden; andere Kosmetik und Creme kann bis zu einem Jahr haltbar sein. Parfüms haben, einmal geöffnet, eine Lebensdauer von drei Jahren.

Der Experte:

Peter Walsh ist Experte für Organisationsdesign und Autor zahlreicher *New York Times*-Bestseller; darüber hinaus ist er durch Fernseh- und Radioauftritte einem breiten Publikum bekannt.

Warum:

In einem ersten Schritt solltest du dein Verhältnis zu deinem Besitz überdenken – *du* besitzt die Dinge, nicht sie dich. Wenn das schon richtig läuft, prima! Wenn nicht, frag dich, warum bestimmte Dinge zu deinem Haushalt gehören. Wir bewahren wahnsinnig viele Sachen auf, weil wir Angst haben, mit der Sache auch die Erinnerung an etwas oder jemanden aufzugeben oder denjenigen zu kränken, der uns diese Sache geschenkt hat. Oder wir glauben, dass der Tag kommt, an dem wir diese Sache brauchen. Fühlst du dich von den ganzen Sachen erschlagen? Wenn du dir Sorgen um die Zukunft machst, dich obsessiv mit der Vergangenheit beschäftigst oder deprimiert bist, lebst du nicht im Hier und Jetzt. Dann ist dein Leben nicht so gut, wie es sein könnte, und es ist Zeit zu entrümpeln. Alle Tipps sollen dir helfen, den Platz in deinem

Haus sinnvoll zu nutzen, damit du dich dort wohlfühlen und glücklich sein kannst.

Die Krimskrams-Schublade aufräumen

»Stell dir vor, dass du beim Krimskrams-Schublade-Aufräumen das Sortiment deines eigenen (Gemischtwaren-)Ladens neu zusammenstellst.«
– Shira Gill

1. Räum die Arbeitsfläche in deiner Küche frei.
2. Stell einen Timer auf fünfzehn Minuten.
3. Hol alles aus der Schublade raus, und leg es auf die Arbeitsfläche.
4. Wisch die Schublade aus, sodass kein Staub und Dreck (und angelutschte Hustenbonbons?) übrig bleiben.
5. Was ist eigentlich Müll? Kaugummipapiere, Einkaufsbelege, vertrocknete Filzstifte? Weg damit!
6. Den Rest ordne in zwei Gruppen: die Sachen, die wieder in die Schublade sollen, und die Sachen, die du behalten willst, die aber woanders hingehören.
7. Füll deine Schublade mit einzelnen Fächern. Besorg dir dafür ein Set, und stelle daraus das zusammen, was für deinen Kram passt.
8. Pack das in die Schublade zurück, was du behalten willst – und das sollten nur die Dinge sein, die du häufig brauchst (Post-its, Marker, Ersatzschlüssel, Kaugummis, Batterien).
9. Gib der Schublade einen neuen Namen. Wenn du sie weiterhin Krimskrams-Schublade nennst, beschwörst du

quasi selbst herauf, dass sie immer voller Müll ist. Also nenn sie ab jetzt lieber Zauberschublade.

10. Bring die anderen Sachen von der Arbeitsfläche an die Orte, an die sie eigentlich gehören.

Die Expertin:

Shira Gill ist Gründerin der Beratungsagentur Shira Gill Home und schreibt Bücher zum Thema Wohnorganisation.

Warum:

Der Timer ist ein Trick, den Shira bei ihren Kunden anwendet, um ihnen zu zeigen, dass aufzuräumen kein großes Projekt sein muss. Deine Krimskrams-Schublade neu zu organisieren dauert bloß fünfzehn Minuten. Shira nennt es den »15-Minuten-Win«. (Auf Instagram verwendet sie den Hashtag #15minwin, damit ihre Kunden und Follower überall auf der Welt ihre eigenen 15-Minuten-Wins sammeln und feiern können.) Ihrer Erfahrung nach sind neunzig Prozent der Dinge in der Krimskrams-Schublade wirklich Kram, sprich Müll. Also sei streng zu dir, wenn es um die Entscheidung geht, was du behalten willst. Die kaputte Weihnachtsdeko, die du irgendwann kleben willst, obwohl sie keinerlei emotionalen Wert für dich hat? Wirklich?

Und: Das Fächersystem ist wichtig: ein Fach für Stifte, eins für Scheren, ein großes für den Hammer. (In Shiras Schublade sind nur Basic-Werkzeuge!) Deine Schublade sollte so aussehen wie eine Auslage im Laden, damit du alles schnell findest und so dich und andere davon abhältst, die Schublade wieder zuzumüllen – denn jetzt sieht sie super aus!

Die Post öffnen (und bearbeiten)

»Du solltest deine Post nur zweimal in die Hand nehmen: das erste Mal, wenn du sie aus dem Briefkasten holst und Werbung aussortierst, das zweite Mal, wenn du dich wirklich darum kümmerst. Öffne nicht einfach Post, ›um mal zu schauen‹ – das ist Zeit- und Kraftverschwendung.«

– Corinne Morahan

1. Wähle *einen* Ort aus, an dem du Post ablegst (deinen Küchentresen, ein Regal oder den Schrank in der Nähe der Eingangstür), und *einen* Ort, an dem du deine Post bearbeitest, zum Beispiel deinen Schreibtisch. (Die beiden Orte können auch identisch sein.)
2. Leere den Briefkasten jeden Tag, aber nur wenn du mindestens zwei Minuten Zeit hast.
3. Sortiere die *ungeöffnete* Post sofort in zwei Stapel: BEHALTEN und WEGWERFEN.
4. Leg alles aus dem Behalten-Stapel an den Ablage-Ort, den du in Schritt 1 ausgewählt hast.
5. Wirf den Wegwerfen-Stapel sofort in den Müll beziehungsweise ins Altpapier.
6. Wenn du fünfzehn Minuten Zeit hast für die Post – entweder jeden Tag oder einmal die Woche –, nimm die Post mit an den Bearbeitungsort. Schnapp dir deinen Kalender, dein Telefon und/oder deinen Laptop.
7. Öffne die Post!
8. Du hast eine Einladung bekommen: Schau in deinen Kalender, ob du Zeit hast, sage direkt zu oder ab, notiere dir den Termin im Kalender, und schmeiß die Einladung weg. (Bonuspunkt für dich, wenn du sofort ein Geschenk

bestellst oder eine Geschenkidee notierst – dein zukünftiges Ich wird es dir danken!)

9. Eine Rechnung ist in der Post: Mach die Überweisung jetzt sofort. (Wenn du willst, mit späterem Zahlungsdatum.) Mehr Tipps zum Thema Rechnungen zahlen findest du auf Seite 114.
10. Eine Postkarte: lesen, Danke per SMS oder Mail, wegschmeißen oder abheften.
11. Notier in deinem Kalender eine Erinnerung für die Dinge, die du wirklich nicht unmittelbar erledigen kannst. Lass die entsprechende Post am Bearbeitungsort liegen.

Die Expertin:

Corinne Morahan ist Gründerin und Vorstandsvorsitzende von Grid + Glam, einer Firma, die Komplettpakete für Einrichtungsmodernisierungen anbietet und dabei Ästhetik und Funktionalität verbindet. (Auf ihrem Instagram-Profil findest du zauberhafte Anleitungen für Küchen-Umgestaltungen.)

Warum:

Wenn du deine Post im Griff haben willst, musst du verstehen, dass das eine tägliche Aufgabe ist, wie der Abwasch. Die Aufgabe besteht aus zwei Teilen: zum einen die Post aus dem Briefkasten zu holen, zum anderen sie zu öffnen und zu bearbeiten. In der Regel erledigst du die beiden Teile zu unterschiedlichen Zeitpunkten. Die Post nur dann aus dem Briefkasten zu holen, wenn du auch wirklich ein paar Minuten Zeit hast, sie durchzusehen, ist ein wichtiger Schritt in die richtige Richtung. Schnapp sie dir nicht einfach auf dem Weg zum Auto. (Die Rechnungen rutschen garantiert zwischen die Sitze.) Und sei beim Aussortieren der Post gnadenlos. Ja, die Kataloge sehen super aus, aber sie werden sich bloß ansammeln und dich belasten. Und deine Zeit ist kostbarer als der eine Euro, den du sparst, wenn du alle Coupons sammelst.

Schubladen und Schränke neu sortieren

1. Schnapp dir ein oder zwei Schuhkartons, um später daraus Unterfächer für deine Schubladen zu bauen, für Tanktops, T-Shirts, Leggings und so weiter.
2. Leere deine Schubladen auf einer großen Fläche aus – auf dem Bett, der Kommode oder auf dem Boden.
3. Entscheide, was du behalten willst. Behalte nichts, was du nicht wirklich magst, sondern nur das, was du wirklich liebst. (»Does it spark joy?«) Bei Sachen, die du liebst, kannst du es kaum erwarten, sie das nächste Mal zu tragen (und bist traurig, wenn sie in der Wäsche sind).
4. Leg die Oberteile, die du behalten willst, zusammen.
5. Fang mit den dunklen Oberteilen an, und leg sie senkrecht in deine Schublade (wie eine Akte im Aktenschrank). Achte darauf, die Oberteile so zu falten, dass sie zur Höhe der Schublade passen. So nutzt du den Platz optimal aus und gerätst nicht in Versuchung, noch irgendetwas draufzuschmeißen.
6. Mach dasselbe mit den Hosen, die du in Schubladen aufbewahrst.
7. Lege passende Socken aufeinander, falte sie in Drittel, und bewahre die Päckchen stehend in deiner Socken-Schublade. (Die Leute knüllen sie meistens zusammen und machen diese kleinen Bälle draus ... Tu das nicht, das leiert die Socken aus.)
8. Auf geht's zum Schrank. Schau, ob alle Kleidungsstücke und Hängebügel in dieselbe Richtung ausgerichtet sind –

das sollten sie sein. (Die Frage, in welche Richtung, wird ähnlich kontrovers diskutiert wie die Klopapierrollen-Frage; also such dir einfach die Richtung aus, die dir passt.)

9. Hänge lange, schwere und dunkle Kleidung auf die linke Seite.
10. Hänge kurze, leichte und helle Kleidung auf die rechte Seite.

Die Expertin:

Patty Morrissey ist Lifestyle- und Organisationsexpertin und Gründerin von Clear & Cultivate, einer Firma, die sich beiden Bereichen mit einem therapeutischen Ansatz widmet. Die *New York Times* hat Patty den Titel »Ordnungsguru« verliehen, und 2016 wurde sie eine der ersten zertifizierten KonMari-Beraterinnen außerhalb Japans. Mit Marie Kondo verbindet sie eine enge Zusammenarbeit.

Warum:

Sichtbarkeit ist der entscheidende Punkt für deinen Kleiderschrank oder deine Schubladen: Statt deine T-Shirts aufeinanderzustapeln, wie es die meisten Geschäfte tun, staple sie lieber vertikal, also quasi stehend. Dann knittern sie auch weniger, denn dann gibt es kein Shirt ganz unten im Stapel, das total zerknüllt ist, und du ziehst nicht bloß die obersten zwei wieder und wieder an. Beim Zusammenlegen streich jedes Kleidungsstück einfach mit deinen Händen glatt – die Wärme deiner Haut reicht aus, um alles ziemlich gut zu glätten. Und kannst du dabei Mängel – also Flecken, Löcher, fehlende Knöpfe – entdecken, dann räum die Sachen nicht einfach wieder in den Schrank.

Beim Schrank ist der Knackpunkt, ihn nicht so voll zu packen, dass du die Bügel nicht mehr hin und her schieben kannst. Und wenn du kurze und lange Sachen getrennt voneinander aufhängst, hast du unter den kurzen genug Platz für einen Koffer oder Kisten. Eine Anordnung nach Farben macht Sinn (»Wo ist mein rotes Shirt? Ach ja, da!«) und gute Laune. (Es ist wissenschaftlich erwiesen, dass es uns glücklich macht, in unserem Kleiderschrank eine Farbskala vorzufinden.) Es fühlt sich auch ziemlich stark an, sich gut um etwas zu kümmern, das niemand außer dir selbst sehen kann. Wenn du deinen Schrank oder deine Schubladen öffnest, strahlen sie Ruhe und Ordnung aus und geben dir das Gefühl, dass du alles im Griff hast. Im Idealfall sieht dein Schrank wie ein gut sortierter Laden aus – dann kannst du bei dir selbst shoppen.

Profi-Tipp: Richte dir eine Aussortier-Kiste in deinem Schrank ein, und tu alles, was dir in Finger gerät und was du nicht absolut liebst, sofort dorthinein. Leer die Kiste regelmäßig, und spende den Inhalt, oder verkauf die Sachen online.

Ein Tipp von einer Fashionqueen:
»Schluss mit den Sachen, die dir nicht mehr passen!«, empfiehlt Aya Kanai, die Chefredakteurin von *Marie Claire* (und frühere Leiterin aller Moderessorts des Hearst Verlages). »Du solltest keine Kleidungsstücke in deinem Schrank haben, durch die du dich in irgendeiner Weise schlecht oder schuldig fühlst. Das brauchst du nicht in deinem Leben. Dass du diese Teile bei dir im Schrank aufbewahrst und Staub sammeln lässt, macht es nicht wahrscheinlicher, dass du sie irgendwann in der Zukunft tragen wirst. Sie sollten jemand anderen glücklich machen!« Der Weiterverkauf von Mode (also der Handel mit Secondhandkleidung) ist ungemein wichtig geworden, da die Modeindustrie weltweit auf Platz zwei der größten Umweltsünder liegt. Verrückt, oder? Du kannst deinen Beitrag leisten, wenn du deine Sachen aussortierst und ihnen ein neues Leben in einem anderen Schrank ermöglichst.

Kapitel
6

Lästige Arbeiten vereinfachen

Eine To-do-Liste schreiben und abhaken

1. Mache dir bewusst, welche Prioritäten du im Leben und im Job hast. (Benenne drei bis fünf.)
2. Schreib diese Prioritäten als Überschrift auf ein großes Papier, wie eine Zeitungsüberschrift.
3. Ordne deine To-dos den entsprechenden Prioritäten zu. (»Massagetermin machen« würdest du unter »Mich besser um mich selbst kümmern« packen.)
4. Du wirst feststellen, dass du einige To-dos keiner Priorität zuordnen kannst (zum Beispiel den Autoverleih anrufen und auf die falsche Abbuchung hinweisen). Mach dafür eine extra Spalte mit dem Titel »die restlichen fünf Prozent«.
5. Gruppiere ähnliche Aufgaben mithilfe von Farbcodes. Kreiere Label für komplexe To-dos (»Denk-Aufgaben«), die einfachen Aufgaben teilst du am besten in »5-Minuten-Aktions-Aufgaben« und »15-Minuten-Aktions-Aufgaben«. (Wenn du magst, wähle für jedes Label eine Farbe aus.)
6. Überlege dir, in welcher Reihenfolge du die Aufgaben am besten erledigst, und nummeriere die Punkte dann entsprechend.

7. Übertrage die Aufgaben in deinen Kalender, indem du dort Zeitblöcke für »Denk-Aufgaben« und »Aktions-Aufgaben« einplanst – mehrere kleinere Aufgaben kannst du an einem Termin bündeln.

Die Expertin:

Dr. Christine Carter ist Soziologin und Senior Fellow am UC Berkeley's Greater Good Science Center.

Warum:

Damit eine To-do-Liste befriedigend (und von Erfolg gekrönt) ist, solltest du das Gefühl haben, dass du dir die richtigen Ziele gesetzt hast – also kläre im ersten Schritt deine Prioritäten. Das kann so etwas sein wie »mehr Zeit mit meinem Freundeskreis verbringen« oder auch »mein eigenes Business aufbauen«. Setz dir maximal fünf Ziele, lieber weniger, denn dein Gehirn ist überfordert, wenn du versuchst, dich auf zu viele Dinge auf einmal zu konzentrieren. Wenn du keine Prioritäten setzt, besteht die Gefahr, dass du den ganzen Tag mit »den restlichen fünf Prozent« beschäftigt bist. (Und für diese nervigen, administrativen Aufgaben solltest du maximal fünfundvierzig Minuten pro Tag aufbringen.) Es ist außerdem extrem ineffizient, deine To-do-Liste Punkt für Punkt einzeln abzuarbeiten. Ähnliche Aufgaben solltest du direkt hintereinander erledigen, sonst unterbrichst du ständig deinen Flow, indem du zwischen Aufgaben, für die du fokussiert sein musst, und solchen, die schnell erledigt sind, hin- und herspringst.

Dass du die Aufgaben in deinen Kalender überträgst, ist ein extrem wichtiger Schritt. Wenn dein Gehirn nicht weiß, *wann* es etwas tun muss, wird es dich ständig ablenken. (»Oh Gott, ich darf das Hundefutter nicht vergessen!«) Und es reicht nicht, die Aufgabe einfach aufzuschreiben. Du musst wissen, dass du am Dienstag nach der Arbeit auf dem Nachhauseweg Hundefutter kaufen wirst. Dann kann dein Gehirn sich mit anderen Dingen beschäftigen.

Profi-Tipp: Dir wird schon beim Lesen deiner To-do-Liste mulmig? Dann machst du etwas falsch. Nicht in böser Absicht! Aber wenn du schon vorher weißt, dass du keine Zeit hast oder etwas Bestimmtes sowieso nicht erledigen wirst, schreib es *nicht* auf die Liste. (Dazu zählen auch die Dinge, die du seit 2016 erledigen willst, wie zum Beispiel ein Fotoalbum von deinem Marbella-Urlaub zu gestalten.) Der Sonntagabend ist perfekt, um eine To-do-Liste anzulegen, die du dann täglich nur kurz checkst und aktualisierst. Wenn du nach fünf Minuten immer noch mit den Farbcodes und dem Sortieren beschäftigt bist, hör damit auf und fang an zu arbeiten.

Rechnungen bezahlen

1. Richte dir einen Online-Banking-Account ein. Das ist ein Muss, damit wird das Bezahlen von Rechnungen viel einfacher.
2. Überlege dir, welcher Bezahltyp du bist. Willst du Rechnungen immer dann bezahlen, wenn du sie bekommst? Einmal in der Woche? Einmal im Monat?
3. Falls du dich nur einmal im Monat um die Rechnungen kümmern willst, verlege das Fälligkeitsdatum (wenn es geht) von allen Rechnungen auf denselben Tag – sonst werden bestimmt Mahngebühren fällig.
4. Lege jedes Mal beim Post-Sortieren die Rechnungen direkt an den »Noch zu bearbeiten«-Ort. **Tipps, wie du**

DEINE POST IN DEN GRIFF BEKOMMST, FINDEST DU AUF SEITE 107.

5. Nimm dir Zeit, um deine Rechnungen zu öffnen – alle auf einmal (egal ob täglich, wöchentlich oder monatlich, je nachdem, wie du es in Schritt 2 festgelegt hast), und dann zahl sie direkt. Alle.
6. Leg die Rechnung ab, oder wirf sie weg.

Die Expertin:

Corinne Morahan ist Gründerin und Vorstandsvorsitzende von Grid + Glam, einer Firma, die Komplettpakete für Einrichtungsmodernisierungen anbietet und dabei Ästhetik und Funktionalität verbindet. (Auf ihrem Instagram-Profil findest du zauberhafte Anleitungen für Küchen-Umgestaltungen.)

Warum:

Damit du eine schnelle und einfache Zahlungsroutine für deine Rechnungen entwickelst, musst du erst einmal ein bisschen Zeit investieren. Aber es zahlt sich aus! Du brauchst die Online-Zugangsdaten für dein Konto, alle deine regelmäßigen Rechnungen und etwa dreißig bis fünfundvierzig Minuten Zeit. Log dich ein, und leg alle Versorgungsunternehmen samt ihrer Bankdaten als »Zahlungsempfänger« an. Wahrscheinlich wirst du immer wieder gefragt, ob du statt Rechnungen in Papierform nicht lieber E-Mails bekommen willst. Das ist verführerisch (und gut für die Umwelt), aber nur eine Option, wenn du deinen Posteingang absolut im Griff hast, sonst bleib beim Papier. Um alle Fälligkeitstage zusammenzulegen, musst du wahrscheinlich ein bisschen Nachforschung betreiben, wie das die jeweiligen Unternehmen handhaben. Bei manchen kannst du den Termin online ändern, direkt in deinem Account. Bei anderen musst du dafür anrufen oder die Änderung schriftlich beantragen. Die einzige Ausnahme sind Abos (wie Netflix), die immer an dem Tag anfallen, an dem du sie abgeschlossen hast. (Das Einzige, was da hilft, ist: kündigen und dann an deinem Wunsch-Fälligkeitstag neu abschließen.)

Und widersteh der Versuchung, auf dem Weg vom Briefkasten in die Wohnung Rechnungen aufzumachen, »um nur mal zu schauen«. Alle Rechnungen und der mit dem Öffnen verbundene Stress gehören an einen Ort, zu einer Zeit. Das dauert dann nur ein paar Minuten. Du kannst die Überweisungen sogar von deinem Handy aus machen und wirst nie wieder einen Überweisungsträger benötigen.

Profi-Tipp: Wenn du keine Einzugsberechtigung erteilen willst, solltest du dir in deinem Handy oder Kalender eine Zahlungserinnerung setzen. Solltest du es trotzdem vergessen und zu spät zahlen, ist es immer sinnvoll, anzurufen und zu betonen, was für eine treue Kundin du bist, und dein Gegenüber darum zu bitten, dir Gebühren und Mahnkosten zu erlassen.

Den Geschirrspüler einräumen

1. Räum alle Tassen und Gläser in den oberen Korb. Stell dabei große Gläser so hin, dass sie nirgendwo anstoßen, weder an die Tür noch an die Decke des Geschirrspülers oder den Sprüharm. (Bei einigen Geschirrspülern sind die tieferen Stellen an den Seiten, bei anderen in der Mitte.) Lass zwischen den Gläsern ein bisschen Platz.
2. Stell auch kleine Schalen und spülmaschinengeeignetes Plastik in den oberen Korb. (Kratz vorher Essensreste

raus.) Auch Müsli-Schalen gehören normalerweise in den oberen Korb. (Lies sicherheitshalber in deiner Gebrauchsanweisung nach.) Stell sie senkrecht zwischen die Stangen für die Teller, mit der Öffnung nach unten und hinten, etwas angewinkelt, damit der untere Sprüharm sie optimal erreichen kann. (Stell Schalen nie komplett flach über Kopf rein.)

3. Sortiere Gabeln und Löffel mit dem Griff nach unten ein, damit der schmutzige Teil Wasser und Spülmittel abbekommt. (Wenn der dreckige Teil unten ist, wird der Korb zu einer Art Schutzwall gegen das Wasser.)
4. Messer stellst du mit der Klinge nach unten, damit du dich beim Ausladen nicht schneidest. (Falls deine Spülmaschine einen flachen Schubladen-Korb hat, sortiere Messer, Gabeln und Löffel möglichst abwechselnd ein, damit sie nicht formgenau aneinanderkleben.)
5. Belade den unteren Korb, beginnend mit allem, was groß und schmutzig ist. Leg die Oberseite nach unten Richtung Boden, wenn du sonst nichts einräumen willst, und angewinkelt Richtung Sprüharm, wenn du weiteres Geschirr zu den großen Dingen stellen willst. (Schau immer nach, ob das Geschirr spülmaschinenfest ist.)
6. Stelle Sachen in Übergröße, also Schneidebretter und Servierplatten oder Ähnliches, an die Seiten oder an die Rückwand der Maschine, damit sie das Wasser und Spülmittel nicht abblocken.
7. Füll den restlichen Platz im unteren Korb mit Tellern (aufrecht im Gestell) und Untertellern. Achte darauf, dass immer ein bisschen Luft bleibt zwischen allem, was du einräumst. Widerstehe der Versuchung, alles vollzustopfen!
8. Befüll die Maschine mit einem hochwertigen Spülmittel, und überprüfe, ob sie genug Salz und Klarspüler

hat. (Dann werden die Sachen sauberer, streifenfrei und trocknen schneller.)

9. Lass den Wasserhahn laufen, bis richtig heißes Wasser kommt, erst dann drücke Start. Sonst beginnt das Spülprogramm mit kaltem Wasser, und das willst du nicht.

Die Experten:

Consumer Reports ist eine Non-Profit-Verbraucherschutz-Organisation, die ihren Kunden fundierte Forschungs- und Testergebnisse zu Verfügung stellt. (Sie kaufen und testen jedes Jahr rund fünfunddreißig Geschirrspüler und lassen sie bis zu zweitausend unterschiedlich schmutzige Geschirrteile reinigen.)

Warum:

Wenn du zuerst den oberen Korb einräumst, ist schon mal der Kleinkram aus deiner Spüle und von deinem Küchentresen weg, dann hast du mehr Platz, um dich um die größeren und schmutzigeren Teile zu kümmern. Falls du lieber unten anfängst, mach das ruhig, aber lade erst einen Korb komplett voll, bevor du dich dem nächsten widmest – das ist effizienter. Du solltest nicht eine ganze Mahlzeit in den Geschirrspüler stecken (wir alle kennen solche Leute), also kratz die Reste ab. Allerdings ist es bei den heutigen Maschinen nicht mehr notwendig, die Teller vorzuspülen. (Wir alle kennen auch solche Leute, die ihr Geschirr eigentlich schon selbst spülen, bevor sie es in die Maschine tun!) Die stark verkrusteten Sachen kannst du vorher in einer Seifenlösung einweichen. Einige Geschirrspüler haben Bereiche mit Turbo-Düsen – lies die Gebrauchsanweisung, wo sie bei deinem Gerät sind und wie du sie am besten befüllst; das kommt aufs Modell an. Beim Einräumen denk daran, dass es normalerweise zwei Sprüharme gibt, einen am Boden, einen am oberen Korb. Manche Modelle haben auch noch einen dritten, oben an der Innendecke der Maschine. Richte dein Geschirr so aus, dass das Wasser es gut erwischt, und räum die Maschine nicht zu voll. Wenn die Teller zu nah aneinanderstehen, kommen das Wasser und das Spülmittel nicht überall hin, und an den Kontaktstellen zwischen den Geschirrteilen kann es zu Wasserflecken kommen. (Außerdem sind es potenzielle Bruchstellen.) Und, seien wir ehrlich: In der Zeit, in der du die komplette Spülmaschine umräumst, damit die eine Schale noch reinpasst, hättest du sie fünfmal von Hand spülen können. Du bekommst keinen Preis dafür, wenn du alles reinkriegst.

BONUS

Dinge, die nicht in die Spülmaschine gehören: große Küchenmesser (das Spülmittel macht sie stumpf, und die hohe Temperatur kann das Metall weich machen), alles aus Messing, Bronze, Holz und Porzellan mit Goldrand. Pfannen und Töpfe aus Aluminium oder rostfreiem Stahl kannst du in die Spülmaschine tun, Teflon- und andere Antihaftpfannen solltest du lieber von Hand waschen, auch wenn sie ein »Spülmaschinenfest«-Siegel haben. Spülmaschinenfestes Plastik gehört immer in den oberen Korb. Dort ist es weniger heiß, und du vermeidest, dass sich alles verformt.

Profi-Tipp: Reinige deinen Geschirrspüler bei Bedarf mit einem feuchten Lappen, vor allem in der Türdichtung setzen sich häufig Spülmittel und Essensreste ab. Wenn sich dort Ablagerungen bilden, fängt es an zu riechen, Schimmel kann sich entwickeln, und die Tür schließt schlechter. Finger weg von bleichmittelhaltigen Putzlappen, scharfem Putzmittel, Topfreinigern und allem anderen, was Edelstahl oder Gummi zerstört. Wenn das Wasser in deiner Gegend sehr hart ist, hat dein Geschirrspüler wahrscheinlich einen leicht milchigen Kalkfilm oder Verfärbungen (und dein Geschirr auch). Den bekommst du mit einem zitronensäurehaltigen Spülmaschinenreiniger weg, den du einmal im Monat verwenden solltest.

Den Geschirrspüler ausräumen

»Frag dich selbst, was du mit den nächsten vier bis sechs Minuten deines Lebens anfangen willst. Ist das wirklich wichtiger, als Teller zu haben? Denn so lange dauert es, den Geschirrspüler auszuräumen.«

– Rachel Hoffman

Leg ein Geschirrtuch bereit, und falls irgendwas noch nass ist, trockne es ab und räum es dann weg. (Stell es nicht irgendwo zum Trocknen hin – damit machst du deinem zukünftigen Ich nur mehr Arbeit.)

1. Öffne die Spülmaschine, und zieh den unteren Korb heraus.
2. Nimm den Besteckkorb raus, stell ihn neben die Besteckschublade, und räum ihn aus.
3. Nimm alle Teller, stell sie auf der Arbeitsfläche auf einen Stapel, dann räum den Stapel in den Schrank.
4. Mach dasselbe mit den Untertassen und Töpfen.
5. Wenn der untere Korb komplett leer ist, schieb ihn zurück und zieh den oberen Korb raus.
6. Nimm immer zwei Gläser gleichzeitig aus der Spülmaschine, und räum sie weg.
7. Räum das »komplizierte« Geschirr – Plastikboxen, unhandliche Teller ... – an den Ort, an den es gehört.
8. Ach, und die eine Gabel oder Tasse, die nie richtig sauber

wird, aber bestimmt *beim nächsten Mal?* Nimm sie raus, spül sie von Hand, trockne sie ab, räum sie weg.

Die Expertin:

Rachel Hoffman ist Reinigungsspezialistin und Erfinderin von Unfuck Your Habitat, einer Methode, mit der du deinen Haushalt organisatorisch in den Griff bekommst.

Warum:

Manche Leute schieben das Ausräumen des Geschirrspülers tagelang auf. Aber was machst du in diesen vier bis sechs Minuten? Ein Mittel gegen Krebs finden? Nein? Dann räum die Spülmaschine aus. Bilde Stapel – alle Teller zusammen, alle Schüsseln –, denn unser Gehirn liebt Ordnung, und wenn du immer nach einem bestimmten System vorgehst, kannst du irgendwann auf Autopilot schalten. Du solltest mit dem unteren Korb anfangen, weil sich in den Gläser- und Schüsselböden im oberen Korb häufig schmutziges Wasser sammelt, dass du auf deine sauberen Teller kippst, wenn du oben mit dem Ausräumen anfängst. Das ist eklig und ineffizient. (Achtung: Natürlich kannst du dir auch Gläser mit flachem Boden kaufen, dann sammelt sich in ihnen kein Wasser!)

Nichts Unnötiges einkaufen

1. Schreib eine Einkaufsliste, auch wenn nur drei Dinge draufstehen.
2. Nimm nur so viel Bargeld mit in den Laden, wie du für

die Dinge auf deiner Liste brauchst. (Schau sie dir noch mal an, falls nötig.)

3. Lass deine EC-Karte/Kreditkarte im Auto oder zu Hause.
4. Geh direkt zu dem Regal, wo die Dinge sind, die du brauchst. (Frag eine Mitarbeiterin, wo du was findest, wenn es für dich zu riskant ist, suchend durch die Gänge zu laufen.)
5. Wenn du etwas siehst, was nicht auf deiner Liste ist, was du aber dennoch kaufen willst, stell dir folgende vier Fragen: »Brauche ich es? Liebe ich es? Mag ich es? Will ich es haben?« (Wenn du es wirklich brauchst oder liebst, na gut; ansonsten leg es zurück, und geh weiter.)
6. Stell dir dich als alten Menschen vor. Willst du dann wirklich finanzielle Sorgen haben, weil dein heutiges Ich dem Pelz-Imitat-Kissen im Sonderangebot nicht widerstehen konnte?

Die Expertin:

Tiffany Aliche, aka »the Budgetnista«, ist Finanzberaterin und Autorin. Sie gründete die Live Richer Academy, die Frauen berät, wie sie ihre Finanzen individuell so planen, dass sie maximale finanzielle Freiheit haben.

Warum:

Du brauchst eine Einkaufsstrategie, sonst wirst du scheitern. Es ist dir peinlich, extra zurück zum Auto zu laufen, um deine Kreditkarte zu holen? Bestimmt. Vielleicht machst du es trotzdem. Aber du musst diesen extra Aufwand betreiben und hast dadurch Zeit, über den Kauf nachzudenken. Genau so funktioniert der Prioritäten-Check: »Brauche ich es? Liebe ich es? Mag ich es? Will ich es haben?« (Tiffany hat Armbänder, auf denen diese Fragen stehen.) Wir alle brauchen bestimmte Dinge – Essen, eine Wohnung, Medikamente, Verkehrsmittel –, aber wir überspringen in der Regel die Frage, ob wir etwas *lieben*, denn um das zu bezahlen, brauchen wir in der Regel mehr Zeit und Geld. Also geben wir lieber Geld für das aus, was wir *mögen* oder *haben wollen*.

Solange wir jung sind, ist es schwer, beim Einkaufen an unser altes, zukünftiges Ich zu denken – also kreiere eine Karikatur deiner selbst. Tiffanys achtzigjähriges Ich heißt Wanda, ist ziemlich frech und mischt sich überall ein. Stell dir deine Karikatur wie deine Großeltern vor. Würdest du deine Oma bitten zu arbeiten, damit du in deinen Dreißigern chillen und zu viel Geld ausgeben kannst? Fazit: Wenn du jetzt schlecht mit deinem Geld umgehst, muss Wanda später dafür bezahlen.

Profi-Tipp: Kauf dir kleine beschreibbare Sticker, und schreib darauf: »brauche ich, liebe ich, mag ich, will ich«. Kleb sie auf deine Kreditkarte oder auf deine EC-Karte – so erinnerst du dich jedes Mal, wenn du die Karte benutzen willst, daran, deine Prioritäten zu checken. (Das ist besonders hilfreich, wenn du eine Geldkarte hast, die du nur für Sonderausgaben nutzt, oder wenn du eine Membership-Karte deiner Lieblingsmarke hast, hüstel, hüstel.)

BONUS

Mache einen »Gönn ich mir«-Plan. Finde heraus, was du wirklich liebst und wofür du bereit bist, zu sparen (zum Beispiel Flugtickets nach Paris). Das nächste Mal, wenn du dir verkneifst, etwas zu kaufen, was du nicht wirklich brauchst, ändere deine Sichtweise: Statt dir ein Abendessen zum Mitnehmen zu untersagen, gönnst du dir Paris! So fühlst du dich weniger schlecht, wenn du die »mögen und wollen«-Käufe einfach lässt. Stattdessen fühlst du dich super, weil du an dein größeres und schöneres Spar-Ziel denkst. (Das kannst du auch zu deinen Freundinnen sagen – »Sorry, Mädels, ich kann nicht mit euch brunchen gehen, ich gönne mir Paris.«)

Wie du rausfindest, was du wirklich liebst? Stell dir die Frage, was du machen würdest, wenn du so reich wärst wie Oprah. Reisen? Eine Firma gründen? Mehr Zeit mit Freunden und Familie verbringen? Ins Theater gehen? Das sind die Dinge, die dein Leben reicher machen. Wenn du dich dafür entscheidest, mehr für die Dinge auszugeben, die du brauchst oder liebst, und weniger für die, die du magst oder willst, wird dein Leben sinnvoller und leidenschaftlicher.

Eine Einkaufsliste erstellen (für Lebensmittel)

1. Schnapp dir einen Kalender, und überleg, wie deine Woche aussieht. (An wie vielen Abenden willst du etwas kochen? Nimmst du dir Essen mit ins Büro? Gibt es besondere Anlässe, oder kommen übers Wochenende Freunde zu Besuch?)
2. Plane so viele Mahlzeiten wie möglich, und mach eine Einkaufsliste mit allen Zutaten, die du dafür brauchst.
3. Schau in deinen Kühlschrank und deine Speisekammer. Überprüfe, von welchen Basic-Lebensmitteln du nur noch wenig hast (Eier, Brot, Kaffee, der extrem leckere Käse aus dem französischen Käseladen), und schreib sie mit auf die Liste.
4. Check deine Vorräte. Schau in deiner Vorratskammer (oder Vorratsschublade/im Keller/in der Garage) nach, ob du nicht vielleicht doch *irgendetwas* von der Liste zu Hause hast. Falls ja, streich es von der Liste. (Was für ein gutes Gefühl!)
5. Ordne deine Liste nach Abteilungen im Supermarkt – schreib sie neu, falls nötig.

6. Pack wiederverwendbare Beutel so ein, dass du sie nicht vergisst, wenn du einkaufen gehst. Wenn du ein Auto hast, leg sie in den Kofferraum.

Die Expertin:

Michele Vig ist Gründerin und leitende Organisatorin von Neat Little Nest, einer Firma, die Privatpersonen beim Aufräumen und Organisieren ihres Zuhauses hilft.

Warum:

Um zu vermeiden, dass du zu viel einkaufst, solltest du wissen, wie viel Essen du für eine Woche brauchst (oder eben nicht). Das ist der erste Schritt. Damit bekommst du deine Ausgaben in den Griff und musst weniger wegschmeißen. Essen wegzuschmeißen, das unberührt so lange rumstand, bis es vergammelt ist, ist unfassbar deprimierend. Teil des Erwachsenwerdens ist, bewusster darüber nachzudenken, was die Zukunft bringt, um dann nicht völlig aus der Bahn zu fliegen. Wenn es wahrscheinlicher ist, dass du auf dem Weg nach Hause ein fertiges Brathähnchen kaufst, statt selbst eins zu braten, dann schreib nicht »Hähnchen« auf deine Einkaufsliste. (Und spar dir das schlechte Gewissen! Wir alle machen uns das Leben leichter.) Am Samstag kommen Freunde vorbei? Dann besorg *jetzt* die Snacks. Sorg dafür, dass du deine Lieblingssachen entweder vorrätig hast oder sie auf die Einkaufsliste schreibst. Und wenn du deine Liste so sortierst, dass ähnliche Sachen untereinanderstehen, kannst du viel schneller durch den Supermarkt sausen.

Profi-Tipp: Gut organisierte Vorräte und ein ordentlicher Kühlschrank machen dir das Einkaufen so viel leichter! Micheles Tipp ist: umfüllen. Wirf die Plastikverpackungen und Kartons weg, und lagere deine Lebensmittel in Gläsern oder durchsichtigen Boxen. So bleiben sie länger frisch, und es sieht gut aus, klar, aber vor allem sparst du Zeit und Ärger. Wenn du zum Beispiel Müsliriegel in einem Korb und Müsli in einem Glas lagerst, wird dein Vorräte-Check viel einfacher, weil du auf einen Blick siehst, wie viel davon noch übrig ist – kein Packung-Aufklappen, kein Schütteln. Und wenn deine Vorratskammer oder -schublade gut aussieht und übersichtlich ist – und nicht voller Müll und unnötiger, viel zu bunter Verpackungen –, wird das für dich ein überraschender Moment voller Ruhe und Freude sein! Dann macht das Essen-Vorbereiten und Einkäufe-Wegräumen gleich viel mehr Spaß. Los geht's!

Den Einkauf in Tüten packen

1. Pack, während du einkaufst, alle schweren Sachen ganz nach vorne in deinen Einkaufswagen – oder auf die Schiene unter den Wagen, sodass du einfach an sie rankommst. (Leg leichte oder empfindliche Sachen am besten in den extra Korb – falls da kein Kind drinsitzt.)
2. Belade das Laufband an der Kasse zuerst mit den schweren Sachen, dann mit den stabil verpackten. Gleich schwere Dinge möglichst nah beieinander platzieren.
3. Leg leichte Sachen wie Kräuter und Chips zuletzt aufs Band.
4. Bring deine eigenen, wiederverwendbaren Beutel mit. Das ist gut für die Umwelt, aber auch gut für dich beim Tütenpacken, denn die sind viel stabiler als die Wegwerfbeutel.
5. Stell dir jeden Beutel als Haus, das du baust, vor. Fang mit den Wänden an – das sind deine verpackten Waren (Müsli, Taschentücher, Riegel). Stell sie einmal rundherum in deine Tüte.

6. Dann packe alles, was in Dosen und Gläsern ist, oder andere schwere Dinge ordentlich in die Mitte der Tüte; das sind deine »Möbel«. (Niemals Glas neben Glas.)
7. Leg das Gemüse, Chips und andere leichte Sachen oben auf die schweren drauf – das ist die »Deko«, die soll oben in deinem »Haus« sein.
8. Pack alle Tiefkühlsachen in eine Tasche, damit sie kalt bleiben (und damit du weißt, welche Tüte du zu Hause zuerst ausräumen musst).
9. Eier und Brot gehören immer ganz oben auf eine Tüte.
10. Verpack rohes Fleisch separat in einer Tüte. (Mach das auch mit Putzmitteln und anderem chemischen Zeug.) Für das Fleisch verwende am besten eine Plastiktüte, falls Flüssigkeit austritt. (Die willst du nicht in deinen Papier- oder Stofftüten oder im Auto haben.) Gute Neuigkeiten: Die meisten Supermärkte haben kompostierbare Plastiktüten speziell für Fleisch.
11. Falls es jemanden gibt, der deine Tüten packt – nimm den Service an.

Der Experte:

Dwayne Campbell, ehemaliger Supermarktmitarbeiter einer großen Kette, hat 2019 die amerikanischen Meisterschaften des Lebensmittelhandels in der Kategorie Einkaufstüten-Packen gewonnen. (Kriterien waren unter anderem Geschwindigkeit, Aufbautechnik, Gewichtsverteilung und Ausstrahlung.)

Warum:

Die wichtigste Voraussetzung, um Einkaufstüten schnell und effizient zu befüllen, ist, die Einkäufe in der richtigen Reihenfolge aufs Kassenband zu legen. Das bedeutet wiederum, dass du überdenken solltest, wie du deinen Einkaufswagen oder -korb befüllst. Wenn dort alle leichten Sachen ganz oben liegen, werden sie ganz unten in deinen Tüten landen oder den Kassenbereich, wo du einpacken willst, verstopfen. Beides willst du nicht. Wenn du deinen Einkaufswagen etwas bewusster belädst, macht das dem Einpack-Service (oder dir) das Leben so viel leichter! Wenn du rund um die Tüten »Wände« baust, können Tomatensoßengläser, Beutel mit Äpfeln oder Kartoffeln und Flaschen nicht mehr umfallen, und deine Tüte wird nicht zu sperrig. (Außerdem reduziert es die Wahrscheinlichkeit, dass die Tüte reißt.)

Im Idealfall sollten alle Tüten etwa gleich schwer sein. Das erleichtert dir das Tragen, also überlade sie nicht. Und pack die Chips erst ganz am Ende ein; sie brauchen so viel Platz und sind der Endgegner. Wenn du dein »Tüten-Haus« aus einer Plastiktüte baust, musst du etwas vorsichtiger sein, denn spitze Verpackungen können sie durchbohren. Bau also ein kleineres Haus mit weniger Elementen. Dwaynes Faustregel für Plastiktüten: »Pack acht mit Bedacht.«

Profi-Tipp: Pack alle Sachen, die in die Vorratskammer kommen, zusammen in eine (oder zwei) Tüten, dann kannst du zu Hause alles direkt wegräumen und musst nicht hin- und herlaufen.

Wäsche waschen

1. Nimm nur eine Wäschesorte pro Tag in Angriff (dunkel, hell, Feinwäsche), oder wasch die Wäsche eines Familienmitglieds pro Tag.
2. Zieh die Socken auseinander, dreh die Hosen auf links, behandle Flecken vor (SIEHE SEITE 131 FÜR HARTNÄCKIGE FLECKEN ENTFERNEN), und steck alles in die Waschmaschine.

3. Fass mit deiner Hand in die Maschine, um sicherzugehen, dass du die Wäsche noch lose hin- und herschieben kannst. (Soll heißen: Stopf nicht zu viel rein.)
4. Gib das Waschmittel in die Waschmittel-Schublade, und wähle das richtige Programm. (Generell gilt: dunkle Farben kalt, helle Farben warm oder heiß waschen; Feinwäsche im Schonprogramm oder »Handwasch«-Programm.) Achtung: Waschpulver löst sich in Frontladern manchmal besser auf, wenn du es direkt in die Trommel gibst.
5. Wenn du wahrscheinlich vergisst, dass du die Waschmaschine gestartet hast (geht mir genauso), stell dir einen Timer auf dem Handy.
6. Öffne die Waschmaschine, sobald sie fertig ist, schüttle alles auf, und steck es in den Trockner. (Sortiere vorher alles aus, was auf dem Wäscheständer lufttrocknen soll, zum Beispiel die neue Jeans, die sowieso ziemlich eng sitzt).
7. Mach das Flusensieb sauber, schließ den Trockner, stell ihn an.
8. Wenn der Trockner piept, räum ihn sofort aus. Nimm die Wäsche direkt dorthin mit, wo du sie zusammenlegst (meistens ist das im Schlafzimmer), und leg sie zusammen. Dann ab in den Schrank.

Die Expertin:

Becky Rapinchuck, aka »Clean Mama«, ist Putz- und Haus-Organisier-Spezialistin und Autorin des Buches *Simply Clean*.

Warum:

Jeden Tag eine Maschine Wäsche von Anfang bis Ende erledigen (also waschen, trocknen, zusammenlegen und *weg-*

räumen) klingt wahrscheinlich nicht sehr verführerisch. Aber jeden Tag etwas zu erledigen ist besser, als *alles* an einem Tag zu machen. Und, das ist der Vorteil, du hast immer saubere Wäsche! Mach morgens als Allererstes die Maschine an, oder programmiere sie schon am Vorabend so, dass sie, eine Stunde bevor du aufstehst, mit dem Waschen startet. Du hast zu wenig Wäsche, um täglich zu waschen? Dann mach's alle zwei Tage. Und wenn du nie genug weiße 60-Grad-Wäsche hast, solltest du wissen, dass man die meisten Sachen auch kälter waschen kann. (Das gilt vor allem für Kindersachen. Da ist Beckys heißer Tipp, immer die Sachen *eines* Kindes zu waschen, statt nach den Farben zu gehen. So musst du nachher nicht alles auseinandersortieren.) Dreh die Sachen vor dem Waschen auf links, dann sparst du später beim Zusammenlegen und Wegräumen Zeit – das ist sowieso der nervigste Teil.

BONUS

DIY-Weichspüler, die gesünder sind als gekaufte. Die meisten Weichspüler und Trocknertücher sind voller künstlicher Duft- und giftiger Zusatzstoffe. (Und die legen sich wie ein Mantel über die Fasern, sodass sie immer schwerer zu reinigen sind.) Probier stattdessen aus, eine viertel Tasse Essig zu deiner Wäsche zu geben (in die Weichspülkammer). Du wirst nicht nach Salat-Dressing riechen, versprochen! Oder verwende Trocknerbälle aus Wolle. Wolle ist biologisch abbaubar und wirkt antimikrobiell. Wirf drei Wollbälle in jede Trocknerladung, dann wird deine Wäsche schön weich und trocknet schneller. (Du kannst sie bis zu tausend Mal wiederverwenden.) Wenn du den Frische-Wäsche-Geruch vermisst, kannst du ein paar Tropfen ätherisches Öl auf die Wäschebälle geben.

Flecken entfernen

1. Halte das Kleidungsstück übers Waschbecken oder die Spüle, und gib Fleckentferner auf den Fleck.
2. Arbeite den Fleckentferner vorsichtig ein – entweder mit einer sauberen, weichen Bürste oder mit deinen Fingern.
3. Gieße von ziemlich weit oben heißes Wasser auf den Fleck. (Durch die Höhe ist es effektiver.) Achtung: Falls du Blut entfernen willst, halte das Kleidungsstück direkt unter den Wasserhahn – der Druck hilft dir, den Fleck zu entfernen –, und verwende *kaltes* Wasser.
4. Lass dein Kleidungsstück in warmem Wasser einweichen. (Auch hier gilt: Nimm kaltes Wasser bei Blutflecken, Seide, Kaschmir und so weiter. Seide sollte nie länger als dreißig Minuten einweichen.)
5. Wenn der Fleck heller geworden, aber noch sichtbar ist, wiederhole alle Schritte, bis du mit dem Ergebnis zufrieden bist.
6. Wasch das Kleidungsstück ganz normal.
7. Hartnäckige Flecken kannst du mit einer selbstgemischten Paste aus Fleckentferner und Allzweck-Bleichmittel behandeln. Arbeite die Paste in den Fleck ein, und halte dich an die Schritte 3 bis 5.
8. Alle Flecken sollten entfernt werden, bevor du deine Kleidung in den Trockner steckst.
9. Bügele keine Kleidung mit Flecken.

Die Expertinnen:

Gwen Whiting und Lindsey Bond haben gemeinsam The Laundress gegründet, eine internationale Marke für ökologisches Wasch- und Putzmittel.

Warum:

Um Flecken optimal zu entfernen, musst du zuerst die Art des Stoffes und des Flecks bestimmen, nur dann kannst du die passende Wassertemperatur, Technik und den richtigen Fleckentferner auswählen. (Auf der The-Laundress-Website findest du einen Fragebogen, mit dessen Hilfe du Waschanleitungen, die genau zu deinem Fleck passen, erhältst.) Du brauchst einen Fleckentferner, der auch hartnäckige Flecken wie Rotwein, Soße, Schokolade, Gras, Kaffee/Tee und Schweiß entfernt. Den Fleck mit Wasser einzuweichen ist ein wichtiger Schritt, den du aber auch an deinen Stoff und die Fleckenart anpassen musst. (Denk daran: Blut nur mit kaltem Wasser auswaschen.)

BONUS

Ölhaltige Flecken kannst du mit Kernseife entfernen. Oder probier den »Clean Mama«-Trick von Becky Rapinchuk aus: Behandle ölhaltige Flecken mit einem Stück weißer Kreide, die saugt das Öl auf. (Das funktioniert auch bei Butter, Salatdressing, Bratfett und so weiter.) Dann wasch das Kleidungsstück ganz normal, danach sollte es fleckenfrei sein!

Saubere, weiche, gut riechende Handtücher

1. Sorg dafür, dass du deine Handtücher an einem guten Ort aufbewahrst, damit sie nicht müffeln. (Falls mein zwölfjähriger Sohn das hier liest: »Zusammengeknüllt auf dem Boden« ist nicht optimal!) Bewahre sie an einem sauberen und trockenen Ort auf.
2. Häng deine Badetücher nach dem Duschen so auf, dass sie richtig gut trocknen können. (Wenn du viel Wasser-

dampf im Badezimmer hast und es keine Lüftung gibt, häng deine Handtücher lieber ins Schlafzimmer, bis sie trocken sind.)

3. Verwende deine Badetücher maximal zweimal, dann wasch sie.
4. Wirf nasse Hand- und Badetücher nicht in den Wäschekorb. Häng sie erst zum Trocknen auf, *dann* wirf sie in die Wäsche.
5. Wechsle häufig deine Handtücher. (Täglich ist optimal.)
6. Lass deine Handtücher nie länger als ein paar Stunden in der Waschmaschine (überhaupt keine Wäsche!). Nasse Wäsche und ein geschlossener Raum sind der perfekte Nährboden für Bakterien und schlechte Gerüche.
7. Überlade deine Waschmaschine und deinen Trockner nicht. Das Wasser und die Luft müssen in den Maschinen optimal zirkulieren können, damit deine Handtücher (alle Wäsche) sauber und trocken wird.
8. Wenn du ein paar besonders müffelnde Handtücher hast, gib eine halbe Tasse Baking Soda (Natron) mit in die Waschmaschine (direkt in die Trommel) und wasch alles warm. Danach wasch alles noch mal mit normalem Waschmittel.
9. Verwende keinen Weichspüler! Der legt sich über die Fasern und kann verhindern, dass deine Handtücher sauber und kuschelig sind. (Ganz zu schweigen von den ganzen Chemikalien, die dadrin sind und die du nicht im Haus haben willst.) **SIEHE SEITE 130 FÜR DIY-ALTERNATIVEN.**
10. Leg die Handtücher zusammen, sobald sie aus dem Trockner kommen.
11. Reinige regelmäßig deine Waschmaschine. (Lies die Gebrauchsanweisung für die optimale Reinigung.)

Die Expertin:

Becky Rapinchuk, aka »Clean Mama«, ist Putz- und Haus-Organisations-Spezialistin und Autorin des Buches *Simply Clean*.

Warum:

Handtücher nehmen Wasser auf. (Das ist ja letzten Endes ihr Zweck.) Wenn du sie nicht ordentlich aufhängst, speichern sie das Wasser zu lang und werden zum perfekten Nährboden für Bakterien. Dann fangen sie an zu stinken, und diesen Geruch wirst du nur schwer wieder los. Zu wenig Platz ist auch ein Problem – im Wäschekorb, in der Waschmaschine und im Trockner. Stell dir bildlich vor, dass deine Handtücher viel Platz zum Atmen brauchen. Leg sie unmittelbar nach dem Trocknen zusammen, dann sind sie weniger krumplig und hart. Und Achtung: Räum sie in den Schrank!

BONUS

Ein simpler Trick, der das Waschen einfacher macht: Verwende nur noch weiße Hand- und Badetücher (und wenn du schon mal dabei bist: auch nur noch weiße Bettwäsche). Warum? Dann kannst du das alles zusammen waschen und bei Bedarf auch sehr heiß und mit Hygiene-Spüler, ohne dass etwas ausbleicht. Und du kannst Flecken oder Verfärbungen mit natürlichem Bleichmittel entfernen. Außerdem geben weiße Handtücher deinem Badezimmer einen Spa-Touch und passen zu allen Farben und jeder Deko.

Profi-Tipp: Du hast ein T-Shirt, das stinkt, egal, wie du es wäschst? Pack es in eine Zip-Plastiktüte, und leg es über Nacht in den Gefrierschrank. Das tötet die Bakterien ab, und die sind der Grund dafür, dass es stinkt.

Ein Spannbettlaken zusammenlegen

1. Leg das Laken auf eine flache Oberfläche, mit der offenen Seite nach oben.
2. Glätte das Laken und die Ecken bestmöglich.
3. Falte das Laken horizontal in der Mitte zusammen; achte dabei darauf, dass die Ecken eingeklappt und möglichst gerade bleiben. Streich das Laken glatt, sodass alle Seitenkanten aufeinanderliegen und es keine Knubbel gibt.
4. Steck die Ecken der oben liegenden Seite in die Ecken der unten liegenden Seite.
5. Falte das Laken noch einmal der Länge nach, sodass alle Ecken aufeinanderliegen.
6. Glätte alles.
7. Steck noch einmal die Ecken der oben liegenden Seite in die der unten liegenden Seite.
8. Falte das Laken vertikal, dann noch einmal (bis du die gewünschte Größe hast).

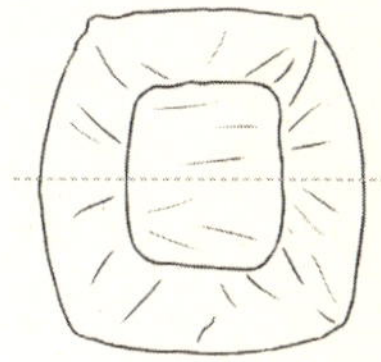

Schritt 1

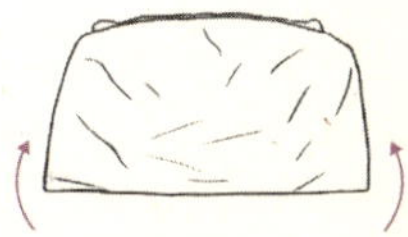

Schritt 2

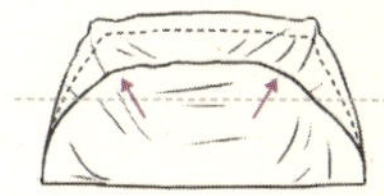

Schritt 3

Schritt 4

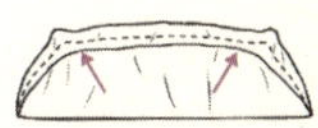

Schritt 5

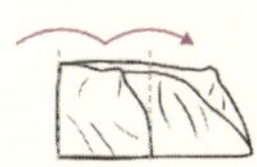

Schritt 6

Die Expertin:

Ariel Kaye ist Gründerin und Vorstandsvorsitzende von Parachute, einer modernen Lifestyle-Marke.

Warum:

Spannbettlaken zusammenzulegen kann wirklich ein Kampf sein – muss es aber nicht! Es ist wirklich schwierig, aber wenn du es Schritt für Schritt angehst, sparst du Zeit und Nerven (und Platz in deinem Schrank). Wichtig ist, dass du nach jedem Schritt das Laken glättest, sonst ist es am Ende zu voluminös. Ein Hack, der nicht wirklich erwachsen ist (und mein persönlicher Workaround, bevor ich dieses Buch geschrieben habe): Wenn du nur ein Spannbettlaken besitzt, das du nach dem Waschen und Trocknen immer direkt wieder aufziehst, musst du es nie zusammenlegen!

Ein Hemd bügeln

1. Lies das Pflege-Etikett, und wähle die entsprechende Einstellung am Bügeleisen.
2. Klapp den Kragen um, und bügele ihn von innen, dann umklappen und von außen bügeln. Beginne an der Kragenspitze, und bügele zur Mitte hin. (Lass den Kragen aufrecht stehen, bis du fertig bist mit dem Bügeln.)
3. Bügele jetzt die Manschetten (knöpf sie vorher auf), indem du das Bügeleisen mit der Spitze in den Ärmel steckst und es quer über die Manschetten gleiten lässt. Zuerst die Innen-, dann die Außenseite.
4. Leg einen Ärmel auf das Bügelbrett, mit der Hemdrückseite nach oben. Glätte mit der Hand die obere und untere Stoffschicht. (Schau noch mal nach, ob es wirklich keine Falten gibt, bevor du mit dem Bügeln anfängst!) Bügele mit langen Zügen eine gerade Falte an die Oberkante des Arms. Dann umdrehen, andere Seite bügeln. Anschließend dasselbe mit dem anderen Ärmel.
5. Stülpe den offenen Ärmel über die schmale Seite des Bügelbretts, und bügele jeweils die Schulterteile.
6. Leg das Hemd geöffnet, mit der Rückseite nach oben, aufs Bügelbrett, und widme dich der Passe am Rücken.

(Du fragst dich, was eine »Passe« ist? Das ist das obere Stück Stoff zwischen Kragen und Rückenteil.) Bügele die Passe von beiden Schultern aus Richtung Mitte, dann bügele den Rest des Rückens, von oben nach unten.

7. Bügele jetzt die Vorderseite. Beginne mit der Seite ohne Knöpfe, und bügele zunächst die Knopflochleiste. Von dort arbeite dich nach außen vor. Beginne am Kragen, und wandere dann die Knopflochleiste runter. Wenn es eine Hemdtasche gibt, bügele sie von oben nach unten.
8. Jetzt kommt die Seite mit den Knöpfen dran. Umkreise die Knöpfe mit dem Bügeleisen, dann wieder von der Knopfleiste nach außen und vom Kragen nach unten bügeln.
9. Häng dein Hemd sofort auf, damit du nicht von vorne anfangen musst.

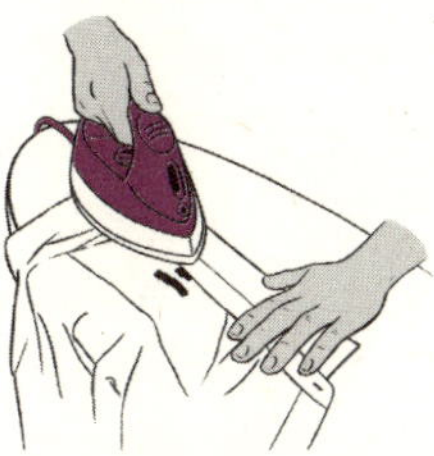
Schritt 1

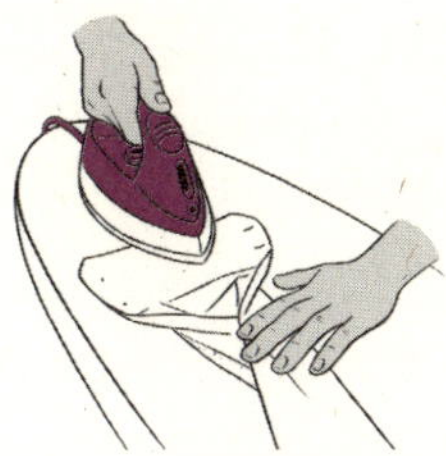
Schritt 2

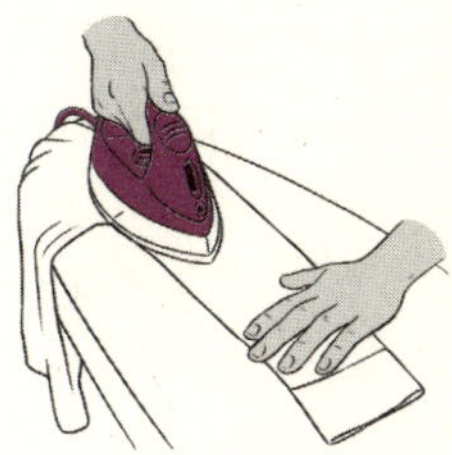
Schritt 3

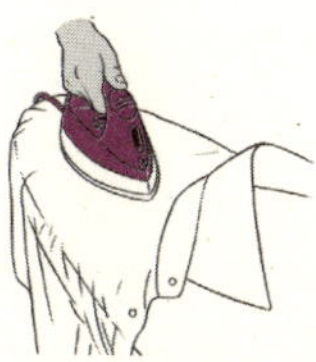
Schritt 4

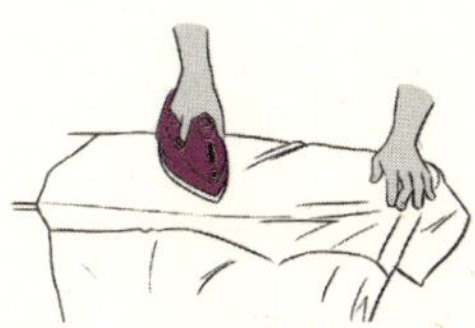
Schritt 5

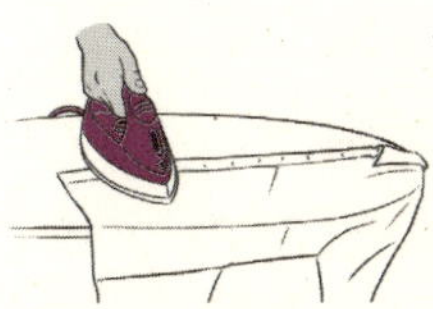
Schritt 6

Die Expertinnen:

Gwen Whiting und Lindsey Bond haben gemeinsam The Laundress gegründet, eine internationale Marke für ökologisches Wasch- und Putzmittel.

Warum:

Lies immer zuerst das Pflege-Etikett, aber lass dich nicht davon verunsichern, wenn da »chemisch reinigen« steht. (Neunzig Prozent dieser Sachen kannst du problemlos zu Hause waschen und bügeln.) Bei Baumwolle und Leinen geht das immer problemlos; wenn dein Shirt aus Synthetik ist, teste es an einer kleinen, unsichtbaren Stelle. (Und bügele niemals Wolle, Samt oder Kord – damit zerstörst oder plättest du diese Fasern.) Der Kragen kommt als Erstes dran, denn wenn du ihn erst am Ende bügelst, wirst du dein ganzes Hemd dabei zerknittern und von vorne anfangen müssen. (Mist!) Wenn du die Ärmel bügelst, falte am besten erst einmal mit der Hand eine ordentliche Kante von der Schulter zur Manschette und zieh den Stoff schön glatt, dann fang an zu bügeln. Auf diese Weise vermeidest du unliebsame Falten. Wenn du den Vorderteil des Hemds und den Rücken zuletzt bügelst, kannst du am leichtesten Fehler in den Bereichen ausbügeln, die am sichtbarsten sind. (Also die Teile, die du im Spiegel siehst und die das Erste sind, was andere von dir zu Gesicht bekommen.)

BONUS

Wenn du mehrere Kleidungsteile bügeln willst, denk daran, dass das Bügeleisen immer heißer wird. Also fang mit der Feinwäsche und den weniger verknitterten Sachen an, und dann nimm die festeren Teile in Angriff, die seit einer Woche zusammengeknüllt im Wäschekorb lagen. Bäm!

Eine Bettdecke beziehen

1. Leg das Bett-Inlay flach auf dein Bett.
2. Dreh deinen Bettbezug auf links.
3. Suche die beiden oberen Ecken deines Bettbezugs.
4. Steck die Hände *in* den Bettbezug, *in* die oberen beiden Ecken, und ergreife damit die beiden oberen Ecken des Inlays.
5. Dreh den Bettbezug auf rechts, und halte dabei das Inlay fest, sodass es *im* Bettbezug ist. Achte dabei darauf, dass die Ecken in den Ecken bleiben.
6. Schüttele das Ganze so auf, dass der Bettbezug das komplette Inlay bedeckt.
7. Knöpf den Bettbezug zu, oder schließ den Reißverschluss.
8. Noch einmal aufschütteln, dann auf deinem Bett ausbreiten.

Die Expertin:

Ariel Kaye ist Gründerin und Vorstandsvorsitzende von Parachute, einer modernen Lifestyle-Marke.

Warum:

Eine Bettdecke zu beziehen ist fast so schwer, wie ein Spannbettlaken zusammenzulegen. Aber es ist wichtig. Wusstest du, dass vierzig Prozent der Amerikaner keinen Deckenbezug benutzen, sondern nur ein Spannbetttuch mit Bettzeug drauf? So machen es auch die meisten Menschen in Europa.

Der Deckenbezug ist eine persönliche Entscheidung, kein Muss. Viele Leute finden es einfach gemütlicher und weniger einengend; sie waschen den Bettbezug einfach zusammen mit dem Spannbetttuch. Und ja, dann musst du den Bettbezug häufiger waschen, denn dein Körper hat direkten Kontakt mit dem Bezug. Übrigens, **auf Seite 22 erfährst du, wie du dein Bett machst!**

Kapitel

7

Sauber machen – egal was

Ein Zimmer in weniger als zehn Minuten aufräumen

1. Schnapp dir eine Küchenrolle oder einen Lappen sowie ein Reinigungsspray, und nimm beides mit in den Raum, den du putzen willst.
2. Stell einen Timer auf zehn Minuten.
3. Nimm erst einmal alles, was gammeln könnte – schmutzige Teller, Müll, Wäsche –, und bring es dahin, wohin es gehört.
4. Widme dich den Oberflächen: Räum alles, was dort liegt, weg, oder mache ordentliche Stapel.
5. Wische mit der Küchenrolle oder dem Lappen über alle freien Oberflächen.
6. Geh kurz aus dem Raum, komm wieder rein, und schaue, was dir zuerst (negativ) auffällt; dann kümmere dich darum.

Die Expertin:

Rachel Hoffman ist Reinigungsspezialistin und Erfinderin von Unfuck Your Habitat, einer Methode, mit der du deinen Haushalt organisatorisch in den Griff bekommst.

Warum:

Wenn du dir einen Timer stellst, bist du nicht von der Größe der Aufgabe völlig gelähmt, sondern änderst deine Wahrnehmung: Aufräumen ist etwas, was du auf die Schnelle erledigen kannst. (Das heißt, du musst nicht so lange im Chaos leben, bis du Zeit für einen Aufräum-Marathon hast). Egal, welches Zimmer du aufräumst, kümmere dich zuerst um die Dinge, die stinken könnten, dann um flache Oberflächen – Tische, Kommoden, Tresen. Auf denen sammelt sich das meiste Zeug, und wenn du sie aufräumst, wirkt der Raum sofort ordentlicher. Wenn du kurz den Raum verlässt und wieder reinkommst, wirst du schnell merken, was dich unterbewusst nervt, und das kannst du dann direkt beheben. Häufig sind das die eigentlichen Dinge, die es unordentlich machen. Schon nach zehn Minuten sind die Unterschiede deutlich sichtbar, und das wird dich motivieren, mehr Ordnung zu halten (und weitere zehn Minuten zu investieren, wenn du Zeit dafür hast).

BONUS

Hier kommt ein Mantra für dich, wenn du nach Hause kommst: »Leg es nicht hin, leg es weg.« Deine Schuhe zum Beispiel. Wie viel länger dauert es, sie ins Regal zu stellen, statt sie bloß abzuschütteln? Weniger als dreißig Sekunden. Und eine Woche später, wenn sieben Paar Schuhe in deinem Flur stehen, wird es viel länger dauern. (Dann räumst du sie erst recht nicht weg.) Da das Weglegen einfacher ist, wenn alle Dinge ihr Zuhause, ihren festen Ort haben, schaffe diesen Ort mithilfe von Regalen, Körben, Bügeln und Haken. (Hast du Kinder? Dann montiere auch Haken in ihrer Höhe, und bring ihnen bei, ihr Zeug aufzuhängen!)

Den Boden wischen

»Du musst weniger putzen, wenn du es häufiger machst.«

– Donna Smallin Kuper

1. Heb alles vom Boden auf (Schuhe, Spielzeug, Bücher ...).
2. Rolle alle kleinen Teppiche zusammen. *In* und *unter* ihnen ist Staub – schüttele sie aus dem Fenster/vom Balkon aus.
3. Losen Staub saugst du am besten mit dem Staubsauger auf, oder du kehrst alles zusammen und saugst dann den Haufen auf.
4. Wenn du schon mal beim Staubsaugen bist: Setz einen kleinen Aufsatz drauf, und saug die Fensterbänke, die Lampen und die Fußleisten ab.
5. Fürs Wischen von Holzböden verwende Wasser ohne Putzmittel. (Wichtig!)
6. Wische jedes Zimmer Richtung Tür, arbeite dich also vom Fenster rückwärts zur Tür vor. Lauf nicht über den Boden, solange er nass ist – dann hinterlässt du Spuren, vor allem, wenn du barfuß läufst.
7. Reinige deine Putz-Utensilien, wenn du fertig bist. (Entferne Haare und Ähnliches aus dem Besen, leere den Staubsaugerbehälter, wasch den Putzlappen/Mopp aus.)

Die Expertin:

Donna Smallin Kuper ist zertifizierte Putz- und Aufräum-Expertin sowie Autorin.

Warum:

Bevor du aufwischst, solltest du so viel Schmutz wie möglich entfernt haben, sonst schiebst du bloß Dreck hin und her. Und ja, auf Holzboden brauchst du wirklich nur Wasser. Was für eine Erleichterung, oder?! Und gut für die Umwelt. Auch die Hersteller von Holzfußböden empfehlen Wasser als einziges Reinigungsmittel, und ihre Garantien gelten nur, wenn du dich daran hältst. Kauf dir einen Mopp und zwei Mikrofaser-Aufsätze, damit du immer einen sauberen griffbereit hast. Dann einfach Wasser drauf – und los.

BONUS

Zuerst Staub wischen, dann Staub saugen. Weil: Schwerkraft. Aus demselben Grund solltest du beim Staubwischen von oben nach unten arbeiten. Alles, was du brauchst, sind ein Mikrofaser-Tuch und Wasser – das du am besten einsatzbereit in einer Sprühflasche aufbewahrst, anstatt dein Tuch unterm Wasserhahn nass zu machen. (Dann wird es zu feucht, um richtig damit zu arbeiten.) Denk daran, dass du den Staub *aufsammelst*, nicht wegwischst. Arbeite langsam und ordentlich. Und vergiss nicht die Stellen, die man immer vergisst – zum Beispiel die Oberseite der Dunstabzugshaube in der Küche. Und: Auf Küchenregalen kann sich ein öliger Staubfilm entwickeln, und den kannst du dann nicht mehr so einfach wegwischen. Wenn diese Stellen fester Bestandteil deiner Putz-Routine sind, ersparst du dir später viel Arbeit.

Apropos Routine:

Du solltest eine haben! Je routinierter du bist, desto schneller und einfacher wird das Putzen. Es ist sinnvoll, dass du immer in derselben Reihenfolge putzt. Dabei ist es ganz egal, in welcher, Hauptsache, es passt für dich und du machst es immer gleich – dadurch wirst du auch effizienter. Und deine

Böden bleiben sauberer, wenn du jeden Tag schnell mal drüberwischst. Wie Donna so schön sagt: »Beim Putzen ist es einfacher, dranzubleiben, als hinterherzurennen.«

Apropos Mikrofaser:
Mikrofaser-Tücher sind aus ganz kleinen (deshalb heißen sie so!) synthetischen Fasern gemacht, die Dreck, Staub und sogar Bakterien ausgezeichnet binden. Sie sind saugkräftig und trocknen schnell; du kannst mit ihnen und ein bisschen Wasser eigentlich alle Oberflächen sauber kriegen. Um sie gut zu pflegen, wasch alle deine Tücher zusammen (ohne andere Putzlappen oder Handtücher) – warm, mit wenig Waschmittel und ohne Weichspüler –, und häng sie zum Trocknen auf, oder wirf sie bei niedriger Temperatur in den Trockner. Sie sollten fünfzig Waschgänge aushalten. (Wenn du sie nicht gut pflegst, verkleben die feinen Fasern, und dann funktionieren die Tücher nicht mehr richtig.)

Profi-Tipp: Beim Teppichsaugen gilt: Vorwärtsschieben = Positionieren. (Du bringst den Staubsauger hauptsächlich an die richtige Stelle.) Rückwärtsziehen = Reinigen. (Beim *Ziehen* wird hauptsächlich Schmutz aufgenommen. Also mach das langsam!)

Nach dem Kochen die Küche aufräumen

»Gewöhne dich dran, abends die Spüle immer ›Tabula rasa‹ zu hinterlassen. Also auf null, leer, sauber. Wenn du das Geschirr bis zum nächsten Tag einweichen lässt, machst du dir nur mehr Arbeit. Tu deinem zukünftigen Ich einen Gefallen – dein Morgen wird besser laufen.«

– Rachel Hoffman

1. Räum einen Bereich deiner Arbeitsfläche frei, um dort später die schmutzigen Teller abzustellen. (Wenn du schon während des Kochens aufgeräumt hast – ja, das kann man machen! –, kannst du dir diesen Schritt sparen.)
2. Stapele die Töpfe, Pfannen und andere große Dinge irgendwo, wo sie nicht im Weg stehen. (Auf dem Herd ist ein guter Platz). Falls etwas davon einweichen muss, füll warmes Wasser mit Spülmittel rein, und lass es auf dem (kalten) Herd stehen, während du die nächsten Schritte machst.
3. Verpacke alle Essensreste – MEHR DAZU AUF SEITE 188 –, und räum alles, was sonst noch in den Kühlschrank oder die Vorratskammer gehört, dorthin zurück. (Wisch, wenn nötig, alles mit einem feuchten Lappen ab; ich meine die Ketchup-Flasche.)
4. Leere das Spülbecken. Räum alles in die Spülmaschine, oder wasch es von Hand, und stell es zum Trocknen hin.
5. a) Wenn du jemand bist, der wissen will, welche Arbeit auf ihn zukommt: Räum den kompletten Tisch ab, und stapele alles auf die leere Arbeitsfläche aus Schritt 1.
   b) Wenn du jemand bist, der eher aufgibt, wenn die Aufgabe riesig ist: Räum den Tisch in mehreren Etappen ab: zuerst das Besteck, dann die Teller, dann die Tassen/Gläser – oder immer nur ein Set. Beende eine Etappe, bevor du die nächste beginnst!
6. Entferne alle Essensreste, spül alles einmal ab, und räum alles, was passt, in die Spülmaschine. ERFAHRE AUF SEITE 116, WIE MAN DAS AM BESTEN MACHT.
7. Spül die großen Töpfe und Pfannen aus Schritt 2 von Hand in der Spüle; einzeln, hintereinander.
8. Wisch alle Arbeitsflächen und den Tisch ab.
9. Reinige auch alle Küchengeräte, die schmutzig geworden sind, sowie eventuell den Griff vom Kühlschrank, und

check den Boden, ob Essen runtergefallen ist. Und dann: Tabula rasa!

Die Expertin:

Rachel Hoffman ist Reinigungsspezialistin und Erfinderin von Unfuck Your Habitat, einer Methode, mit der du deinen Haushalt organisatorisch in den Griff bekommst.

Warum:

Wenn es ums Aufräumen geht, brauchst du immer erst einmal Platz für das, was du vorhast, deshalb ist es so wichtig, im ersten Schritt einen Bereich deiner Arbeitsfläche freizuräumen. Außerdem ist es total motivierend, schon mal eine freie Fläche zu haben. (Ordnung erzeugt Ordnung.) Vermeide es, schmutzige Teller und Pfannen in die Spüle zu stellen, denn dann kannst du die Spüle nicht mehr nutzen. Es ist ziemlich schwierig und frustrierend, Teller vorzuspülen, wenn dir dabei Töpfe und Pfannen im Weg sind.

In welcher Reihenfolge du den Tisch abräumst, liegt ganz bei dir. Aber Vorsicht: Du solltest auf keinen Fall Teller mitsamt Essensresten aufeinanderstapeln, dann kleben die Kartoffeln vom unteren Teller am Boden des oberen Tellers, und du hast doppelt so viel Arbeit.

Und noch was: Wenn du Teller einweichst, ist das reines Aufschieben. Klar müssen sie einweichen, aber du weißt doch schon jetzt, dass du sie einfach in der Spüle stehen lassen wirst, oder etwa nicht? Vermeide das, indem du sie erst gar nicht in die Spüle stellst. (Du bist ja nicht gezwungen, sie ausgerechnet dort einzuweichen.) Und am Ende des Tages solltest du alles weggeräumt haben. Also mach deinem zukünftigen Ich nicht unnötige Arbeit. Trockne auch die Töpfe ab, und räum sie weg; erst dann ist die Küche fertig. Bonuspunkte bekommst du, wenn die Spülmaschine fertig ist und du sie ausräumen kannst, bevor du ins Bett gehst! **Wie das geht, erfährst du auf Seite 120.**

Apropos Aufräumen und Kinder:
Kinder bekommen immer genau mit, was man sagt, also achte darauf, dass du Aufgaben nicht so negativ erscheinen lässt – wenn du die Küche aufräumst, beklag dich dabei nicht, wie nervig das ist. Du musst auch nicht jedes Mal vor Freude hüpfen, wenn du die Spülmaschine einräumst, aber denk darüber nach, welche Botschaft du ihnen vermittelst, wenn du dich immer darüber beklagst. Du solltest ein gutes Vorbild sein, wenn es um Aufgaben im Haushalt geht. Nein, die machen nicht wirklich Spaß, aber sie gehören zum Leben dazu wie Zähne putzen. Und denk zweimal darüber nach, bevor du Aufräumen und andere Haushaltsaufgaben als Strafe verwendest: So entwickeln deine Kinder eine dauerhafte Abneigung gegen diese Dinge!

Die Dusche und/oder Badewanne putzen

1. Räum die Dusche komplett leer: alle Flaschen, Seifen, Schwämme.
2. Zieh den Vorhang zur Seite, am besten hängst du ihn oben über die Aufhängung.
3. Sprüh dein Putzmittel großzügig auf alle Wände, aber noch nicht auf den Boden/in die Wanne.
4. Lass das Putzmittel fünf Minuten einwirken.
5. Verwende die raue Seite eines Schwamms, um die Fliesen in der Dusche Stück für Stück zu schrubben. Starte

oben, und arbeite dich s-förmig nach unten vor, bis du alle Wände hattest. Noch nicht hinterherspülen!

6. Wiederhole die Schritte 3 bis 5 für die Wanne. (Achtung! Wenn deine Badewanne aus Acryl ist, verwende nur die weiche Seite des Schwamms – die raue Seite verkratzt sonst die Oberfläche.) Die Wanne kommt erst nach den Wänden dran, falls du in sie reinsteigen musst, um die Fliesen zu putzen. Wenn das nicht nötig ist, kannst du Fliesen und Wanne in einem Schritt putzen.
7. Stell das Wasser auf Heiß, und brause mit dem Duschkopf die Wände ab, wieder in S-Form. Wenn du keinen Duschschlauch hast, nimm eine Kanne/Flasche zum Abspülen der Wände.
8. Nimm einen Mikrofaser-Lappen (oder einen Abzieher, wenn du einen hast), und trockne die Wände, bis alles glänzt. Dann die Wanne. Vergiss nicht, die Armatur zu polieren!

Die Expertin:

Melissa Maker betreibt den YouTube-Kanal Clean My Space (mit mehr als 1,3 Millionen Abonnent*innen!) und ist Gründerin des gleichnamigen Haushaltsservices in ihrem Heimatland Kanada.

Warum:

Wenn du die Wand in deiner Dusche oder Badewanne putzt, musst du dich wirklich an die S-Form halten und der Versuchung widerstehen, in Kreisen zu wischen – das ist totale Zeitverschwendung. Du willst Seifenreste und anderen Schmutz weghaben, deshalb brauchst du ein qualitativ hochwertiges Produkt, das ist genauso wichtig wie die Einwirkzeit. Je länger du wartest, desto mehr Schmutz wird gelöst und desto leichter hast du es. Quäl dich nicht damit, ganz weit oben zu putzen. Orientiere dich einfach an der größten Person in deinem Haushalt, weiter oben landen sowieso keine Duschprodukte. Und wenn du eine Duschwand aus Glas hast, füll hundertprozentigen Essig in eine Sprühflasche, das ist der perfekte Reiniger. Wenn du die Badewanne putzt, leg dir ein gerolltes Handtuch unter die Knie, dann ist es bequemer. Und denk an die Badewannenwand, über die du dich lehnst – die vergisst man meistens.

BONUS

Säubere alle geraden Flächen mit Melissas S-Form. Fang in der oberen linken Ecke der gewünschten Fläche an, und arbeite dich, mit gleichmäßigem Druck, in die obere rechte Ecke vor. Dann rutsch runter und nach links, danach immer im Zickzack bis nach ganz unten. Das ist eine der effizientesten Putztechniken, die es gibt, und sie sollte die Kreis-Technik, die wir fast alle anwenden, ersetzen. (Denk mal drüber nach: Wenn du mit Kreisbewegungen putzt, schmierst du den Schmutz von den dreckigen Stellen auf die schon sauberen.)

Profi-Tipp: Den meisten Leuten ist nicht klar, wie unglaublich stark Putzmittel sind, aber eben nur dann, wenn wir sie richtig anwenden. Doch das machen viele nicht und denken dann, die Putzmittel seien nicht gut. Putzmittel müssen sorgfältig aufgetragen werden und ausreichend lange einwirken, etwa drei bis fünf Minuten, nur dann können sie ihre volle Wirkkraft entwickeln.

Die Toilette putzen (in drei Minuten!)

»Keine Angst vor solchen Arbeiten – so bleibst du bescheiden und wirst einen sauberen Raum immer zu schätzen wissen.«

– Melissa Maker

1. Besprüh die gesamte Toilette von oben bis unten mit einem Allzweckreiniger. Vergiss nicht die Außenseite und die Bodenfliesen rund um die Toilette, vor allem dann, wenn Männer zu deinem Haushalt gehören. (Männer, ihr wisst, was ihr getan habt!)
2. Schütte Toilettenreiniger unten in die Toilette, und lass ihn ein paar Minuten einwirken.
3. Wisch den Deckel des Spülkastens, die Taste und den Kasten selbst in dieser Reihenfolge s-förmig ab. Verwende dazu ein Papiertuch, das du danach wegschmeißt.
4. Putz den Klodeckel, dann klapp ihn auf, und putz die Innenseite.
5. Knüll das Papier zusammen, sodass du damit gut um die hinteren Scharniere putzen kannst, dann wirf es weg.
6. Nimm ein neues Papiertuch, putz damit die Oberseite des Toilettensitzes, dann die Unterseite, lass den Ring dabei hochgeklappt. (Papier wieder wegschmeißen.)
7. Mit dem nächsten Tuch reinigst du den oberen Toilettenrand und dann die komplette Außenseite, den Sockel der Toilette und die Bodenfliesen außen herum; dann weg damit.
8. Schnapp dir die Klobürste, und putz damit unter dem Rand (nicht zu heftig, sonst spritzt du dich vielleicht voll) einmal rundherum. Dann dreh mit der Bürste Runden,

arbeite von oben nach unten, bis zum Wasser ganz unten. Drück die Bürste dort ein paar Mal hoch und runter.

9. Drück die Spültaste, sodass die Klobürste mit sauberem Wasser durchgespült wird.
10. Halt die Klobürste so in die Toilette, dass der Toilettendeckel beim Runterklappen den Stiel einklemmt und der Bürstenkopf in der Mitte hängt. Lass die Bürste zum Trocknen so hängen.

Die Expertin:

Melissa Maker betreibt den YouTube-Kanal Clean My Space (mit mehr als 1,3 Millionen Abonnent*innen!) und ist Gründerin des gleichnamigen Haushaltsservices in ihrem Heimatland Kanada.

Warum:

Sei immer großzügig mit dem Putzmittel, dann hast du weniger Arbeit. Wahrscheinlich ist dir schon aufgefallen, dass Toilettenreiniger einen angewinkelten Hals haben – damit kommst du leichter unter den Rand. (Dreh mit dem Putzmittel eine langsame Runde unterhalb des Rands, und verteil das Putzmittel gleichmäßig.)

Wenn du die Toilette putzt, sind Papiertücher besser als waschbare aus Stoff, denn … na ja, es ist ja eine Toilette. (Vielleicht willst du auch Gummihandschuhe tragen, deine Entscheidung.) Arbeite von oben nach unten, und wechsle das Papiertuch, sobald es zu nass ist. (Normalerweise brauchst du vier Stück pro Toilette.) Wirf sie in den Badezimmer-Mülleimer, und leer ihn aus, wenn du fertig bist.

Schritt 10 ist auch total wichtig, denn sonst gammelt die Bürste feucht in ihrer Halterung vor sich hin, oder du musst sie tropfnass irgendwo ablegen. Die Klobürste solltest du immer mal wieder reinigen, indem du sie für dreißig Minuten in einem Eimer mit warmem Wasser und einem Löffel Bleichmittel einweichst. Dann gut ausspülen und über dem Klo trocknen lassen.

Kapitel

8

Handwerkliches Geschick

Ein Bild aufhängen

1. Schau auf die Rückseite des Bildes, ob es irgendeine Vorrichtung zum Aufhängen gibt. (Meistens ist sie direkt am Bild, oder sie befindet sich in einer Tüte mit der Gebrauchsanweisung.)
2. Wenn es nichts zum Aufhängen gibt, kauf dir im Baumarkt einen dünnen Draht, und befestige ihn an der Rückseite des Bildes.
3. Miss Höhe und Breite des Bildes (mit einem Maßband oder Zollstock), dann klebe diese Maße mit Krepp-Klebeband an die Stelle, wo das Bild hinsoll, an die Wand.
4. Geh einen Schritt zurück, lauf im Zimmer auf und ab und überprüfe, ob dir das Bild dort gefallen wird. Kunst sollte auf Augenhöhe hängen (durchschnittlich großer Mensch); die meisten Leute hängen ihre Bilder zu hoch.
5. Wenn du ein Bild über dein Sofa hängst, sollte es fünfzehn bis zwanzig Zentimeter Abstand zum höchsten Punkt des Sofas haben. Achte darauf, dass dein Bild sich gut in sein Umfeld – Möbel und andere Bilder – einfügt; es soll nicht frei im Raum schweben.

6. Entscheide dich für eine Aufhängmethode, die zum Gewicht des Bildes passt. Kleine Bilder kannst du an einen einfachen Nagel oder an eine Schraube hängen, für alles Schwerere benötigst du Dübel (und lässt es besser jemanden machen, der sich damit auskennt).
7. Nimm ein Maßband, um den Abstand zwischen dem oberen Bildrand und der Aufhängung auf der Rückseite des Bildes zu messen.
8. Übertrage diesen Abstand auf die Wand, indem du von der oberen Kreppband-Linie nach unten misst. Mach dort ein kleines Kreuz.
9. Schlag an dieser Stelle den Nagel in die Wand. (Oder befestige eine andere passende Aufhängung.)
10. Wenn du eine Wasserwaage besitzt, verwende sie, um das Bild gerade auszurichten. Sonst geh einen großen Schritt zurück, und miss mit Augenmaß.
11. Verrate deinen Freunden nicht, dass du das Bild allein aufgehängt hast – sonst musst du ihnen jedes Mal beim Bildaufhängen helfen!

Die Expertin:

Jasmine Roth ist Moderatorin der amerikanischen Reality-TV-Show *Wohnraum nach Maß* des Senders HGTV, dessen *Rock the Block – Die Umbau-Challenge* sie mehrfach gewonnen hat. Für *Wohnraum nach Maß* verwandelt sie Standard-Fertighäuser in individuelle Wohnträume.

Warum:

Das Handwerker-Sprichwort »Lieber zweimal messen und dafür nur einmal schneiden« gilt auch fürs Bilderaufhängen. Je besser du vorbereitest bist, desto leichter geht es. Lass dir Zeit, miss alles genau aus, denk darüber nach, wo das Bild hinsoll, und *erst dann* mach ein Loch in die Wand. (Wenn du's versaust, auch kein Problem. **Erfahre auf Seite 157, wie du Löcher in der Wand reparierst.**)

Schritt 3 ist total wichtig, nur so kannst du ausprobieren, wo dein Bild hängen soll. Solltest du kein Kreppband haben – obwohl Jasmine davon überzeugt ist, dass es das in jedem Haushalt gibt –, kannst du auch mit einem Faden oder Schnürsenkel arbeiten. Draht zum Aufhängen zu verwenden ist ein super Trick, denn den kannst du im Nachhinein noch kürzen und anpassen. (Das heißt, du musst nicht millimetergenau arbeiten.)

Apropos Foto-Collagen:

Collagen sehen umso besser aus, je größer sie sind, und dasselbe gilt eigentlich für alle Bilder. Je kleiner deine Bilderrahmen sind, desto vollgestopfter fühlen sich deine Räume an. Das bedeutet nicht, dass du überhaupt keine einzelnen, kleinen Fotos aufhängen darfst, aber sieben große Fotos sehen einfach besser aus als eine Collage aus fünfzehn kleinen Bildern. (Ja, du solltest bei Foto-Collagen immer eine ungerade Anzahl an Bildern verwenden.) Und nutze auf jeden Fall den Klebeband-Trick, um herauszufinden, wo du deine Bilder hinhängen willst und wo sie am besten wirken.

BONUS

Jasmines Regel für Kunst an der Wand: In jedem Raum, sogar im Badezimmer, sollten persönliche Bilder hängen, natürlich gerahmt. Es müssen keine professionellen Fotos sein. Du kannst auch Selfies, Schnappschüsse oder Bilder von deinem Hund mit heraushängender Zunge rahmen lassen – eigentlich alles, was dich glücklich macht. Lustige »Oh mein Gott, weißt du noch, wo wir das aufgenommen haben?«-Fotos sind meistens viel persönlicher als professionelle und gestellte Bilder.

Ein kleines Loch in der Wand zuspachteln

1. Kauf dir eine Tube Spachtelmasse, einen Spachtel und einen Schleifblock/Schmirgelpapier. (Gibt es in jedem Baumarkt.)
2. Gib etwas Spachtelmasse auf deinen Spachtel, und streich ihn so über das Loch, als würdest du ein Brot schmieren. Streiche aus unterschiedlichen Richtungen, damit du alle Ecken erwischst.
3. Kontrolliere, ob das Loch komplett gefüllt ist, und kratze die überflüssige Spachtelmasse mit deinem Spachtel von der Wand. (Halte ihn etwa in einem 45-Grad-Winkel.)
4. Lass die Spachtelmasse trocknen – das kann bis zu zwölf Stunden dauern, je nach Größe des Loches und der Höhe der Luftfeuchtigkeit. Lies die Gebrauchsanweisung, jede Spachtelmasse ist anders.
5. Schmirgel vorsichtig mit feinem Schleifpapier über das Loch und die unmittelbar drum herum liegende Wand, und begradige alle Unebenheiten. (Die Wand sollte sich glatt anfühlen.)
6. Wisch mit einem feuchten Tuch über die Wand, um den Schleifstaub zu entfernen.
7. Wiederhole diese Schritte, falls notwendig. (Fahr mit der Hand über die Stelle. Wenn du merkst, dass die Spachtelmasse sich in eine Delle zurückgezogen hat, leg noch mal nach).

Die Expertin:

Jasmine Roth ist Moderatorin der amerikanischen Reality-TV-Show *Wohnraum nach Maß* des Senders HGTV, dessen *Rock the Block – Die Umbau-Challenge* sie mehrfach gewonnen hat. Für *Wohnraum nach Maß* verwandelt sie Standard-Fertighäuser in individuelle Wohnträume.

Warum:

Wenn du kleine Löcher in der Wand alleine reparieren kannst, wirst du weniger ängstlich sein, wenn du das nächste Mal ein Bild aufhängst – denn dann ist es auf einmal nicht mehr schlimm, wenn du es versaust! Größere Löcher (wie das, das mein Schwager mit seinem Hintern in unserer Kellerwand hinterlassen hat, als er Thanksgiving einen Tischtennisball unbedingt erwischen wollte) erfordern eventuell einen Unterbau, und du überlässt sie besser den Profis. (Das ist in meinem Fall mein Dad.) Auch Maler können Löcher in der Wand reparieren, du musst also nicht einen extra Handwerker beauftragen. Kleine Löcher, die durch Nägel oder Schrauben entstanden sind, bekommst du alleine hin! Nimm nicht zu viel Spachtelmasse. (Sie sollte nur im Loch, nicht überall auf der Wand landen.) Und vergiss nicht, den Staub wegzuwischen, bevor du die Wand streichst.

Profi-Tipp: Wenn du keinen Spachtel zur Hand hast und wirklich in einer Notsituation bist (Wohnungsübergabe!), kannst du weiße Zahnpasta nehmen. Mach einfach einen Klecks auf deine Fingerspitze und arbeite den ein. Glätten, trocknen lassen, fertig. Wenn deine Wand nicht weiß, sondern farbig ist, tupfe etwas von der Wandfarbe auf die Stelle, sobald die Zahnpasta trocken ist, eigentlich genauso, wie du Concealer auftragen würdest.

Eine Pflanze kaufen (die am Leben bleibt)

»Menschen werden nicht mit einem grünen oder braunen Daumen geboren; die mit grünem Daumen haben sich bloß dafür entschieden, sich mit Pflanzen Mühe zu geben. Jeder Mensch kann einen grünen Daumen haben.«

– Hilton Carter

1. Verschaff dir einen Überblick über die Lichtqualität in deiner Wohnung – wo kommt das Licht her, welche Räume sind am hellsten, wie groß sind die Fenster? Finde auch heraus, in welche Himmelsrichtung deine Fenster gehen. (Kein Problem, wenn du dafür eine Kompass-App brauchst.)
2. Denk darüber nach, wie du so bist. Hast du genug Zeit und vor allem Lust, um dich richtig in die spezifischen Bedürfnisse von Pflanzen einzuarbeiten? Sei ehrlich zu dir.
3. Schreib ein paar Sätze über deine Wohnung auf (»Ich wohne in einer Berliner Altbauwohnung mit Fenstern Richtung Westen, aber direkt gegenüber steht ein großes Haus«, »Mein Haus hat große Fenster Richtung Süden, aber im Garten stehen hohe Bäume«).
4. Geh mit deinen Notizen in den Blumenladen/die Pflanzenabteilung des Baumarkts, und frag dort, welche Pflanze sie dir für genau deine Wohnung empfehlen. Falls du Haustiere hast, sag das auf jeden Fall – einige Pflanzen sind giftig für unsere haarigen Freunde.
5. Frag nach, welche Pflege die Pflanze braucht (zum Beispiel wie häufig sie gegossen werden muss, wie viel Wasser sie braucht, wie viel Sonne), und *hör genau zu.* Oder, noch besser, schreib es dir auf.

6. Topf bitte die Pflanze zu Hause nicht sofort um! Stell sie zum Akklimatisieren an den Ort, an dem sie stehen soll. Eventuell verliert sie ein paar Blätter – einige ältere Blätter in Bodennähe werden vielleicht gelb oder braun und fallen ab –, aber das ist normal, keine Panik. Du solltest die Pflanze erst dann umtopfen, wenn ihre Wurzeln durch die kleinen Drainage-Löcher im Plastiktopf wachsen.
7. Überprüfe, ob die Pflanze Wasser braucht. Die meisten Pflanzen müssen erst gegossen werden, wenn die oberen zwei Zentimeter Erde trocken sind. Also bohr mit deinem Zeigefinger zwei Zentimeter tief in die Erde – wenn er trocken bleibt, musst du gießen.
8. Gieße vorsichtig und gezielt. (Kipp nicht einfach dein halbvolles Wasserglas im Vorbeigehen über die Pflanze, hoppla!) Verwende lauwarmes Wasser (kaltes Wasser ist ein Schock für die Wurzeln), und gieße langsam, sodass das Wasser einsickern kann. Hör auf, wenn Wasser aus den Drainage-Löchern läuft.
9. Sammle das überschüssige Wasser im Topfuntersetzer, den du nach fünfzehn bis zwanzig Minuten leerst. Wenn du eine große Pflanze hast, die du nur schwer heben kannst, wisch das Wasser mit einem Handtuch auf. Geh auf Nummer sicher: Es sollte kein Wasser stehen bleiben, sonst vergammeln die Wurzeln und sterben ab.
10. Wisch alle drei Wochen die Blätter mit einem feuchten Tuch ab. (Wenn die Blattoberfläche staub- und schädlingsfrei ist, kann das Blatt die Sonne besser aufnehmen.)

Der Experte:

Hilton Carter betreibt den Lifestyle-Blog »The Plant Doctor« und ist Autor des Buches *Wild At Home: Eine Anleitung für glückliche Zimmerpflanzen*. In seiner Wohnung in Baltimore hat er mehr als zweihundert Pflanzen.

Warum:

Du kannst nicht einfach sagen: »Ich hab da eine leere Zimmerecke, in der irgendwas Grünes stehen soll«, und du solltest auch nicht einfach irgendeine Pflanze kaufen, nur weil alle auf Instagram sie haben – ja, ich meine dich, Geigen-Feige! Du solltest dich und deine Räume kennen und bei der Planung berücksichtigen. Einige Pflanzen vertragen nur indirektes Licht, andere brauchen direkte Sonneneinstrahlung. Das gilt es zu beachten. Der Akklimatisierungsschritt ist besonders wichtig, denn schließlich muss sich die Pflanze erst an ihr neues Leben mit weniger Licht, Fürsorge und Liebe, als ihr die Pflanzenprofis im Gewächshaus geschenkt haben, gewöhnen. (Sorry, nicht böse gemeint!) Und sei wirklich vorsichtig beim Gießen. Eine der häufigsten Todesursachen für Pflanzen ist Helikopter-Parenting durch zu viel gießen. (Meistens kommen gelbe Blätter von zu viel gießen, braune Spitzen von zu wenig.) Wenn es draußen kälter wird, schau nach, ob es in der Nähe deiner Fenster zieht. Wenn ja, rück die Pflanzen weiter in den Raum.

BONUS

Gib der Pflanze einen Namen. Albern? Vielleicht. Aber es hilft dir dabei, dich darauf einzustellen, wie viel Pflege du als Pflanzenbesitzer aufbringen musst. Eine Aster, die du vernachlässigt hast, wegzuschmeißen, fühlt sich vielleicht okay an, aber Bob in den Müll zu hauen?! Du Monster! Sprich mit deinen Pflanzen (»Hey, Bob, wie geht's dir heute?«), und verbring Zeit mit ihnen. Wenn du ein Kind bekommst oder dir ein Haustier zulegst, kaufst du ja auch Ratgeber, belegst Kurse und bereitest dich vor, damit diese Wesen es bestmöglich bei dir haben. Dasselbe gilt für Pflanzen – auch sie sind Lebewesen und nicht bloß Deko.

Apropos Orchideen:

Die Leute denken immer, dass sie ihre Orchideen umgebracht haben, wenn die Blüte abstirbt. Das ist aber bloß die Blüte, nicht die ganze Pflanze. Schmeiß die Orchidee nicht weg – sie wird mit ein bisschen Liebe und Pflege wieder blühen!

BONUS

Bereit fürs Umtopfen?

1. Such dir einen Topf, der im Durchmesser fünf Zentimeter größer ist als das aktuelle Zuhause deiner Pflanze.
2. Füll den Topf zu einem Drittel mit neuer Pflanzerde.
3. Halte den alten Topf über den neuen, und nimm die Pflanze vorsichtig raus. Lass dabei die alte Erde in den neuen Topf fallen. (Wenn deine Pflanze noch in dem schäbigen Plastiktopf steckt, in dem du sie gekauft hast, drück ihn vorher vorsichtig zusammen, damit die Erde sich lockert.)
4. Fächere vorsichtig mit deinen Händen die Wurzeln deiner Pflanze auf, und lockere die alte Erde, dann setz sie in den neuen Topf.
5. Befüll den Rest des Topfes mit neuer Erde, und drück sie etwas fest. Lass einen Rand von etwa 2,5 Zentimetern frei, damit beim Gießen nicht immer das Wasser überläuft. (Sorg dafür, dass du die richtige Erde für deine Pflanze hast; vor allem Sukkulenten brauchen Spezialerde.) Und gieß nur dann, wenn die Pflanze auch Wasser braucht!

Ein gepflegter Rasen

»Dein Rasen ist der einzige lebendige Teil deines Grundbesitzes, deshalb solltest du ihn anders behandeln als die anderen lästigen Haushaltsaufgaben.«

– Allyn Hane

1. Mähe den Rasen regelmäßig mindestens einmal die Woche – wenn es häufig regnet, auch zweimal. Beim Mähen solltest du nie mehr als ein Drittel der Grashöhe abschneiden müssen.
2. Sorge dafür, dass die Rasenmäherklinge scharf ist, damit der Schnitt sauber ist. (Wenn die Grashalmspitzen zerquetscht werden, können Schädlinge eindringen – wie bei einer offenen Wunde.)
3. Lass das abgeschnittene Gras auf dem Rasen liegen. Wenn du einen guten Rasenmäher hast und häufig mähst – und das abgeschnittene Gras nicht verklumpt –, lass es auf dem Rasen (oder verteile es wieder dort), denn es enthält Nährstoffe und ist ein umweltfreundlicher Dünger.
4. Reche heruntergefallenes Laub zusammen. Wenn zu viel Laub auf dem Rasen liegt, bekommt er nicht genug Sonne. Wenn's nur wenig ist, kannst du drübermähen und den Rasen damit mulchen.
5. Gieß deinen Rasen (frühmorgens). Die Faustregel ist: Rasenflächen brauchen pro Woche 2,5 Zentimeter Wasser, je nach Rasensorte etwas mehr oder weniger.
6. Dünge deinen Rasen alle vier bis sechs Wochen; den Dünger bekommst du im Gartencenter oder Baumarkt. Frag nach natürlichem Dünger, der zu deiner Bodensorte passt.

7. Im Frühjahr solltest du Unkrautschutz auf deinem Rasen verteilen.
8. Wahrscheinlich hast du dennoch Unkraut. (Nicht jedes Unkraut lässt sich vermeiden, Gänseblümchen zum Beispiel nicht – also rupf sie aus, sobald sie da sind.)

Der Experte:

Allyn Hane ist Experte für Vorgärten und Rasen und nennt sich auf YouTube »The Lawn Care Nut«. In seiner wöchentlichen Show gibt er DIY-Tipps, wie man den schönsten, grünsten und dichtesten Rasen in der ganzen Nachbarschaft bekommt.

Warum:

Das Beste, was du für deinen Rasen tun kannst, ist, ihn richtig zu mähen. Wenn du das falsch machst, wirst du immer mit deiner Grünfläche kämpfen. Stell dir die Grashalme als Satellitenschüsseln vor, die permanent die Signale der Sonne empfangen. Du willst sie im Griff behalten (also nicht zu lang werden lassen), ohne sie zu kurz zu trimmen – deshalb die Ein-Drittel-Regel, bei der genug Gras für die Fotosynthese stehen bleibt. Früher hat man gedacht, dass man einmal im Frühjahr und einmal im Herbst düngen sollte, und zwar möglichst viel und mit synthetischem Dünger. Nach heutigem Wissensstand solltest du lieber regelmäßig kleine Mengen Bio-Dünger einsetzen. (Manchmal geht es deinem Rasen schlecht, er ist dünn und trocken, dann ist es auch in Ordnung, beherzt zu düngen.)

Es gibt zwei Wege, um Unkraut zu bekämpfen: (1) Verhindere, dass überhaupt welches auftaucht; Fingerhirse fängt an zu wachsen, wenn sich der Boden im Frühjahr auf 12 oder mehr erwärmt, also solltest du den Unkrautvernichter vorher ausgebracht haben. (2) Bekämpfe damit punktgenau alle Gänseblümchen, Klee und anderes Unkraut, das anfängt zu wachsen, sobald es wärmer wird, indem du nur die befallenen Stellen behandelst.

Apropos gießen:

Wenn du vormittags gießt, wird die Sonne, sobald sie scheint, alles Wasser wegtrocknen. Wenn du abends gießt, vor allem in der feuchten Jahreszeit, bleibt das Wasser über Nacht auf dem Rasen stehen, und er kann Krankheiten entwickeln. (Trotzdem ist es besser, abends zu gießen als überhaupt nicht.) Um herauszufinden, wie viel 2,5 Zentimeter Wasser sind, mach den Thunfischdosen-Test: Stell ein oder zwei leere Thunfischdosen in deinem Garten auf, mach den Rasensprenger an, und stell dir einen Timer. Wenn die Dosen voll sind, schau auf den Timer – *genauso lang* solltest du den Sprinkler pro Woche laufen lassen. Teile die Beregnungsdauer auf zwei Tage auf, also zum Beispiel Mittwoch und Sonntag. Wenn du jeden Tag wässerst, wachsen die Graswurzeln nicht in die Tiefe. Und du willst, dass sie richtig tief in den Boden wachsen, denn dort ist es kühler, das hilft dem Gras beim Wachsen. Einzige Ausnahme: Wenn du neuen Rasen säst, solltest du ihn ungefähr drei Wochen lang jeden Tag wässern.

Den Garten gießen

1. Check den Wetterbericht: In den nächsten zwölf bis vierundzwanzig Stunden sollte es nicht regnen.
2. Wenn kein Regen kommt, geh morgens zwischen 7.30 Uhr und 8.00 Uhr in den Garten.
3. Steck den Schlauch an den Hahn, dreh das Wasser auf,

und zieh den Schlauch dorthin, wo du gießen willst (möglichst ohne auf dem Weg irgendwelche Pflanzen zu zerquetschen).

4. Stell die Brause auf die »Regen«-Funktion (nicht den Strahl!), und gieß jede Pflanze ausgiebig.
5. Lass dir bei frisch gepflanzten Pflanzen besonders viel Zeit. (Neue Pflanzen solltest du fünfmal die Woche gießen, während mehrjährige Sträucher und Bäume, je nach Klima, nur etwa dreimal die Woche Wasser brauchen.)
6. Verteile das Wasser vom Stamm der Pflanze beziehungsweise des Baumes nach außen hin bis zum »Tropfen-Kreis«. (Also so weit, wie die Zweige reichen, und somit bis dorthin, wo der Regen, der von oben auf die längsten Zweige der Pflanze trifft, heruntertropft.)

Der Experte:

Chris Lambton ist der Moderator des amerikanischen Fernsehsenders DIY Network und moderiert die Shows *Lawn and Order* und *Yard Crashers*. Er lebt mit seiner Frau Peyton und ihren gemeinsamen Kindern, Lyla und Hayes, auf Cape Cop und leitet dort einen Familienbetrieb für Landschaftspflege.

Warum:

Ein Tag, an dem es richtig gut regnet, bringt genauso viel, als wenn du (oder dein Bewässerungssystem) drei- oder viermal gießt. Also leg den Schlauch weg, wenn Regen kommen soll, und stell alle deine Pflanzenkübel, die sonst unterm Dach stehen, raus in den Regen. Je nachdem, welche Pflanzen du hast, musst du dann die nächsten Tage überhaupt nicht gießen. Wenn du gießt, solltest du es tun, bevor die Pflanzen und der Boden von der Sonne aufgewärmt sind. Wenn du bis, sagen wir mal, vierzehn Uhr damit wartest, wird das Wasser verdunsten, bevor die Pflanzen etwas davon haben – und beim Verdunsten verbrennt es auch noch die Blumen. Und wenn du abends gießt, bleibt dein Garten feucht und entwickelt eventuell Wurzelfäule. (Der optimale Zeitpunkt zum Gießen ist 5.30 Uhr morgens. Programmiere dein Bewässerungssystem entsprechend.) Und versuch nicht krampfhaft, deine Pflanzen direkt am Stamm zu gießen – die Wurzeln einer Pflanze reichen in der Regel genauso weit wie die Blätter, deshalb kannst du den gesamten »Tropfen-Kreis« wässern.

Profi-Tipp: Wenn du kein wirklicher Fan vom Gießen bist (und keinen grünen Daumen hast), solltest du bei heimischen Pflanzen bleiben. Sie brauchen nicht so häufig Wasser, weil sie an die lokalen Temperaturen, den Boden und die Regenmenge gewöhnt sind. (Fachleute können dir sagen, was heimische Pflanzen an deinem Wohnort sind.)

BONUS

Wenn du wegfährst und dich um deine Topfpflanzen sorgst (die vertrocknen schneller), probier diesen Hack aus: Füll eine leere Weinflasche mit Wasser, und steck sie kopfüber in deinen Topf. Das Wasser wird nach und nach langsam in die Erde sickern. Du kannst auch den Boden einer Plastikflasche durchlöchern und die Flasche dann so im Blumentopf vergraben, dass nur noch der Flaschenhals rausschaut; dann füllst du Wasser rein. Es kommt natürlich auf die Größe deiner Pflanze an, aber beide Varianten versorgen sie etwa zwei Wochen lang ausreichend mit Wasser.

Unkraut im Blumenbeet vermeiden (und bekämpfen)

1. Verteile, direkt nachdem du deine Blumen und Sträucher gepflanzt hast, eine zehn bis fünfzehn Zentimeter hohe Mulch-Schicht in deinem Blumenbeet. Blumenzwiebeln kannst du ruhig bedecken, das schützt sie im Winter und düngt sie außerdem, wenn der Mulch zerfällt.
2. Wenn Unkraut – zwangsläufig! – auftaucht, warte, bis es regnet, und jäte es am Tag *nach* dem Regen.
3. Schnapp dir einen Eimer oder einen leeren Plastiktopf (heb dafür ein paar von den Töpfen auf, in denen du die Pflanzen gekauft hast) und eine kleine, spitz zulaufende Handschaufel.
4. Entscheide dich für eine maximal fünf Quadratmeter große Fläche, und konzentrier dich nur auf diese Fläche. (Motiviere dich, indem du zum Beispiel sagst: »Von den Rosen hier bis zum Rhododendron da drüben.«)
5. Jäte das Unkraut samt Wurzeln. Verwende dafür, wenn nötig, dein Werkzeug. Wirf das Unkraut in den Eimer. (Erledige einen Anruf, oder höre einen Podcast, während du jätest.)
6. Wenn deine Fläche komplett unkrautfrei ist, geh einen Schritt zurück und bewundere dein Werk. Dann such dir die nächsten fünf Quadratmeter, oder mach Schluss für heute, und komm morgen wieder.

Der Experte:

Chris Lambton ist der Moderator des amerikanischen Fernsehsenders DIY Network und moderiert die Shows *Lawn and Order* und *Yard Crashers*. Er lebt mit seiner Frau Peyton und ihren gemeinsamen Kindern, Lyla und Hayes, auf Cape Cop und leitet dort einen Familienbetrieb für Landschaftspflege, den er nach seinem Vater benannt hat. Von ihm haben Chris und seine Geschwister immer fünfundzwanzig Cent für jedes Gänseblümchen bekommen, das sie – mithilfe eines Steakmessers, damit auch die Wurzeln weg sind – aus dem Rasen entfernt haben.

Warum:

Das Beste, was du für deinen Garten tun kannst, ist, ihn zu mulchen. (Lass dir von einer Gärtnerei größere Mengen liefern, das ist günstiger als mehrere kleine Säcke.) Wenn Mulch sich zersetzt, wird Kompost daraus, der dann Wärme freisetzt, die verhindert, dass Unkraut wächst. Bleibt immer noch das Unkraut, das Eichhörnchen oder Vögel einschleppen, aber darum musst du dich dann halt kümmern. (Sonst klaut das Unkraut deinen schönen Pflanzen das Wasser und die Nährstoffe.) Regen macht den Boden weicher, dann kannst du das Unkraut leichter samt Wurzeln jäten – und die musst du erwischen, denn sonst ist eine Woche später das Unkraut wieder da. Aber fang nicht einfach irgendwo mit dem Unkrautjäten an. Du brauchst einen Plan. Wenn du dir immer nur eine fünf Quadratmeter große Fläche vornimmst, wirst du niemals angesichts der Gesamtgröße verzagen – und erfährst unmittelbare Befriedigung, wenn du den Unterschied siehst, den deine Arbeit macht. (Und das ist so inspirierend, dass du weitermachen wirst!) Mit dieser Methode bekommst du auch die Einfahrt in den Griff.

Profi-Tipp: Wenn du keine Handschuhe anziehen magst (Chris trägt nie welche; ohne Handschuhe ist alles einfacher), aber saubere Nägel behalten willst, schnapp dir ein Stück Seife und kratze mit den Fingernägeln drüber. Dann hast du Seife unter den Nägeln, und es bleibt kein Platz für den Dreck!

Feuer im Kamin machen

1. Öffne die Klappe des Rauchabzugs. (Der Rauchabzug ist das Rohr, das in den Schornstein geht. Die Klappe ist unten im Rohr; man kann sie öffnen oder schließen.)
2. Entsorg die Asche, falls ein Haufen davon unter dem Gitter liegt. Falls der Kamin kürzlich an war, wird die Asche noch heiß sein – berücksichtige das beim Entsorgen!
3. Knüll etwas Zeitungspapier oder anderes leicht brennbares Papier zusammen, und leg es auf das Gitter. (Einkaufstüten aus Papier sind super, und die Kaminwärme wird dein schlechtes Gewissen, dass du schon wieder die Stofftüten vergessen hattest, vertreiben.)
4. Leg eine Schicht Anzündholz auf das Papier. Anzündholz besteht aus kleinen Holzstücken, Ästen und Holzresten, falls du irgendwo Holz rumliegen hast. (Wichtig ist, dass es nicht imprägniert oder mit Bleifarbe behandelt ist.)
5. Schichte jetzt kleine Stücke Brennholz in unterschiedlichen Winkeln rund um das Papier, aber lass immer ein bisschen Platz zwischen den Scheiten.
6. Dann noch eine Runde mit größeren Scheiten; lass wieder Luft dazwischen.
7. Roll ein paar Seiten Zeitungspapier zusammen, und zünde ein Ende wie eine Fackel an. Halte das Papier für etwa dreißig Sekunden in den Schornstein, bis es anfängt zu qualmen.
8. Zünde mit einem Streichholz (oder mit deiner Zeitungspapierfackel, falls sie noch brennt) das Papier unter den Holzscheiten an.

Der Experte:

John Zammett ist mein Dad. Er macht seit fünfundsechzig Jahren sehr erfolgreich Feuer. Als ich ein Kind war, haben wir unser Feuerholz selbst gemacht, und es gibt wirklich kein Stück Holz, das er nicht zum Brennen bringen kann. (Und er wäre ziemlich schockiert, wenn er wüsste, wie viele Anzünder ich pro Winter verbrauche.)

Warum:

Den Rauchabzug zu öffnen ist der wichtigste Schritt. (Falls du es mal vergisst, verstehst du, warum.) Geh also immer sicher, dass du das gemacht hast. Bei einigen Klappen ist es wirklich schwer zu sagen, ob sie offen oder zu sind. Wenn du also zum ersten Mal Feuer in einem fremden Kamin machst, überspring auf keinen Fall Schritt 7. Und wenn es richtig kalt oder windig ist, mach den Rauchabzug erst kurz vor Schritt 7 auf. (Kalte Luft sinkt immer ab und kann den Rauch ins Haus drücken, sobald du das Feuer anzündest.) Unter dem Gitter sollte die Luft zirkulieren können – Feuer braucht Sauerstoff –, deshalb musst du die Aschebrocken entfernen, die das verhindern könnten. Wenn du deine selbst gebaute Fackel in den Schornstein hältst, wärmst du ihn damit auf, und er zieht Luft nach oben, sodass das Feuer gut mit Sauerstoff versorgt wird. (Außerdem kannst du so auch gut testen, ob der Rauchabzug offen ist!) Es gibt viele Arten, ein Feuer aufzubauen, aber mit dieser Methode können die kleinen Holzscheite zuerst anfangen zu brennen und befeuern dann die großen automatisch.

Profi-Tipp: Wenn du ein Fenster in der Nähe des Kamins öffnest, fängt dein Feuer schneller an zu brennen, weil es mehr Sauerstoff bekommt. Wenn dein Feuer sehr stark qualmt, brennt das Holz nicht richtig – je stärker es qualmt, desto weniger Holz brennt wirklich. (Soll heißen: Ein qualmendes Feuer ist ein schlechtes Feuer. Außerdem werden deine Haare, deine Kleidung und das ganze Haus tagelang nach Lagerfeuer riechen.)

Kapitel

9

Kochen leichter gemacht

Frisches Obst und Gemüse lagern und waschen

1. Wasch dein frisches Obst und Gemüse erst dann, wenn du es essen oder kochen willst.
2. Schütte Beeren (ungewaschen) in ein Glas, das du mit Küchenrolle ausgekleidet hast. (Achte darauf, dass du kein gebleichtes Papier verwendest!) Leg oben noch einmal Küchenrolle drauf, mach das Glas zu, und stell es in den Kühlschrank.
3. Lagere große Mengen Gemüse im untersten Fach deines Kühlschranks.
4. Leg Äpfel in den Kühlschrank. (Draußen bleiben sie nicht so knackig.)
5. Pack Pilze aus der Plastikverpackung raus, und lagere sie in Papiertüten im Kühlschrank.
6. Einige Gemüsesorten, wie zum Beispiel Zwiebeln, Knoblauch und Avocados, lagerst du besser auf Platten als in Schüsseln; Etageren eignen sich super dafür und sehen hübsch aus! (Wenn du zu viel Obst und Gemüse in einer großen Schüssel aufbewahrst, verlierst du schnell die Übersicht, und irgendwas vergammelt am Boden – oh, hallo, du verschrumpelte Zitrone!)

7. Sobald die Avocados weich werden, leg sie in den Kühlschrank. (Dann halten sie zwei bis drei Tage länger.)
8. Wasch dir die Hände, *bevor* du etwas isst oder zu kochen anfängst. *Dann* wasch dein Obst und Gemüse.
9. Besprüh dein Obst oder Gemüse mit einem Gemüsereiniger, oder mix deinen eigenen aus Essig und Wasser. (Verhältnis 1:3, gemischt in einer Sprühflasche, der perfekte DIY-Reiniger, um Pestizide zu entfernen.) Dann alles mit kaltem Wasser abspülen, Dreck mit der Hand oder einer Gemüsebürste entfernen.
10. Wasch Salat immer kalt, und verwende danach eine Salatschleuder, falls du eine hast. (Falls du eine Salatschleuder *und* Kinder hast, lass sie das machen. Sie werden es lieben.)

Die Expertin:

Catherine McCord ist Lebensmittelexpertin und Gründerin der Weelicious-Marke. Ihre Homepage widmet sich den Themen Ernährung und Familie, ebenso wie ihr zauberhafter Instagram-Auftritt.

Warum:

Sobald du vom Einkaufen zurück bist, solltest du die Waren auspacken. Weg mit dem Plastik, weg mit den Kartons! Wasch dein Obst und Gemüse aber erst dann, wenn du es auch verwenden willst – vor allem Beeren. (Und ganz besonders Himbeeren, die haben große Poren.) Beeren sind wie Schwämme, sie saugen jede Flüssigkeit, mit der sie in Kontakt kommen, auf und fangen, wenn du sie nass lagerst, schneller zu schimmeln an. (Tupf sie am besten mit einem Papiertuch ab.) Dasselbe gilt für Gemüse. Und lagere deine Einkäufe immer so, dass du sie gut sehen kannst – flache Schalen,

Glascontainer, durchsichtige, kompostierbare Plastiktüten … Damit erhöhst du die Wahrscheinlichkeit, dass du dein Obst und Gemüse auch wirklich isst, und darum geht es ja!

Profi-Tipp: Wenn frisches Obst oder Gemüse faule Stellen bekommt oder überreif ist, wirf es nicht einfach weg. Schneide die Stellen raus, mach aus dem Rest große Würfel, leg es auf Backpapier, und frier es über Nacht ein; dann pack die Stücke in eine Gefriertüte. So bleiben sie bis zu vier Monate lang frisch. (Mach Etiketten, auf denen steht, was du eingefroren hast und wann!)

Fleisch auftauen

1. Nimm das Fleisch an dem Tag, *bevor* du es verwenden willst, aus dem Gefrierschrank, und leg es im Kühlschrank auf einen Teller.
2. Oh, stopp, du hast das Rauslegen vergessen? Dann lass dein vakuumiertes Fleisch im Plastik, und leg es für ungefähr dreißig Minuten in eine große Schale mit lauwarmem Wasser. (Tausch das Wasser aus, falls es zu kalt wird.)
3. Steck das Fleisch auf keinen Fall in die Mikrowelle, auch nicht mit Auftau-Programm. Tu. Es. Nicht. (Fleisch ist normalerweise in Plastik verpackt. Wenn du das in die Mikrowelle tust, reagiert das Plastik mit dem Fleisch, und du isst es dann mit.)
4. Falls du ein ganzes Huhn machst, kannst du warmes Wasser drüberlaufen lassen, um das Auftauen zu beschleunigen.
5. Mach, sobald das Fleisch aufgetaut ist, einen Geruchs-Check. (Huhn riecht manchmal etwas nach Ei oder

Schwefel, aber das sollte beim Waschen weggehen. Wenn nicht, schmeiß das Huhn weg.)

6. Einmal aufgetautes Fleisch nicht wieder einfrieren, es sei denn, du hast es mit Brühe, Suppe oder Soße gut durchgekocht.

Die Expertin:

Anya Fernald ist Spezialistin für nachhaltige Ernährung, Metzgerin und Mitgründerin sowie Geschäftsführerin der Belcampo Meat Company, zu der eine Metzgerei sowie mehrere Bauernhöfe und Restaurants gehören. (Dort finden sogar Meat Camps statt!)

Warum:

Also gut, in einer idealen Welt planen wir alle unsere Mahlzeiten im Voraus und nehmen das Fleisch schon am Vorabend aus dem Gefrierschrank. Aber wie viele von uns denken wirklich jedes Mal daran? Im Notfall funktioniert der Lauwarmes-Wasser-Trick wirklich super. Dabei kann nichts schiefgehen, und er funktioniert für alle Fleischarten – auch bei einem Chili oder einer Bolognese. Du musst nur sichergehen, dass dein Fleisch luft- und wasserdicht verpackt ist, bevor du es ins Wasser legst. Und – das ist wichtig! – pack auf keinen Fall dein Hühnchen vor dem Waschen aus, denn dann saugt sich die Haut voller Wasser und wird labbrig.

Das Einfrieren und Auftauen kann dem Nährwert von Fleisch nichts anhaben. Und wenn du hochwertiges Fleisch vakuumierst und keinen Gefrierbrand hast, sollte auch der Geschmack tadellos sein. Anya hat bei Blindverkostungen von ihrem Fleisch – frisch vs. eingefroren und aufgetaut – keinen Unterschied rausschmecken können! Die Faustregel ist: Je qualitativ hochwertiger dein Ausgangsprodukt ist, desto besser wird es sich – in welcher Form auch immer – lagern lassen. Wenn du schlechtes, konventionelles Fleisch einfrierst, wird es durchs Einfrieren und Auftauen auch nicht besser. Hochwertiges Fleisch enthält weniger Wasser, sodass beim Einfrieren das Wasser nicht so große Eiskristalle bildet, die dann die Muskelfasern zerquetschen und das Fleisch matschig werden lassen. Das Label »freilaufend« ist ein gutes Zeichen für qualitativ hochwertiges Fleisch, ebenso wie jede Art von Bio-Siegel.

Profi-Tipp: Wenn du Fleisch einfrieren willst, funktioniert das am besten, wenn es vakuumiert ist. Das kann der Metzger im Laden für dich tun, oder du kaufst Fleisch, das bereits vakuumversiegelt ist. (Du solltest aber sichergehen, dass nicht zu viel Wasser im Beutel ist.) Die richtige Verpackung verhindert, dass sich Bakterien bilden oder das Fleisch trocken oder zu wässrig wird – denn dann entwickelt sich Gefrierbrand. Wenn du nicht die Möglichkeit hast, dein Fleisch zu vakuumieren, wickle es möglichst eng in Plastik ein (Frischhaltefolie oder ein wiederverschließbarer Beutel), und vermeide Luftblasen. Achte darauf, dass das Plastik direkt auf mageren Fleischstücken aufliegt. Bei Haut und Fett musst du nicht so ordentlich arbeiten – Fett entwickelt seltener Gefrierbrand.

Schreib auf deine Gefrierbeutel, was drin ist und wann du es eingefroren hast. Lagere keine Sorte Fleisch länger als ein Jahr lang im Gefrierfach.

Das Kochen gut vorbereiten

1. Geh gedanklich einmal durch dein Rezept. (Entweder lies es komplett, oder visualisiere die einzelnen Schritte, falls du sie auswendig kennst.)

2. Entspann dich: Trink ein Glas Wein oder eine Tasse Tee, mach deine Lieblingsmusik an, oder lass den Fernseher im Hintergrund laufen. Falls du für dein Gericht den Ofen vorheizen musst, stell ihn jetzt an.
3. Leg ein großes Schneidebrett neben den Herd. Wenn da kein Platz ist, leg es über die Spüle.
4. Stell eine leere Schüssel neben deinen Arbeitsbereich, und tu Abfälle direkt dorthinein. Die »Müll-Schüssel« ist ein wahrer Game-Changer!
5. Such alle Töpfe und Pfannen, die du brauchen wirst, raus, und stell sie griffbereit auf.
6. Hole alle Zutaten, und ordne sie in Reihenfolge der Kochschritte. (Schau dir noch mal Schritt 1 an, falls notwendig.)
7. Schneide das Gemüse, das am längsten kochen muss, zuerst; und arbeite dich dann entsprechend vor.
8. Während dein Gericht kocht, räum deinen Arbeitsbereich auf und leere deine Müll-Schüssel.

Die Expertin:

Rachel Ray ist Köchin, Autorin, Fernsehstar sowie Moderatorin der Talkshows *Rachael Ray* (ausgezeichnet mit einem Emmy) und *30 Minute Meals* auf Food Network.

Warum:

Während du kochst, willst du keine unangenehmen Überraschungen erleben, also solltest du erst einmal gedanklich durch das ganze Rezept gehen, damit du weißt, welche Zutaten und Küchengeräte du brauchen wirst und was am längsten gekocht werden muss. (Das verarbeitest du dann als Erstes.) Wichtig ist auch, dass du mental bereit bist zum Kochen, sonst wird die Mahlzeit nicht lecker werden, und du wirst so bald nicht wieder kochen wollen. Wenn du mehrere Gänge machen willst, leg dir erst einmal nur die Zutaten für einen Gang raus, sonst ist deine Arbeitsfläche zu voll, und du kommst vielleicht durcheinander. Stell alles in deine Nähe, auch den Mülleimer. Alles geht schneller und läuft runder, wenn du dir nicht selbst die doppelte Arbeit machst (zum Beispiel, indem du zehnmal zum Mülleimer rennst). Eigentlich solltest du dich kaum noch bewegen (zumindest deine Füße nicht), sobald du mit dem Kochen angefangen hast! Der Weg zum Glück beim Kochen ist, alles vorzubereiten – dein *Mise en Place* –, damit du später nicht mit schmutzigen Händen das Sieb raussuchen musst, während deine Zwiebeln anbrennen. (Kenne ich.) Zwischen jedem Gang solltest du aufräumen, damit dich das Chaos am Ende nicht überfordert. (Rachels Mann macht den Abwasch ... aber das würdest du auch für sie tun, wenn sie für dich kocht!)

BONUS

Gib etwas Öl/Butter/Fond in deine Antihaftpfanne, bevor du sie erhitzt. Wenn du leere Antihaftpfannen erwärmst, entwickeln sie giftige Dämpfe. (Bei Pfannen aus Edelstahl oder Gusseisen besteht das Problem nicht.)

Salat, der satt und glücklich macht

1. Such dir eine Edelstahlschüssel oder eine andere große Schüssel, die viel größer ist als die Salatmenge, die du machen willst.
2. Verwende mindestens zwei Salat- bzw. Gemüsesorten als Basis – klassischerweise einmal grüne Blätter (zum Beispiel Rucola), einmal festere, faserige Blätter (zum Bei-

spiel Kohl). Sie sollten gewaschen sein und trocken, dann ab damit in die Schüssel.

3. Zerkleinere dein weiteres Gemüse (Gurken, Möhren und Co.) auf unterschiedliche Weisen: raspeln, schneiden, würfeln, hacken. Dann kommt alles in die Schüssel.
4. Falls du Getreide dazugibst (Quinoa und Dinkel eignen sich super), lass es nach dem Kochen abkühlen, bevor du es in den Salat tust.
5. Ergänze Proteine (wenn der Salat ein Hauptgang sein soll): kleine Hähnchenfleischstücke, Bohnen, Falafel oder den Rest des Steaks.
6. Verwende am besten harten oder krümeligen Käse – Parmesan, Blauschimmel, Ziegenkäse und Feta eignen sich gut. (Geriebener Käse wird am Salat festkleben.)
7. Streu noch irgendetwas Knuspriges drüber – Nüsse, Samen oder Tortilla-Chips (intensiviere den Geschmack der Nüsse und Samen, indem du sie kurz anröstest) – und dann noch etwas Weiches und Süßes wie getrocknete Aprikosen, Cranberrys oder Kirschen.
8. Gib das Dressing erst auf den Salat, wenn du ihn gleich essen willst. Schütte es in der Schüssel in die Nähe des Randes. Drehe ein bis zwei Verteil-Runden für ein leichtes Dressing, drei bis vier Runden, wenn du viel Dressing willst.
9. Misch das Ganze mit einem Salatbesteck, indem du zuerst die unteren Blätter von innen nach oben holst und dann immer weiter unterhebst (so wie du Eischnee in einen Teig unterhebst). Mach das so lange, bis alles glänzt und die Toppings überall verteilt sind.
10. Streu zum Abschluss noch frische Kräuter (Schnittlauch oder Minze), kleinere Samen (Sesam oder Hanf) und Salz und Pfeffer auf den Salat.

Die Expertin:

Katelyn Shannon ist leitende Köchin im Bereich Forschung und Entwicklung von Sweetgreen, einem auf Salate und warme Bowls spezialisierten Bio-Restaurant, das in zahlreichen amerikanischen Städten Filialen hat.

Warum:

Du solltest immer darauf achten, dass die Schüssel, in der du deinen Salat mischst, größer ist als dein Salat. Auch wenn du das Ganze zum Servieren wieder in eine kleinere Schüssel umfüllen willst, kannst du mit großen Schüsseln einfach besser arbeiten. Außerdem kannst du dann richtig gut durchmischen (das ist wichtig für einen wirklich guten Salat), ohne dass dir alles um die Ohren fliegt. Wie viel von was du in deinem Salat haben willst, ist wirklich reine Geschmackssache (oder hängt davon ab, was du zu Hause hast). Aber du kannst dich an dieser Grundregel orientieren: Wenn der Salat die Hauptmahlzeit ist, sollte er auf jeden Fall Getreide und Proteine enthalten; und wenn der Salat die Beilage ist, brauchst du nicht alle oben genannten Schritte umzusetzen. Eine feste, faserige Salatsorte ist wichtig, denn dann fällt dir dein Salat nicht durch das Gewicht der anderen Zutaten und des Dressings zusammen. Wenn du unterschiedliche Konsistenzen und Geschmacksrichtungen kombinierst, wird dein Salat spannender und leckerer. Aber schütte nichts Heißes in den Salat, vor allem nicht, wenn du Gemüse verwendest, das empfindlich ist und leicht welkt.

BONUS

Du willst einen Salat im Vorhinein fertig anrichten? Dann gib alles, was knackig oder knusprig ist, und Avocados erst kurz vor dem Essen dazu. (Erstere Zutaten nehmen zu viel Wasser auf und werden labbrig, Avocados werden braun.) Deck die

Schüssel mit einem angefeuchteten Tuch ab, das den Salat berühren sollte, und lagere ihn in der Zwischenzeit im Kühlschrank. Kurz vor dem Essen kommen die genannten Zutaten und das Dressing dazu.

Ein simples Salatdressing

»Wenn du einmal den Dreh raushast, wirst du dir nie wieder Salatdressing kaufen (wollen).«

– Katelyn Shannon

1. Plan zuerst dein Basis-Dressing, das immer aus Fett und Säure im Verhältnis 3:1 besteht (zum Beispiel drei Esslöffel Olivenöl und einen Esslöffel Rotweinessig).
2. Starte mit einem Emulgator (Dijon-Senf oder frisches Eigelb). Ein Emulgator ist ein Stoff, der dabei hilft, zwei oder mehr Zutaten, die sich normalerweise nicht mischen lassen (also Essig und Öl), zu verbinden.
3. Gib etwas zum Süßen, zum Beispiel Honig oder Ahornsirup, dazu.
4. Intensiviere den Geschmack mit gehacktem Knoblauch oder Schalotten, Kräutern und Zitronen- oder Orangenschale.
5. Schütte alle Zutaten (außer das Öl) in einen Mixer oder eine Küchenmaschine, und mixe alles ordentlich durch.
6. Lass den Mixer laufen, und gieß währenddessen vorsichtig das Öl dazu. Mixe so lange, bis sich alles gut gemischt (emulgiert!) hat.
7. Schmeck dein Dressing ab, und ergänze Salz und Pfeffer nach Belieben.

Die Expertin:

Katelyn Shannon ist leitende Köchin im Bereich Forschung und Entwicklung von Sweetgreen, einem auf Salate und warme Bowls spezialisierten Bio-Restaurant, das in zahlreichen amerikanischen Städten Filialen hat.

Warum:

Das klassische Vinaigrette-Mischungsverhältnis ist 3:1 (Öl/Essig oder Fett/Säure), aber du kannst mit den Mengen auch ganz nach deinem persönlichen Geschmack experimentieren. Wenn du sämiges Dressing magst, nimm die komplette Ölmenge; wenn du es sauer magst, reduziere den Fettanteil. Wenn du alle Zutaten mischst, bevor du das Öl dazugibst, verteilt sich der Emulgator besser. Du kannst die Zutaten auch ohne Mixer vermischen und einfach von Hand in einer Schüssel rühren, dann achte aber darauf, dass du beherzt rührst, während du das Öl hinzugibst. Frisches Dressing kannst du bis zu fünf Tage im Kühlschrank aufbewahren. Die beste Aufbewahrungsmöglichkeit sind Gläser oder Container mit luftdichtem Verschluss. (Einmachgläser mit Gummi eignen sich perfekt.)

Apropos Dressing:

Gib das Dressing erst unmittelbar vor dem Essen auf den Salat. Und: Die Zutaten deines Salats bestimmen, was für ein Dressing du verwenden solltest. Wenn du Getreide im Salat hast, vermeide Buttermilch und Joghurt, denn das Getreide saugt sonst alles auf, und der restliche Salat wird ziemlich fade. Mach kein cremiges oder sahniges Dressing, wenn du schon Frischkäse oder Avocado im Salat hast, denn sonst wird alles ein einziger Klumpen. Wenn du weiche Zutaten hast, nimmt ein leichtes Dressing, zum Beispiel Vinaigrette.

Katelyns Lieblingsvinaigrette

- 2 Esslöffel frisch gepresster Zitronensaft
- 2 Esslöffel frisch gepresster Limettensaft
- 1 Teelöffel Schalotten, gehackt
- 1 Teelöffel Dijon-Senf
- ½ Teelöffel frisch geriebene Zitronenzesten
- ½ Teelöffel frisch geriebene Limettenzesten
- 1 Esslöffel frische Kräuter (Dill, Estragon oder Basilikum), gehackt
- ¾ Tasse neutrales Öl (Ich nehme Sonnenblumen- oder Avocado-Öl.)
- Halte dich an die oben genannten Schritte fürs Mixen (Emulsion!) und Würzen. Und wenn du gern größere Stücke Zitronenschale oder Schalotte in deinem Dressing hättest, gib sie am Ende, nachdem die Emulsion fertig ist, dazu.

Pasta perfekt kochen

1. Füll einen großen Topf mit Wasser (ca. 5,5 Liter für 500 Gramm Pasta), stell ihn auf den Herd, und dreh ihn auf die höchste Stufe.
2. Sobald das Wasser kocht, gib zwei Esslöffel Salz dazu.
3. Das Wasser muss richtig kochen, bevor du die Pasta reintust.
4. Rühr die Nudeln regelmäßig um, damit sie nicht aneinanderkleben.
5. Koch die Pasta ohne Deckel, bei hoher Temperatur, und rühr immer wieder um.
6. Stell ein Sieb in die Spüle, während deine Nudeln kochen.

7. Bevor du die Nudeln abgießt, füll mit einer Schöpfkelle eine Tasse Nudelwasser ab.
8. Wenn du die Nudeln mit einer Soße mixen willst, schütte sie ein bis zwei Minuten früher ab, als auf der Packung steht, denn sie werden noch nachkochen, wenn sie in der Soße sind.
9. Sobald die Nudeln *al dente* sind (probier es, um sicherzugehen!), schütte sie ins Sieb. Du kannst dir den Schritt auch sparen und sie mithilfe einer Zange direkt in die Soße legen.

Die Expertin:

Rachel Ray ist Köchin, Autorin, Fernsehstar sowie Moderatorin der Talkshows *Rachael Ray* (ausgezeichnet mit einem Emmy) und *30 Minute Meals* auf Food Network.

Warum:

Am wichtigsten ist, dass du genug Wasser verwendest und dein Topf groß genug ist. Pasta braucht Bewegungsspielraum im Topf, sonst kleben die Nudeln aneinander. (*Funfact:* Rachel hat einen ovalen Spaghetti-Topf entwickelt, sodass die Spaghetti am Stück in den Topf passen!) Und wahrscheinlich denkst du, dass das wirklich viel Salz ist, aber du musst Pasta würzen – auch wenn du deine Soße ebenfalls würzt, soll deine Pasta ja nach etwas schmecken. (Gib das Salz erst ins Wasser, wenn es schon kocht, sonst versaust du dir die Töpfe!) Und auch das Wasser willst du würzen, es sollte wie Meerwasser schmecken. Stell dir das Wasser als Zutat vor. Während des Kochens geben die Nudeln Stärke ins Wasser ab, und das salzige, stärkehaltige Kochwasser eignet sich perfekt als Bindemittel für Soßen. Gib etwas davon auf deine Nudeln, dann werden sie sich köstlich mit deiner Soße verbinden!

Der beste Burger

»Für mich ist ein Burger wie ein vollkommenes Sandwich, deshalb sollte jede Komponente – das Fleisch, das Brötchen, der Käse, die Gewürze – mit Bedacht ausgewählt werden. Kümmere dich um jede Komponente einzeln, und dann füge sie zusammen.«

– Bobby Flay

1. Verwende Rindfleisch mit einem 80:20-Verhältnis von Fleisch zu Fett.
2. Forme daraus Pattys (also Frikadellen), ohne das Fleisch zu lange durchzumatschen. (Ein Patty sollte etwa 170 Gramm wiegen und 2,5 bis 4 Zentimeter dick sein.)
3. Würze großzügig mit Salz und Pfeffer von beiden Seiten; keine anderen Gewürze!
4. Drück mit deinem Daumen eine Kuhle in die Mitte des Pattys; dann behält er beim Braten leichter die Form.
5. Erhitze deine Pfanne oder deinen Grill auf die höchste Stufe. (Eine Pfanne ist optimal, weil der Burger dann in seinem eigenen Saft braten kann, der bei einem offenen Grill durchläuft.)
6. Gib ein paar Tropfen Öl (Raps-, Distel- oder ein anderes pflanzliches Öl) in die Pfanne. Wenn sich Rauch entwickelt, ist es heiß genug.
7. Leg deine Pattys in die Pfanne oder auf den Grill, und lass sie in Ruhe da liegen und für zwei bis zweieinhalb Minuten anbraten. (Dann wird dein Burger medium rare bis medium.)
8. Widerstehe dem Bedürfnis, den Burger mit einem Pfannenwender platt zu drücken – damit drückst du nur den ganzen Saft raus.

9. Wende den Burger, und brate die andere Seite auch zwei bis zweieinhalb Minuten. Und ja, wieder Finger weg!
10. Toaste deine Brötchen, wenn du sie getoastet magst – im Toaster, im Ofen oder auf dem Grill. (Du solltest sie unbedingt toasten!)
11. Falls du Käse willst: Leg zwei Scheiben auf ein Patty, und schließ den Deckel des Grills für dreißig Sekunden. Wenn du mit einer Pfanne arbeitest, gib zwei bis drei Esslöffel Wasser hinein, setz schnell den Deckel drauf und warte fünfzehn bis zwanzig Sekunden.
12. Leg den Patty ins vorgetoastete Brötchen, und ergänze die Zutaten, die du magst.

Der Experte:

Bobby Flay ist preisgekrönter Koch, Restaurant-Fachmann und Food-Network-Star. 2008 hat er den ersten Bobby's Burger Palace eröffnet (nur zwanzig Minuten Fahrt von meinem Zuhause auf Long Island entfernt – yes!), und inzwischen gibt es neunzehn Filialen in ganz Amerika. Er hat mehr als ein Dutzend Kochbücher geschrieben und als erster Koch einen Stern auf dem Hollywood Walk of Fame bekommen.

Warum:

Der erste Schritt zu einem guten Burger findet bereits beim Einkaufen statt: gutes Fleisch. Und es muss Fett haben! Wenn es zu mager ist (neunzig Prozent mager oder mehr), wird es zu trocken sein und nicht genug Geschmack haben. (Wie sagt Bobby so schön? »Du willst einen Burger, dann iss auch einen Burger.«) Die meisten Leute verkomplizieren Burger wahnsinnig. Die häufigsten Fehler sind Extrazutaten und zu viele Gewürze im Fleisch. Keep it simple! Salz und Pfeffer sind alles, was du brauchst. Und die Leute kneten das Fleisch zu lange durch – es sollte eher locker sein, damit du die richtige Konsistenz hinbekommst. Ganz wichtig: Der Grill muss *heiß* sein, sonst kannst du dein Patty nicht anbraten und wärmst es eher auf, was dazu führt, dass es grau und labbrig wird. Der sicherste Weg, um eine schöne Kruste und einen saftigen, geschmackvollen Burger hinzubekommen: eine gusseiserne Pfanne. Bobby nimmt seine sogar zum Grillen mit nach draußen.

Der Grund für die Fingerkuhle ist: Wenn du Pattys brätst, gehen sie auf und werden rund wie ein Ball, und dann schnappen sich die Leute einen Pfannenwender und drücken die Pattys platt, wodurch aller Saft rausfließt. (Neeeeiiiiiin! Tu das nicht!) Also »schummele« und mach in die Mitte eine Kuhle, damit das Patty, wenn es aufgeht, in seine ursprüngliche Form zurückwächst und du nicht rumpfuschen musst.

Was Bobby über Käse denkt:

Es gibt natürlich viele Sorten Käse, die infrage kommen. Die meisten Leute gehen auf Nummer sicher und nehmen Cheddar. Bobby hasst Cheddar in seinem Burger, weil »der nicht schmilzt, sondern schwitzt« und all sein Fett ausschüttet. Seine Wahl: American Cheese (eine Schmelzkäse-Mischung aus Cheddar und Colby oder einer ähnlichen Sorte, in Deutschland am ehesten: Scheibletten-Käse, Anm. der Übers.). Die Leute schämen sich häufig, den zu kaufen, weil sich das irgendwie etwas … na ja, cheesy anfühlt. Aber wo ist das Problem? Bobbys Fazit: »Egal, ob du Burger-Liebhaber oder professioneller Koch bist, American Cheese ist die beste Option. Das ist der Käse, den die meisten Leute mögen, und mir ist es egal, was andere dazu sagen. Der Geschmack ist perfekt, und er erinnert mich an meine Kindheit, und genau darum geht es bei Burgern.«

Was Bobby über Brötchen denkt:

»Nimm einfach die Brötchen, die du magst, solange sie weich sind. Wenn du irgendwelche speziellen Brötchen mit fester Kruste kaufst, versaust du den Burger. Du solltest ein weiches Kartoffel- oder Sesambrötchen nehmen, das sich um das Patty schmiegt und Teil des Burgers wird, statt ihn in Einzelteile aufzuspalten. Und ich toaste meine Brötchen immer an – das geht schnell und einfach. Außen angetoasted, innen weich, der perfekte Kontrast.«

Was Bobby über den richtigen Gargrad denkt:

»Wenn du professionelle Köche fragst, wie sie ihren Burger gebraten haben wollen, werden 99 % sagen: ›medium rare‹, und ein paar sagen: ›rare‹. Ich will meinen Burger medium haben, und ich sage dir auch, warum. Burger sind keine Steaks oder Filet Mignons. Das ist ganz was anderes. Wenn man Burger medium rare brät, hatte das Fett häufig noch gar keine Zeit zu schmelzen. Und du willst, dass es ein bisschen schmilzt, damit es den Burger von innen ölt. Ein bisschen länger braten als medium rare ist perfekt bei Burgern.«

Essensreste aufbewahren

»Stell dir vor, dass deine Essensreste nicht einfach dasselbe Essen, noch einmal aufgewärmt, sind, sondern potenzielle Zutaten für ein komplett neues Gericht.«

– Dan Pashman

1. Bring die Essensreste, aus denen du noch etwas machen willst, in Sicherheit, bevor jemand anders sie wegschmeißt. (Das ist besonders wichtig, wenn du Gastgeber

und noch am Esstisch bist, während ein Gast schon in die Küche gesaust ist, um dir zu helfen.)

2. Such dir für alles, was du aufbewahren willst, Behältnisse in der passenden Größe raus (wie viel willst du wirklich aufbewahren?), und stell sie auf deine Küchenarbeitsfläche. (Nimm keine Gefrierbeutel oder andere Plastiktüten. Die sind schlecht für die Umwelt, und außerdem isst eigentlich niemand gern aus ihnen – oder kennst du jemanden?) Such auch die passenden Deckel dazu; leichter gesagt als getan, ich weiß!
3. Überlege dir, wie das »zweite Leben« der Essensreste aussehen könnte, und starte dann die entsprechenden Vorbereitungen. Aus dem Braten sollen Sandwiches werden? Dann schneid ihn jetzt in Scheiben, solange du das Schneidebrett noch draußen hast und die Küche ohnehin schon dreckig ist. Zerpflück das Huhn *jetzt*, und mach *morgen* Tacos draus.
4. Falls deine Essensreste noch warm sind und eine knusprige Kruste haben, die so bleiben soll (paniertes Hähnchen oder zum Beispiel Apfel-Crumble), lass sie komplett kalt werden, bevor du sie einpackst. Wenn nicht, musst du mit dem Einpacken nicht warten.
5. Kombiniere ähnliche Beilagen in einem Behälter (Gemüse, das du eventuell für ein Omelett mixt, Bohnen und Reis, die sowieso zusammen gegessen werden), aber bewahre Nudeln und Soße getrennt auf.
6. Nimmst du das morgen mit zur Arbeit? Dann kümmere dich jetzt darum, es dauert nur eine Minute.
7. Lagere das Essen vorne im Kühlschrank, wo du es gut siehst. Es gibt nichts Traurigeres als vergessene Essensreste, die du gern gegessen hättest, wenn du dich bloß an sie erinnert hättest.

Der Experte:

Dan Pashman ist der Erfinder und Moderator des Food-Podcasts *The Sporkful*, der bereits mit dem James-Beard-Award ausgezeichnet wurde. (Dan sagt: »Der Podcast richtet sich nicht an Foodies, sondern an ganz normale Esser.« Er und seine Gäste diskutieren leidenschaftlich Essensthemen, mit dem Ziel, verborgene Wahrheiten über Menschen und Essen herauszufinden. Um ganz ehrlich zu sein: Seine und meine Tochter sind zusammen in die vierte Klasse gegangen.)

Warum:

Wie gut sich Essensreste aufbewahren lassen, hängt von deinen Aufbewahrungsboxen ab! Je weniger Luft beziehungsweise Platz in deinen Boxen ist, desto länger hält sich das Essen – also pack sie voll. Und eine volle Box sieht auch viel appetitlicher aus als eine mit einem Minirest. Am besten eignen sich Glasbehälter, weil du die in die Spülmaschine stecken kannst, sie sich leicht reinigen lassen und ... na ja, sie nicht aus Plastik sind. Nimm am besten flache Boxen mit flachen Deckeln, damit sie sich gut stapeln lassen. Wenn du etwas Heißes einpackst, wird es noch weiter dampfen und Kondenswasser im Behälter bilden. Das ist nicht zwangsläufig schlecht (es sei denn, es ist ein Essen, das knusprig bleiben soll) und verhindert, dass das Essen beim Aufwärmen austrocknet. Fazit: Je besser du etwas verpackst, desto wahrscheinlicher wirst du es noch essen.

BONUS

Der Trick, wie du *mehr Freude* an Essensresten hast: Hol sie, mindestens eine Stunde bevor du sie essen willst, aus dem Kühlschrank, damit sie Zimmertemperatur haben. Essensreste sehen viel appetitlicher aus, wenn das Fett, das in ihnen ist, nicht erstarrt und geronnen ist. Außerdem musst du dann nicht alles so extrem aufwärmen, und es wird unwahrscheinlicher, dass du dein Essen beim Aufwärmen verkochst. Nimm zum Beispiel Steak. Wenn du deins medium rare magst, lass es sich auf Zimmertemperatur erwärmen, statt durch erneutes Anbraten einen Hockey-Puck daraus zu machen. (Du kannst es auch einfach ohne erneutes Braten kalt auf einem Sandwich essen.)

Sich für ein Restaurant entscheiden

»Vergiss eins nicht: Deine Restaurant-Wahl sagt immer auch etwas über dich aus, also denk wirklich darüber nach.«

– Chris Stang

1. Denk darüber nach, was für ein Gesamterlebnis du gern hättest. (Die Atmosphäre bei einem ersten Date soll bestimmt anders sein als bei einem Geburtstagsessen im engsten Freundeskreis.)
2. Wie laut ist es in dem Restaurant? Das Lautstärke-Level kann alles ruinieren, deshalb solltest du das wissen – unabhängig davon, mit wem du essen gehst.
3. Jetzt geh gedanklich die unterschiedlichen Menüs/Speisen durch (schau dir online die Karte an), und frag dich, ob sie zu allen deinen Gästen und ihren Präferenzen passen. Heutzutage gehört es generell zum guten Ton, sich nach Ernährungseinschränkungen zu erkundigen.
4. Lies Restaurant-Besprechungen, aber achte nicht nur auf die Essensbewertung. Schau auch nach Hinweisen zu den Kriterien, die du in Schritt 1 und 2 festgelegt hast.
5. Falls du unsicher bist, ruf im Restaurant an und frag nach. (Haben sie eine Kinderkarte? Gibt es glutenfreie

Gerichte? Wird ein Typ mit Gitarre laut Rocksongs covern?)

6. Wenn du weit im Voraus planst, reserviere mehrere Termine, und frag dann deine Gruppe, welcher Termin passt – aber storniere dann unbedingt die übrigen Termine. *Immer.* (Und nicht erst am Tag selbst.)
7. Wichtig: Nichts ist falsch daran, immer wieder in dasselbe Restaurant zu gehen!

Der Experte:

Chris Stang ist Mitgründer von The Infatuation, einer Onlineplattform für Restaurant-Neuentdeckungen, die Restaurants in mehr als drei Dutzend Städten weltweit vorstellt. Chris ist auch Autor des Buches *How to Drink Wine.* **Seine Tipps findest du auf Seite 196.**

Warum:

Es geht nicht darum, das Restaurant mit dem angesagtesten Koch oder dem meistfotografierten Essen zu finden. Es geht darum, ein gutes Restaurant auszusuchen, das für diesen speziellen Anlass, an diesem speziellen Tag genau das richtige ist. Natürlich ist das Essen an sich ein wichtiger Faktor, aber eigentlich gibt es immer mehrere Parameter, die du berücksichtigen solltest; und dann suchst du dir das Restaurant aus, das am besten zu allen passt. Klär als Erstes, wo das Restaurant ist und ob alle deine Gäste gut dorthin kommen können. (Braucht man ein eigenes Auto? Gibt es genug Parkplätze?) Und wenn du ein Date oder ein Geschäftsessen hast – oder einfach laute Restaurants nicht magst –, check vorher, dass Lärm kein Problem sein wird. Gibt es jemanden mit Lebensmittelunverträglichkeiten? Ziemlich wahrscheinlich ja, und da man die meisten Speisekarten online findet, schau sie dir vorher schon mal an. Je mehr du weißt, was dich erwartet (Essen, Musik, Service), desto besser. Deshalb ist der zweite Besuch so super.

BONUS

Ihr geht als Gruppe essen? Wenn ihr fünf oder mehr Leute seid, sucht euch ein Restaurant mit runden Tischen – ruf vorher an und frag, ob es welche gibt, und dann reservier einen. Dann könnt ihr zumindest so tun, als ob sich alle miteinander unterhalten!

Du gehst mit deinem Date essen? Wenn es euer erstes Date ist, geh in ein Restaurant, das du gut kennst. Dann kannst du die Spezialitäten des Hauses empfehlen und einen Wein bestellen, den du schon kennst. Je besser du dich auszukennen scheinst, desto besser wird das Date laufen. (Und du landest nicht aus Versehen in einem Restaurant mit Gruppentischen oder romantischem Kerzenlicht.) Vielleicht suchst du ein Restaurant mit einer netten Bar aus, dann könnt ihr vor dem Essen etwas trinken. Aber keinen Druck.

Es ist ein Geschäftsessen? Deine Geschäftspartner sind Leute, mit denen du normalerweise nicht essen gehen würdest, also können eure Interessen (kulinarisch und überhaupt) ziemlich weit auseinanderliegen. Achte auf eine vielseitige Speisekarte, und klär Lebensmittelunverträglichkeiten. Vor allem, wenn du Papierkram erledigen willst: Denk über die Lautstärke und die Tischgröße nach.

Apropos die Entscheidung treffen, in welches Restaurant man geht:

»Wenn du für jede Situation das passende Restaurant vorschlagen kannst, steigert das dein ›Sozialkapital‹, und das ist ziemlich kostbar. Wer ist nicht gern diejenige beim Date, im Freundeskreis oder auf der Arbeit, die das perfekte Restaurant und den richtigen Wein empfehlen kann?!« – Chris Stang

Essen gehen (mit kleinen Kindern)

1. Ruf vorher an (oder schau auf der Website nach), wie familienfreundlich das Restaurant ist. Ein Tipp: Wenn sie keine Kinderkarte haben, ist das ein schlechtes Zeichen, aber heißt nicht zwangsläufig, dass Kinder dort nichts zu suchen haben.
2. Falls du abends essen gehst, tu es eher am frühen Abend, dann ist das Restaurant noch leerer, das Personal weniger gestresst, und die Kids kommen zur normalen Schlafenszeit ins Bett.
3. Bitte um einen Tisch in der Ecke, nicht in der Mitte des Raums – dort wärst du die ganze Zeit auf dem Präsentierteller. (Alles mit einer Bank oder Sitzecke ist super für ganz kleine Kinder, dann könnt ihr zusammenrücken, und sie bleiben eher sitzen.)
4. Sobald der Kellner kommt, lass ihn wissen, wie dein Plan ist: Du willst jetzt gleich das Essen für die Kinder bestellen, außerdem einen Drink für dich, und dann schaust du in Ruhe in die Karte.
5. Lass deine Kinder etwas bestellen, was sie zu Hause normalerweise nicht bekommen, damit sie lernen, dass essen zu gehen etwas Besonderes ist (und dass sie sich tipptopp verhalten sollten).
6. Falls die Kinder am Verhungern sind, frag, ob du Brot oder was Schnelles von der Karte (Pommes) bekommen kannst. Dann bleibt ihr Blutzucker (und ihr Verhalten) auf einem guten Level, während sie auf das Essen warten.
7. Wenn die Erwachsenen bestellen, bitte den Kellner darum, dass der Nachtisch für die Kinder zeitgleich mit dem Essen für die Erwachsenen serviert wird. (Der Nachtisch gehört zu den meisten Kindermenüs dazu.)

8. Falls die Kinder rumzappeln, mach einen Ausflug zu den Toiletten, zum Händewaschen.
9. Bestell direkt die Rechnung, wenn das Essen für die Erwachsenen kommt. Du musst ja nicht sofort bezahlen, hast aber die Option, falls irgendwas aus dem Ruder läuft und du einen Blitzstart hinlegen musst.
10. Falls der Tisch ein Vollchaos ist, räum das Schlimmste schon mal auf – oder gib ein höheres Trinkgeld.

Die Expertin:

Karalee Fallert ist Eigentümerin der All Good Industries, zu denen verschiedene Restaurants in Charleston gehören. Außerdem hat sie das Montessori Learning Center und das Green Heart Project gegründet, eine Freiwilligen-Organisation, die Schulgärten als festen Bestandteil des Unterrichts entwickelt.

Warum:

Etwas Vorbereitung macht diesen Ausflug für alle Beteiligten viel angenehmer. Ruf am besten vorher im Restaurant an und frag: »Wenn ich mit Kindern bei Ihnen essen will, was muss ich vorher wissen?« Mit dem Servicepersonal gut zu kommunizieren ist wichtig, denn sie sind genauso ungern gestresst wie du. Das Essen zeitversetzt zu bestellen ist der wichtigste Schritt zum Glück – denn wenn das Essen der Kinder zuerst kommt, kannst du es in Ruhe kleinschneiden und ihnen beim Essen helfen, ohne dass dein Gericht währenddessen kalt wird. Sie können Nachtisch essen, während du deinen Hauptgang isst.

Wenn du mit kleinen Kindern ins Restaurant gehst, denk auch über Folgendes nach: Was sollen deine Kinder aus einem Restaurant-Besuch lernen? Wie sollen sie sich dort verhalten?

Auch wenn sie noch ganz klein sind, bekommen sie mehr mit, als man denkt. Also achte auf ihre Tischmanieren, ihre Lautstärke und darauf, höflich mit dem Servicepersonal umzugehen. (Das heißt, heb runtergefallenes Essen auf, damit deine Kinder lernen, dass sie sich an einem fremden Ort befinden, den es zu respektieren gilt.)

Sich in der Weinkarte zurechtfinden (oder zumindest so tun, als ob)

1. Wenn es eine Weinkarte gibt, hat irgendjemand sie für dieses Restaurant zusammengestellt. Lass dich von dieser Person beraten.
2. Lass sie als Erstes wissen, wie viel du für den Wein ausgeben willst. Sei ehrlich, sag zum Beispiel fünfunddreißig Euro. Gute Restaurants sind stolz darauf, Weine mit einem guten Preis-Leistungs-Verhältnis zu haben, und der Sommelier freut sich über diese Info, egal, wie dein Budget ist. (Wenn du diskret sein willst, kannst du auch auf einen Betrag in der Karte zeigen und sagen: »Ein Wein in dieser Preisklasse.«)
3. Triff eine Grundentscheidung: Rot- oder Weißwein, Rosé, Sekt …
4. Wähle ein Land oder eine große Weinregion. Wenn du unsicher bist, sag der Einfachheit halber Frankreich oder Spanien, denn Weine von dort sind eigentlich auf jeder Weinkarte. Italien ist auch eine sichere Bank, aber dann folgen vielleicht komplizierte Nachfragen, weil es dort so viele Rebsorten und Regionen gibt.
5. Wähle entweder einen Geschmacksgrad oder eine Rebsorte aus. Geschmacksgrad = trocken, halbtrocken, lieb-

lich. Rebsorten: Pinot Noir, Chardonnay, Sauvignon Blanc und so weiter.

6. Sei selbstbewusst. Auch wenn du keine Ahnung hast, was du da eigentlich sagst.
7. Bitte um eine Empfehlung, dann kann der Sommelier dich beraten. Das klingt in etwa so: »Ich hätte gern einen Rotwein um die siebzig Euro, gern aus Frankreich und nicht so trocken. Was können Sie da empfehlen?«
8. Verschlucke das »t« am Ende von Wörtern. Sicherheitshalber.

Die Experten:

Chris Stang ist Mitgründer von The Infatuation, einer Onlineplattform für Restaurant-Neuentdeckungen, und Grant Reynolds ist mehrfach ausgezeichneter Sommelier. Gemeinsam haben sie das Buch *How to Drink Wine* veröffentlicht, in dem du alles über Wein lernst: vom Anbau über die Frage, ob er tatsächlich »atmen« muss, bis dazu, warum du wirklich keinen Pinot Grigio trinken solltest. (Sorry, Tante Kathie.)

Warum:

Ein guter Sommelier wird sich freuen, wenn du ein paar Basic Facts zu deinem Geschmack und deinen Vorlieben sagen kannst, und sollte mit diesen Infos einen Wein vorschlagen können, der dir gut gefällt. Auch ein Mitarbeiter mit begrenztem Wein-Fachwissen sollte dir etwas empfehlen können, mit dem du mehr oder weniger zufrieden bist. Wenn es im ganzen Restaurant niemanden gibt, der dir etwas empfehlen kann, ist es wahrscheinlich auch egal, welchen Wein du dir aussuchst. Schließ einfach die Augen, und zeig auf irgendeinen. Oder nimm lieber ein Bier.

Aber mal im Ernst: Wenn du kompetent die Weinauswahl besprichst und eine selbstbewusste Entscheidung triffst, wird dein Gegenüber beeindruckt sein, wie souverän du die Situation beherrschst, selbst wenn du dann später gestehst, dass du keinerlei Ahnung hast, was für einen Wein ihr da gerade trinkt. Selbstsicheres Auftreten ist alles. Das gilt für die Weinauswahl und das ganze Leben.

BONUS

Ein paar »sichere Nummern«, die du auf fast allen Weinkarten findest:

- Champagner
- Chablis
- Weißer Burgunder
- Italienische Weißweine (aber NICHT Pinot Grigio)
- Barbera
- Beaujolais
- Chianti
- Côtes du Rhône
- Santa Barbara Pinot Noir

Kapitel

10

Einladen (und Gast sein)

Eine Cocktailparty planen

»Mach dir Musik an, mix dir 'nen Drink, und genieß die Vorbereitungen für die Cocktailparty genauso wie die eigentliche Party. Je mehr Spaß du bei der Planung hast und je mehr Liebe du investierst, desto besser wird der Abend für deine Gäste.«

– Mary Giuliani

1. Kreiere ein Essensmotto, damit die Party ein Grundthema hat (und die Planung einfacher ist). Kombiniere nicht mexikanische Bohnenpaste und Sushi. Wenn Bohnenpaste, dann mit Tacos oder Quesadillas. Dann weißt du auch, welche Drinks passen. (Margaritas, Baby!)
2. Achtung: Alles, was du anbietest, sollte man mit einem kleinen Teller, einer Gabel und einer Serviette bewältigen können. Wenn's komplizierter ist, lass es!
3. Falls du eine Eiswürfelmaschine oder Eiswürfelbeutel/-behälter hast, fang ein paar Tage vorher mit der Produktion an, damit auf der Party genug Eis vorrätig ist.
4. Bestück deine Bar. Wahrscheinlich weißt du ja, was deine Gäste gerne trinken, aber hier sind ein paar Basics: Weiß-

wein, Rotwein, Wodka, Gin, Tequila, Scotch, Mineralwasser, Tonic, Cranberry-Saft (weißer, falls du Flecken vermeiden willst) und: Eis. Außerdem Zitronen und Limetten für die Deko.

5. Wenn du einen Signature Drink hast, bereite davon eine große Menge vor, die du dann in einem schönen, großen Behältnis präsentierst.
6. Stell eine Playlist zusammen (maximal zwanzig Songs), die den Abend skizziert: gemütlicher Einstieg, dynamischer Anstieg, entspannter Ausstieg.
7. Stell am Tag vorher schon mal die Schüsseln, Teller und das Besteck raus – und kleb Post-ist dorthin, wo du sie hinstellen willst. Räum alles Geschirr, was im Weg steht, weg. Dann suchst du nicht in dem Moment, wenn die ersten Gäste kommen, nach der passenden Schüssel; und du hast mehr Platz.
8. Putz das Bad (auch das in der oberen Etage, das sowieso niemand betreten wird). Leere alle Papierkörbe. Schau, ob du genug Klopapier und frische Handtücher hast; stell eine Duftkerze auf.
9. Räum die Spülmaschine aus, und leere alle Mülleimer. (Leg Ersatzbeutel griffbereit unten in den Mülleimer.)
10. Entscheide, wo die Jacken hinkommen – auf ein Bett, eine mobile Garderobenstange oder an die leer geräumte Garderobe.
11. Bau dir eine Bar. Falls du etwas kochen oder zubereiten willst, während die Gäste schon da sind, bau die Bar in der Küche auf. Schneide die Zitronen und Limetten. Leg den Weißwein, eine Stunde bevor deine Gäste kommen, ins Eisfach.
12. Zünde die Kerzen an, atme tief durch, und geh gedanklich die Party einmal aus Gäste-Perspektive durch, um

sicher zu sein, dass du nichts vergessen hast. Stell die Playlist an, und los geht's!

Die Expertin:

Mary Giuliani ist Eigentümerin von Mary Giuliani Catering und Events (und veranstaltet Partys für Prominente wie, oha, Bradley Cooper).

Warum:

Auf einer guten Cocktailparty gibt es Snacks und Drinks, aber kein Galadinner, also: Keep it simple. (Wenn es ein schickes Essen ist, SCHAU DIR DIE TISCHDEKO-TIPPS AUF SEITE 202 AN.) Wenn du so viel wie möglich vorbereitest, wirst du am Tag der Party viel entspannter sein (und in der Nacht davor besser schlafen). Plan zwei Stunden vor der Party für dein Set-up-Ritual ein. Dreh die Musik auf, tanz ein bisschen, check noch mal, ob du alle oben genannten Schritte abgehakt hast. Ist das Bad sauber? Wo kommen die Jacken hin? Wo ist die Bar? Wenn sie in der Küche ist, kein Problem, dann hast du Gesellschaft, wenn du dort etwas vorbereitest, und man kommt leicht an neue Drinks! Damit das Aufräumen nach der Party möglichst schnell geht, solltest du vor der Party ... aufräumen. Hab immer ein paar Tupperdosen parat, um am Ende deiner Party deinen Gästen Essensreste mitzugeben. (Je mehr sie mitnehmen, desto weniger musst du aufräumen.) Und räum wirklich immer am Vorabend der Party deine Wohnung auf – mit Vorfreude aufzuräumen ist besser als mit Kater, versprochen.

BONUS

Hier kommen ein paar Rechen-Grundlagen für Cocktailpartys: Es gibt Horsd'œuvres? Rechne vier bis fünf von jeder

Sorte pro Person und Stunde. Und wenn du Alkohol einkaufst, kalkuliere hiernach: In der ersten Stunde trinken Gäste in der Regel zwei Drinks, danach einen Drink pro jede weitere Stunde. Eine Weinflasche ergibt ungefähr sieben Weingläser; eine Champagnerflasche sechs Sektflöten. Aus einer Flasche Schnaps/hochprozentigem Alkohol kannst du zwölf Cocktails mixen. Für jeden Gast solltest du zwei Gläser einplanen, du brauchst also zwanzig Gläser, wenn du zehn Gäste hast.

Profi-Tipp: Eine Käseplatte passt eigentlich zu jedem Party-Motto, erfreut sich allgemeiner Beliebtheit und ist der perfekte Begrüßungssnack, wenn deine Gäste hungrig ankommen. Aber stell sie nicht aufs Büfett, sondern einzeln irgendwohin. (Vielleicht zur Bar oder im Wohnzimmer auf den Couchtisch). **Für Snacks mit Instagram-Potenzial blättere zu Seite 213.**

Extravagante Tischdeko

»Wenn der Tisch fantastisch aussieht, werden die Leute eine gute Zeit haben, sogar dann, wenn das Essen nicht perfekt ist. Denn es geht vor allem um das gemeinschaftsstiftende Erlebnis, das ihr in deinem Zuhause teilt.«

– Liz Curtis

1. Kreiere ein Motto. Das kann eigentlich alles sein, von »Mexikanische Fiesta« bis »Blau und Weiß«.
2. Verwende eine Tischdecke oder einen Läufer. Der Läufer reicht eigentlich, es sei denn, du magst deinen Tisch nicht besonders. Dann leg erst eine Tischdecke, dann den Läufer auf den Tisch.

3. Nimm Servietten, am besten aus Stoff. Das ist nicht teuer, aber sieht gut aus und wird bestimmt bemerkt. Probier mal diese Falt-Technik aus: Falte die Serviette einmal in der Mitte, sodass ein Rechteck entsteht; leg sie dann an jedem Platz mit dem Knick an die Tischkante. Die eine Hälfte lässt du runterhängen (siehe unten), der obere Teil darf den Läufer berühren.
4. Stell die Teller auf die Servietten. Unten die großen Teller, darauf die Salatteller. (Und falls du richtig Gas gibst und es auch Suppe gibt, stell die Suppenschalen obendrauf.)
5. Jetzt kommt das Besteck: Gabeln links vom Teller (Salatgabel außen, große Gabel innen, neben dem Teller), Messer und Löffel rechts vom Teller (Löffel außen, Messer innen, die Klinge des Messers zeigt zum Teller). Falls es einen kleinen Löffel oder ein Gäbelchen oder *beides* für den Nachtisch gibt, leg sie horizontal über den Teller mit dem Griff in die Richtung, wo die großen Kollegen liegen (also Gabelgriff nach links, Löffelgriff nach rechts). Aber überlade deinen Tisch nicht! Wenn du einen Gang auslässt, kannst du auch das entsprechende Besteck und Geschirr weglassen.
6. Stell die Gläser rechts vom Teller und oberhalb von Messer und Löffel auf den Tisch. Vergiss dabei nicht ein Wasserglas, das nach links wandert, wenn du mehrere Weingläser platzieren willst. Wenn es sehr festlich sein soll und du ausreichend viele davon hast, stell Champagnerflöten auf den Tisch – das ist ein schönes Detail. Wenn du eine kleine Rede halten willst, sobald alle sitzen, gieß vorher einen kleinen Schluck Champagner in alle Gläser. **Auf Seite 220 findest du Tipps für eine kurze, kompakte Rede.** Ansonsten spar dir das Eingießen, der Champagner wird nur warm.

7. Stelle in gleichmäßigen Abständen Kerzenständer mit langen, spitz zulaufenden Kerzen in die Mitte des Tisches. (Falls du zwei aufstellen möchtest, sollte jeweils eine auf jeder Seite deiner zentralen Tischdeko stehen.) Teelichter kannst du beliebig ergänzen. Zünde die Kerzen an, kurz bevor die Gäste kommen, dann sind sie nicht während des Essens schon runtergebrannt.
8. Halte die Blumendeko einfach und so niedrig, dass sich die Gäste gegenseitig sehen können. Entweder stellst du selbst ein paar Blumen zusammen (SCHAU AUF SEITE 206), oder du kaufst einzelne kleine Blumen für die Tischmitte. Dann können die Gäste sie am Ende des Abends mit nach Hause nehmen!

Schritt 1

Schritt 2

Schritt 3

Schritt 4

Schritt 5

Schritt 6

Die Expertin:

Liz Curtis ist Gründerin von Table + Teaspoon, einer Firma, die Luxus-Tischdekorationen vermietet.

Warum:

Tischdecken sind die Basis deiner Deko. Mit Tischläufern gibst du dem Ganzen auf einfache Weise einen raffinierten Look. Stoffservietten kannst du online für einen Euro pro Stück kaufen, und es gibt eine riesige Farbauswahl. Wenn du sie unter die Teller legst, strukturierst du damit den Tisch und verleihst ihm optisch Tiefe. Wenn du mit Serviettenringen arbeiten willst, platziere die Servietten oberhalb des Tellers. (Liz mag es nicht, wenn die Serviette links vom Teller liegt, weil es ein Ungleichgewicht erzeugt, wenn nicht das ganze Besteck auf der Serviette liegt.) Es gibt immer jemanden, der sich damit auskennt, wie das Besteck richtig zu liegen hat, also sei bei diesem Schritt besonders sorgfältig. Um das Ganze interessanter zu machen, kannst du das Besteck gefächert anordnen – also alle Gabeln links, aber auf unterschiedlichen Höhen beginnend, ebenso die Messer und Löffel rechts. Gläser in unterschiedlicher Größe und Form reflektieren das Kerzenlicht besonders gut. (Deshalb solltest du auch unterschiedlich lange Kerzen verwenden.) Und füll immer die Wassergläser, bevor sich alle hinsetzen. (Dann trinken deine Gäste mehr Zwischen-Wasser.)

Funfact: Hier kommt der Grund, warum die Messerschneiden immer nach innen zeigen sollten: Ein großer Teil der Tisch-Etikette-Regeln stammt aus der sogenannten angelsächsischen Periode (450–1066), zu der es üblich war, zu Esseneinladungen das eigene Messer mitzubringen. Diese Messer waren *unglaublich* scharf, deshalb galt es als Akt der Aggression, die Schneide Richtung Sitznachbar auszurichten. (Dasselbe sollte für Dinnerparty-Small-Talk gelten!)

Apropos Musik:

Filmmusik eignet sich wunderbar als Hintergrundmusik für Dinnerpartys. *Dirty Dancing* passt zu einem lustigen Abend,

Hans Zimmer, der Komponist von *Fluch der Karibik* und *Inception,* verbreitet etwas mehr Eleganz, und Sofia Coppolas *Marie Antoinette* verleiht deiner Party einen It-Girl-Vibe.

Einen Blumenstrauß arrangieren

»Blumensträuße basieren auf den Gestaltungsprinzipien Gleichgewicht und Linien, das heißt, dass die einzelnen Elemente nicht einfach irgendwie zusammengestellt werden; du solltest dabei Anordnung, Struktur, Kontraste und das Größenverhältnis zur Vase bedenken.«

– Katie Hartman

1. Entscheide dich für eine Vase. (Erinnere dich an ihre Größe und Form, wenn du die Blumensorten und -mengen aussuchst.)
2. Hab eine Vision, wie der Strauß aussehen soll, bevor du die ersten Stiele in die Vase steckst. Soll er klein und kompakt sein? Oder groß und lose? Wohin geht die Reise?
3. Such dir eine Arbeitsfläche, auf der du die Blumen ausbreiten kannst, außerdem die Schere und die Vase. Stell dir einen Mülleimer in Reichweite, um Reste sofort wegwerfen zu können (oder schneide die Stile direkt über dem Mülleimer ab).
4. Füll die Vase zu drei Vierteln mit kaltem, frischem Wasser.
5. Nimm die Blumen aus ihrer Verpackung, und wirf alles, was tot oder gammelig ist, weg. (Das kleine Tütchen mit dem Chemiezeugs kannst du auch wegwerfen.)
6. Säubere die Stiele, und entferne in der unteren Hälfte alle Blätter mit der Hand oder mit der Schere. (Wenn du

die Blätter dranlässt, entwickeln sich im Wasser schneller Bakterien, und deine Blumen welken früher.)

7. Halte jede Blume neben die Vase (setz das Stiel-Ende auf der Arbeitsfläche auf) und entscheide, auf welcher Höhe du sie abschneiden willst. (Dabei kommt es auf deine Vision des Straußes an. Je kürzer du die Stiele schneidest, desto kompakter wird der Strauß.)
8. Schneide die Stiele in einem flachen Winkel, sodass die Oberfläche möglichst groß ist und die Blume viel Wasser aufnehmen kann. (Je nachdem, wo du sie gekauft hast, ist es schon eine Weile her, dass sie angeschnitten wurden.)
9. Falls du Bindegrün verwenden willst, stell es als Erstes in die Vase, und zwar so, dass sich die Stiele überkreuzen und du eine Art Netz für deine »zentralen Blumen« baust. (Falls du mit nur einer Blumensorte arbeitest, platziere einfach alle Stiele über Kreuz.)
10. Gruppiere die Blumen in Dreiergruppen – einige sollten länger, andere kürzer sein. (Falls es kein 360-Grad-Blumenstrauß sein soll, sondern einer, der vor einer Wand steht, platziere die schönsten Blumen vorne in der Mitte.)
11. Füll Löcher mit den kleineren, markanten Blumen, die du noch übrig hast.
12. Mach einen Schritt zurück und schau, ob du noch etwas ergänzen oder umstecken musst.
13. Tausche *jeden* Tag das Wasser aus, und schneide die Stiele alle zwei Tage neu an, dann lebt dein Strauß länger.

Die Expertin:

Katie Hartman ist Gründerin des Floral Crush Studios, eines beliebten Event-Blumenausstatters aus Los Angeles. Zu ihren Kunden gehören HBO, E!, Rolex, Netflix, Kate Hudson, NBC und Facebook.

Warum:

Wenn du die passende Vase zu deinem Strauß hast, erleichtert dir das die Arbeit, und es macht mehr Spaß. Außerdem kommen die Blumen besser zur Geltung. Pfingstrosen sehen zum Beispiel in großen Vasen super aus, denn dann können sie schön nach außen fallen, und man sieht, was für riesige Blüten sie haben. Wenn deine Wohnung hohe Decken hat, solltest du hohe Vasen und langstielige Blumen verwenden; und wenn du einen Strauß fürs Schlafzimmer willst, solltest du einen kleineren zusammenstellen, der auf den Nachttisch passt. (Überprüfe vorher, ob du den Geruch der Blumen magst.) Wenn du nur mit einer Sorte Blumen arbeitest, kreiert das einen modernen Look, und du kannst die Pavé-Technik anwenden, die einfach ist und einen Farbakzent setzt. (Schneide die Stiele so kurz, dass die Blüten direkt auf der Vase aufsitzen, und ordne sie möglichst eng aneinander an.) Wenn du mehr Bewegung willst, kürze die Stiele auf unterschiedliche Längen, sodass ein paar unten in Vasennähe, ein paar weiter oben sind. »Zentrale Blumen« sind die großen, auffälligen Blumen, für die du am meisten Geld ausgegeben hast – und die sollen natürlich am besten zum Strahlen kommen. Deshalb lass ihnen etwas Luft – mit Weißraum rücken sie noch stärker in den Fokus –, aber arbeite mit Augenmaß, damit die Lücken eindeutig gewollt aussehen. Und kürze Stiele nicht vorschnell, denn vielleicht musst du deinen Plan noch ändern!

Profi-Tipp: Wenn du deine Blumen aussuchst, achte darauf, dass die Blätter nicht herunterhängen. Im Frühling ist Flieder ein sicherer Kandidat, im Frühsommer Pfingstrosen, im Frühherbst Dahlien und im Winter Amaryllis. Für drinnen eignen sich auch Callas gut, sie sind elegant und haben eine lange Lebensdauer; Hortensien sind schöne Lückenfüller, wenn du einen großen Strauß haben willst. Wenn du dir unsicher bist: monochrome Sträuße sehen immer gut aus.

Einen guten Wein kaufen (für weniger als fünfzehn Euro)

»Der entscheidende Punkt ist: Du musst wissen, was für Wein du magst – schon mithilfe einer kurzen Beschreibung des Geschmacks und der Intensität, die du präferierst, kann ein erfahrener Berater dir einen Wein empfehlen, den du mögen wirst.«

– Alyssa Vitrano

1. Beantworte folgende Frage: Wofür kaufe ich diesen Wein? Als Begleitung zu einem Essen? Zu einer Vorspeise? Oder für dich allein?
2. Denk kurz darüber nach, was für Wein du magst. Kräftige Rotweine? Trockene Weißweine mit etwas Säure?
3. Falls du den Wein für Freunde kaufst (oder ihr ihn zusammen trinken werdet), frag dich auch, was für Wein sie mögen.
4. Ab zum nächsten Verkäufer, der bestimmt mehr Zeit mit Weinverkostung verbringt als du und der dafür da ist, dir zu helfen.
5. Sag ihm, was du in den Schritten 1 bis 3 herausgefunden hast und wie viel du ausgeben willst.
6. Sei offen für Empfehlungen. Häufig sind unbekanntere Rebsorten oder Regionen günstiger, aber genauso köstlich wie bekannte.
7. Frag den Verkäufer nach seinem aktuellen Lieblingswein. Er nimmt regelmäßig an Verkostungen teil, kennt sich mit den Weinen im aktuellen Sortiment gut aus und hat bestimmt einen Geheimtipp für dich.
8. Falls du direkt im Anschluss einen Weißwein oder Rosé verschenken willst, schau nach, welche Weine gekühlt vorrätig sind.

Die Expertin:

Alyssa Vitrano schreibt online auf grapefriend.com und auf ihrem beliebten Instagram-Account @grapefriend über Wein. Sie ist zertifizierte Expertin für Weinkultur, Weinanbau und Blindverkostung. Und, noch viel wichtiger, sie ist wirklich eine große Weinliebhaberin.

Warum:

Bevor du einen Weinladen betrittst, solltest du in etwa wissen, welche Art Wein du magst, zu welchem Anlass du ihn kaufst und wie viel du ausgeben willst. Wenn du das alles weißt, wird die Auswahl so viel leichter sein! Du bist nicht sicher, welche Art Wein du magst? Dann frag beim nächsten Mal, wenn du irgendwo Wein bestellst, ob du die zwei (oder drei) Weine, zwischen denen du schwankst, probieren darfst. Wenn du zwei Weine unmittelbar hintereinander probierst, wird es dir viel leichter fallen, deine Geschmackspräferenzen zu erkennen und zu benennen. Im Weinladen kannst du problemlos um Hilfe bitten. (Auch das Team in einem völlig eingestaubten Weinladen macht regelmäßig Verkostungen, und die Mitarbeiter können dich gut beraten.) Ansonsten läufst du planlos rum und verschwendest deine Zeit. Und Vorsicht: Meistens suchen wir uns Weine aus, deren Namen relativ bekannt sind – und die sind dann häufig überteuert, da Leute bereit sind, mehr zu zahlen, wenn sie den Namen bereits kennen. Wenn du einen neuen Wein direkt beim ersten Probieren magst, mach am besten sofort ein Foto vom Label, damit du dich beim nächsten Mal an ihn erinnern kannst. (Gut zu wissen: Amerikanische Weine werden in der Regel nach der Rebsorte benannt – Chardonnay, Sauvignon Blanc, Cabernet –, während französische und italienische Weine so heißen wie die Region, in der die Rebsorten wachsen – Chablis, Sancerre, Burgunder.)

Das perfekte Kuchen-Frosting

1. Lass den Kuchen (oder auch die Kuchenböden) nach dem Backen abkühlen. Sobald er Raumtemperatur hat, stell ihn für zwanzig Minuten in den Kühlschrank. Lass ihn dafür in der Form.
2. Sorg dafür, dass dein Frosting (also deine Mischung aus Butter, Frischkäse und Puderzucker) Raumtemperatur hat. Stell ungefähr 250 Milliliter in einer Reserve-Schale zur Seite.
3. Hol den Kuchen aus dem Kühlschrank, und nimm alle Kuchenböden aus der Form.
4. Leg alle Böden auf eine flache Oberfläche, und schau, ob es Hügel gibt, die das Stapeln erschweren würden. Falls ja, begradige die Kuchenböden mit einem langen, scharfen Messer.
5. Gib einen Teelöffel von dem Reserve-Frosting auf die Kuchenplatte, und staple die Böden darauf. Schneide die Ränder ab, und vergiss nicht, zwischen jede Schicht Frosting zu streichen.
6. Verteile den Rest außen auf dem gesamten Kuchen. Das ist dein »Krümel-Stopp« und wirklich ein Game-Changer, Leute!
7. Glätte mit einem (sauberen, günstigen und nur für diesen Zweck verwendeten!) Spachtel die Außenseite des Kuchens. (Da sind ein paar Krümel drin, und das ist okay.)
8. Pack den Kuchen für zwanzig Minuten in den Kühlschrank.
9. Hol den Kuchen wieder raus, und verwende das restliche Frosting für deinen finalen Überzug.

Der Experte:

Duff Goldman ist Promi-Konditor, Food-Network-Star und Autor.

Warum:

Das perfekte Frosting bekommst du nur hin, wenn du alle Schritte vor dem finalen Überzug ordentlich ausführst. Wenn du deinen Kuchen in den Kühlschrank packst, verhärtet das Fett (Butter, Öl) darin, sodass alles stabiler wird und du mit dem Frosting keine (oder zumindest weniger) Krümel aus dem Kuchen reißen kannst. Außerdem besteht Frosting größtenteils aus Fett, deshalb würde es schmelzen, wenn du es auf einen noch warmen Kuchen auftragen würdest. Mit Fertig-Frosting auf Zimmertemperatur kannst du gut arbeiten, aber wenn du dein Frosting selbst gemacht hast (die Mühe lohnt sich!) und es noch im Kühlschrank steht, solltest du es aufwärmen, während der Kuchen abkühlt. (Duff wärmt sein Frosting mit einem Bunsenbrenner auf, aber du kannst es auch im Wasserbad erwärmen oder es einfach für ungefähr eine Stunde auf dem Tresen stehen lassen.) Leider lassen sich auch mit dem Kühlschritt hängenbleibende Krümel nicht hundertprozentig vermeiden, deshalb ist der »Krümel-Stopp«-Schritt total wichtig. (Und außerdem füllst du dir etwas Frosting in eine extra Schüssel ab, damit du nicht dein ganzes Frosting mit Krümeln kontaminierst.) Ein zweiter Kühlgang festigt den Krümel-Stopp, danach sollte dein finaler Überzug leicht aufzutragen sein. Achte auf einen sauberen Spachtel, damit du ein besonders schönes Ergebnis bekommst.

Profi-Tipp: Keine Panik, falls dein Kuchen beim Backen braune Ecken bekommt. Die Leute haben immer wahnsinnig Angst, dass etwas anbrennt, aber in Wahrheit stabilisieren die braunen Ecken den Kuchen und intensivieren seinen

Geschmack. Je dunkler der Kuchen ist, desto fester ist er auch und umso leichter kannst du das Frosting auftragen. (Und wenn du mit einer Fertigmischung arbeitest, sind da sowieso ziemlich viele, äh, industrielle Zutaten drin, die verhindern, dass dein Kuchen zu trocken ist.)

Snacks unwiderstehlich präsentieren

1. Leg zuerst deinen Käse auf eine Platte – möglichst unterschiedliche Sorten (Ziege, Schaf, Kuh) und unterschiedliche Konsistenzen (weich, hart, frisch) –, dann stell noch Schälchen für Dips oder Soßen dazu.
2. Platziere die Wurst in schönen Reihen neben dem Käse; die Salami aufgerollt, harte Würste in Schreiben, Prosciutto in gezupften kleinen Stücken.
3. Ergänze nach Belieben Gemüse und Obst (Karotten, Gurken, Beeren, getrocknete Früchte, süße kleine Cornichons), und arrangiere sie in kleinen Inselchen oder Haufen an unterschiedlichen Stellen auf dem Brett. Nimm Schälchen für alles mit Salzlake oder Soße.
4. Jetzt ergänze das Knabberzeug – Cracker, Toast, Nüsse, Chips, Mini-Bretzeln. Leg zwischen den Käse und die Wurst kleine Nuss-Berge oder Cracker in Fächerform. (Du solltest immer eine Back-up-Platte mit Knabberzeug haben.)
5. Befüll die noch leeren Schälchen mit den Dips, die du vorgesehen hast – Feigenmarmelade, Honig, Kompott, Hummus.
6. Zu guter Letzt kommt die Deko: ein paar Thymianzweige, Rosmarin, Lavendel oder sogar essbare Blüten.

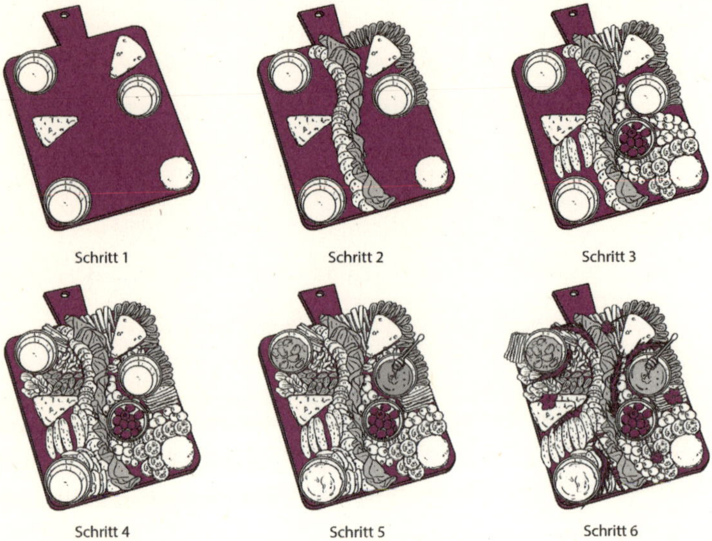

Die Expertin:

Marissa Mullen ist eine Käseplatten-Influencerin (gibt es wirklich) und Erfinderin der @thatcheeseplate- und @cheessebynumbers-Methoden.

Warum:

Nach Marissas »cheese by numbers«-Methode kannst du aus allen Zutaten, die du zu Hause hast, eine unwiderstehliche Snack-Auswahl zaubern, wenn du sechs Basic-Schritte befolgst: Käse, Wurst, Obst/Gemüse, Knabberzeug, Dips, Deko. Du startest mit dem Käse und arrangierst dann die großen Sachen außenrum. Härtere Käsesorten solltest du vorschneiden, dann werden mehr Leute dabei zugreifen. (Wer will schon mit so einem kleinen Käsemesser rumhantieren?) Alles soll griffbereit präsentiert werden, deshalb sollst du auch die Wurst einrollen. Mit dem Gemüse und Obst setzt du Farbakzente, deshalb wähle möglichst unterschiedliche Produkte aus. Die Deko setzt dann die letzten Tupfer und lässt das Ganze, im

Gegensatz zu anderen Appetizern, wie ein Kunstwerk aussehen. (Kein Zweifel: Eine gute Käseplatte IST ein Kunstwerk.) So eine Snackplatte kannst du auch gut vorbereiten und im Kühlschrank lagern; aber vergiss nicht die Frischhaltefolie. (Und nimm knusprige Sachen, die weich werden könnten, vorher runter.) Nimm die Platte eine Stunde vor dem Essen aus dem Kühlschrank, damit der Käse sich auf Raumtemperatur erwärmen kann – dann hat er den intensivsten Geschmack.

BONUS

Wie wär's mit einem Salami-Fluss? »Salami-Fluss« ist eine Wortschöpfung von Marissa, mit der sie ihre Präsentier-Technik beschreibt: eine geschwungene Linie aus aufgerollter Wurst, die sich um den Käse windet und dem Arrangement Struktur und Bewegung verleiht. Nimm am besten vorgeschnittene Salami, und falte jede Scheibe in Viertel. Halte die geviertelten Scheiben am geknickten Ende in einer Hand fest, und drück sie dabei noch ein bisschen fester zusammen. Wenn du fünf bis sechs Viertel gesammelt hast, setz sie wie Blumen auf dein Käsebrett, dann die nächste Runde … so lange, bis du eine gerade Linie quer über deinem Brett hast. Bau erst ganz am Ende die Flussform, indem du durch Schieben ein oder zwei Kurven kreierst. (Je häufiger du das machst, desto leichter wird es, und du kannst jede Sorte Wurst/Aufschnitt so präsentieren!)

Einen Wein wie ein Profi öffnen

1. Hol den Wein aus dem Keller oder Kühlschrank, und schau dir den Verschluss genau an. (Die Plastik- oder Alukappe, die den Flaschenhals samt Korken bedeckt, nennt man Kapsel.)

2. Falls du einen Weiß- oder Schaumwein öffnest, trockne das Kondenswasser ab, damit die Flasche nicht so rutschig ist.
3. Stell die Flasche auf einen Tisch oder Tresen, und schnapp dir den Flaschenöffner. (Falls du nicht schon so eins besitzt, kauf dir am besten ein sogenanntes Kellnermesser – das ist die einfache Öffner-Variante zum Aufklappen mit einem Messer. Du kannst es überall kaufen, und es ist günstig.)
4. Klapp das Messer am Flaschenöffner auf. Halte die Flasche am Hals mit der einen Hand gut fest, mit der anderen Hand schneidest du direkt *unterhalb* der Rille des Flaschenhalses horizontal einmal rundherum.
5. Nimm die Kapsel mit der Hand ab, und steck sie in die Hosentasche, oder wirf sie weg.
6. Klapp die Spirale – also den eigentlichen Flaschenöffner – aus, und setze ihn mithilfe deines Zeigefingers genau in die Mitte des Korkens. Wähle den Winkel so, dass der Korkenzieher absolut gerade in den Korken gedreht wird.
7. Halte mit der anderen Hand immer noch die Flasche gut fest, während du mit deiner dominanten Hand (die, mit der du auch schreibst!) den Korkenzieher so weit reindrehst, bis nur noch eine Runde (Spirale) des Korkenziehers oberhalb des Korkens sichtbar ist.
8. Schau nach, ob der Korkenzieher genau in der Mitte der Flasche und gerade sitzt. Wenn nicht, hast du ihn zu weit, zu schief oder nicht weit genug reingedreht. Korrigiere das gegebenenfalls.
9. Klapp den Hebel des Korkenziehers ein; er sollte genau auf dem Flaschenrand aufsitzen. Deine Haltehand sollte den Flaschenhals umfassen. Jetzt hebele vorsichtig den Korken so weit raus, bis du den unteren Zacken am Hebel auf den Flaschenrand aufsetzen kannst.

10. Setz dann den unteren Zacken auf, und hebele den Korken vorsichtig das letzte Stück heraus. Dafür musst du eventuell ein bisschen ruckeln.
11. Nimm ein Papier- oder Stofftuch, und wische vorsichtig die Innenseite des Flaschenhalses aus. (Manchmal haben sich dort Kork oder Weinstein abgelagert, die willst du nicht in deinem Wein haben.)
12. Im Restaurant bekommt man häufig den Korken gereicht, damit man sieht, dass die Flasche gerade erst geöffnet wurde – das kannst du dir sparen und den ersten Schluck genießen.

Schritt 1

Schritt 2

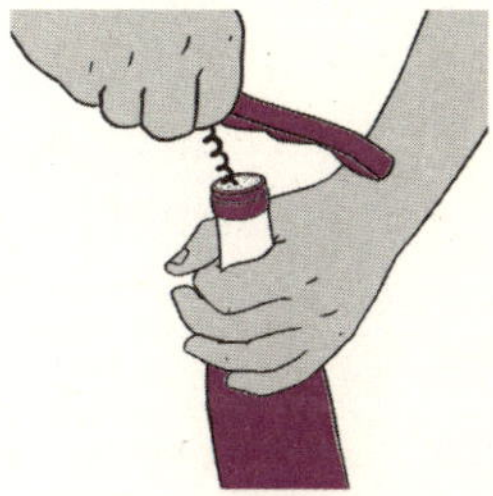
Schritt 3

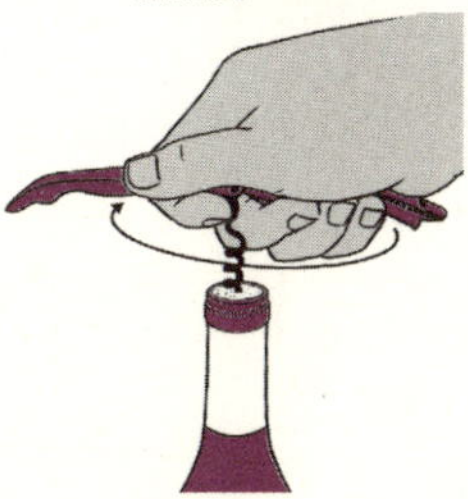
Schritt 4

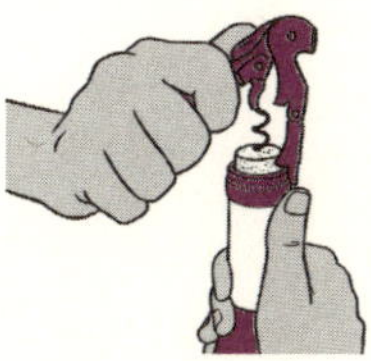
Schritt 5

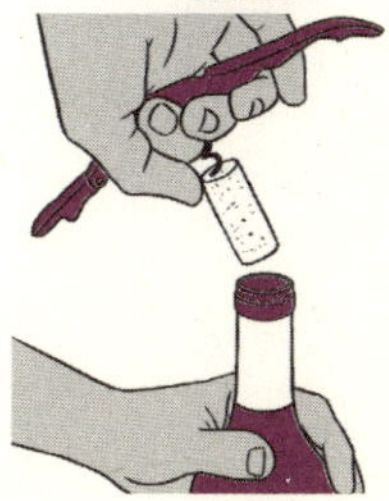
Schritt 6

Die Expertin:

Laura Maniec Fiorvanti ist Chefsommelier und Mitgründerin des Corkbuzz Wine Studio.

Warum:

Einen Wein zu öffnen ist eigentlich nicht schwer, aber du musst dir mit den einzelnen Schritten Zeit lassen, sonst siehst du peinlich dabei aus und machst dir das Leben (beziehungsweise das Öffnen) nur noch schwerer. Die häufigsten Fehler, die Leute mit einem Kellnermesser machen, sind:

1. Das Gewinde nicht gerade, sondern schräg reindrehen und damit den Korken am Rand beschädigen, sodass er stecken bleibt, abbricht oder Krümel in den Wein fallen.
2. Den Hebel nicht gerade ausrichten, sodass er dir beim Ziehen aus der Hand rutscht und du dich selbst ins Gesicht schlägst – hoppla!
3. Beim Hebeln mit dem zweiten Zacken zu ungeduldig und aggressiv ziehen, sodass der Korken durchbricht – und den unteren Teil bekommst du einzeln wirklich schwer raus.
4. Und vergiss eins nicht: Egal, was passiert, solange du dir ein Glas Wein einschenken kannst, ist alles gut gegangen.

Wein verkosten

1. Schauen.
2. Schwenken.
3. Schnuppern.
4. Schlürfen.
5. Schlucken.

Die Expertin:

Leslie Sbrocco ist Wein-Expertin und wurde mit dem James-Beard-Award und dem Emmy-Award ausgezeichnet. Sie verkostet regelmäßig fünfzig bis hundert Weine pro Woche. (Ja, sie spuckt ihn aus.)

Warum:

Als Erstes siehst du zwangsläufig den Wein, also schau dir an, was für eine Farbe er hat. Um mehr Kontrast zu haben, halte dein Glas vor ein weißes Stück Papier oder eine weiße Tischdecke. Schwenke dein Glas, indem du es auf dem Tisch abstellst und den Stiel in Kreisen bewegst. Dadurch öffnen sich die Weinaromen, und du kannst sie dann im nächsten Schritt besser riechen. (Der Wein war lange in der Flasche eingesperrt und braucht Luft zum Atmen.) Wenn der Wein regelrecht am Glas klebt (also Schlieren bildet, die auch »Kirchenfenster« oder »Tränen« genannt werden), kann das ein Zeichen für einen sehr lieblichen oder hochprozentigen Wein sein. Man schnuppert am Wein, bevor man ihn trinkt, weil unsere Nasen viel komplexere Aromen wahrnehmen können als unser Gaumen.

Last but not least: In unserem Mund gibt es unterschiedliche Bereiche für unterschiedliche Aromen. Deshalb ist es so wichtig, dass du den Wein schlürfst, sodass er überall in deinem Mund ist und du alle Facetten des Aromas erfassen kannst. Aber du gurgelst keine Mundspülung! Nimm einen Schluck in den Mund, dann öffne leicht die Lippen, und beweg durch den Luftzug beim Aus- und Einatmen den Wein in deinem Mund hin und her.

Profi-Tipp: Die meisten Leute neigen dazu, den Weißwein zu kalt und den Rotwein zu warm zu trinken. Aber wenn Weißwein zu kalt ist, kann er nicht sein volles Aroma entwickeln. Sollte dein Weißweinglas direkt nach dem Einschenken kalt anlaufen wie bei einem Bier, ist der Wein zu kalt. Leg deine Hände um das Glas, um ihn aufzuwärmen, bevor du davon trinkst. Bei Rotwein gilt: Er sollte die Temperatur eines Weinkellers, also etwa zwölf bis fünfzehn Grad haben, wodurch Weine mit hohem Alkoholanteil runder und erfrischender schmecken. Einen Rotwein, der Zimmertemperatur hat, solltest du eine Stunde, bevor du ihn trinken willst, in den Kühlschrank stellen.

Eine kurze, kompakte Rede

»Franklin D. Roosevelt hat immer gesagt: ›Sprich aufrichtig, fasse dich kurz, setz dich wieder hin‹, und das sind immer noch die wichtigsten Grundregeln für eine gute Rede.«

– Margaret Page

1. Nimm dein Publikum mit. Bitte die Leute, ihre Gläser zu füllen und aufzustehen, um mit dir anzustoßen. (Falls du nur mit deinem engsten Freundeskreis im Restaurant bist, müssen auch nicht alle aufstehen. Aber sag auf jeden Fall an, dass du eine kurze Rede halten willst, damit alle volle Gläser haben.)
2. Merk dir: ABC – audience before content (Publikum geht vor Inhalt). Also: Vor wem sprichst du? Und über was? Ist es ein Geschäftsessen? Sind Kinder dabei? Was ist mit Kraftausdrücken?
3. Definiere deine Absicht. Möchtest du alle begrüßen? Gibt es einen besonderen Anlass? Möchtest du dem Gastgeber danken? Geh sicher, dass das, was du sagst, zu deiner Absicht passt.
4. Fass dich kurz. (Sprich maximal zwei Minuten.)
5. Hol alle ins Boot. Stell dich kurz vor, falls dich einige Leute nicht kennen. Dann erkläre, wie du zum Gastgeber oder

dem Anlass, zu dem du sprichst, stehst, und erinnere die Leute daran, warum ihr alle zusammengekommen seid.

6. Versuch nicht, lustig zu sein – es sei denn, du bist es.
7. Vermeide Insider-Geschichten, die nicht alle verstehen. Alle sollen sich angesprochen fühlen. (ABC, Baby!)
8. Worauf auch immer du einen Toast aussprichst (einen Geburtstag, einen neuen Kunden, den leckeren Nachtisch), formuliere immer auch einen Wunsch für die Zukunft (viele gesunde Jahre, Marktführerschaft, Nachtisch für alle für immer).
9. Übe deinen Toast. Lern ihn auswendig, falls du das kannst. (Falls du dir den Text aufgeschrieben hast, bring ihn ruhig mit, aber versuch, ihn nicht abzulesen, sondern frei zu sprechen.)
10. Suche Augenkontakt mit deinen Zuhörern. Während du sprichst, schau jemanden an, der dich anschaut, dann such das nächste Augenpaar.

Die Expertin:

Margaret Page ist Vizepräsidentin von Toastmasters International, einer Non-Profit-Bildungsorganisation, die mithilfe eines weltweiten Vereinssystems Führungskompetenzen fördert und öffentliches Reden unterrichtet.

Warum:

Gute Redner wissen, dass das Publikum im Zentrum steht, nicht sie selbst. Deshalb ist es so wichtig, Hintergrundinformationen zu liefern. Du schaffst damit eine Situation: »Leah und ich haben uns bei einem Praktikum kennengelernt« oder: »Diese Stiftung gibt es seit 1924«. (Bei den Hintergrundinformationen kannst du über die Vergangenheit sprechen, und am Ende deiner Rede formulierst du dann einen Wunsch für die Zukunft. Häufig wird der Ratschlag gegeben, dass man eine Rede am besten mit einem Witz beginnt. Das funktioniert gut, wenn du lustig bist, aber die meisten Leute sind es nicht. (Du kennst dich selbst am besten.) Sei du selbst! Das ist ehrlicher, und die Leute sind dann empfänglicher für das, was du sagst. Bereite dich immer gut vor, und übe deine Rede. Es ist ziemlich schwer, das Energielevel im Raum zu heben, wenn du nur abliest. Und bei einer guten Rede geht es eben darum, das Energielevel aller Anwesenden zu heben – darum ist es so sinnvoll, im Stehen zu sprechen.

BONUS

Rede-Hack: Du hast keinen Schimmer, worüber du reden sollst? Dann such dir ein paar Lebensweisheiten (oder irische Segenswünsche), und lern sie auswendig, damit du nicht immer »Auf deine Gesundheit!« sagen musst.

Drei wichtige Etikette-Regeln für Reden:

1. Wenn die Rede/der Toast dir gewidmet ist, antwortest du *nicht* mit einem eigenen Toast. Du schaust einfach freundlich in die Runde und nickst, während die anderen auf dich trinken.
2. Du kannst völlig problemlos mit Wasser anstoßen. Entweder füllst du dein Weinglas damit, oder du nimmst einfach dein Wasserglas. Früher galt das als Fauxpas, aber heutzutage ist es das nicht mehr. Beim Toast geht es nicht darum, Alkohol zu konsumieren, sondern darum, jemanden/eine Idee/ein Konzept zu würdigen.
3. Steck deine Hände nicht in deine Hosentaschen! Es ist ein Zeichen dafür, dass du etwas verbergen willst. (Einige Experten für Körpersprache sagen, dass es ein Zeichen für Geldprobleme ist – igitt!)

Apropos Blickkontakt:
»Wenn du nach oben schaust, ist da Ozon, wenn du nach unten schaust, ist das die No-Zone, und wenn du geradeaus schaust, ist das die Go-Zone.« Das ist ein Toastmasters-Merkspruch für Blickkontakt. Schau erst einer Person auf der einen Seite des Tisches in die Augen, dann einer Person auf der anderen Seite – und lass dir genug Zeit, um zur jeweiligen Person einen Kontakt herzustellen. So reden wir auch normalerweise miteinander, und alle, die drum herumsitzen, bindest du damit auch ein.

Leute einander vorstellen

1. Stelle die Menschen einander nach Status vor, nicht nach Gender oder Alter. Also: Der Name der wichtigsten Person wird zuerst genannt. »Lady Gaga, ich möchte dir gern Erika Schmidt vorstellen.« Im Geschäftskontext wird der Kunde, Gast oder Besucher *vor* dem eigenen Boss oder Kollegen vorgestellt.
2. Schau denjenigen, den du vorstellst, immer an, und sag dessen Namen laut, deutlich und mit Selbstbewusstsein.
3. Liefere immer auch ein paar Informationen über die Person. (Das ist ein guter Gesprächseinstieg, also sag so etwas wie: »Lady Gaga hat gerade ihren fünfundachtzigsten Grammy gewonnen« oder: »Erika Schmidt ist Musiklehrerin«.)
4. Bei Leuten mit gleichem Status stellst du die Ältere zuerst vor.
5. Falls du jemandem ein Familienmitglied vorstellst, fang mit dem Namen der anderen Person an: »Lady Gaga, das ist mein Vater, John Zammett.«

Die Expertin:

Patricia Rossi ist Etikette-Coach, internationale Keynote Speakerin und NBC-Korrespondentin mit dem Schwerpunkt Umgangsformen.

Warum:

Wenn du Leute einander richtig vorstellst, strahlst du Professionalität und Glaubwürdigkeit aus. Und wenn du diejenige bist, für die Vorstellungsrunden kein Problem sind, schärft das deinen Geschäftssinn und steigert dein Selbstbewusstsein. Es zeigt auch deine Menschenkenntnis und deinen Respekt für dein Gegenüber. Deshalb ist es nie falsch, die wichtigste Person im Raum als Erstes vorzustellen. Das ist gewissermaßen die natürliche Ordnung der Dinge und kommuniziert Anerkennung und Respekt.

Blickkontakt ist immer das Wichtigste. Alle Leute sind doch davon genervt, anderen ständig auf den Scheitel zu starren, weil die auf ihre Handys schauen. Eine Vorstellungsrunde verdient deinen vollen Respekt, also widme ihr deine ganze Aufmerksamkeit.

BONUS

Wenn du dich selbst vorstellst, steh gerade und wende dich deinem Gegenüber zu, schau ihm oder ihr in die Augen und sag deinen Vornamen, nur den, und direkt danach deinen Vor- und Nachnamen. »Hallo, ich bin Katrin. Katrin Kunze.« Dann haben die Leute deinen Namen zweimal gehört.

Menschen begrüßen (oder vorstellen), deren Namen du vergessen hast

1. Sei sofort ehrlich. »Oh nein, ich hab deinen Namen vergessen, kannst du mir helfen?«
2. Ergänze direkt ein Detail von eurer letzten Begegnung (falls du dich *daran* erinnerst): »Ich erinnere mich, dass wir uns bei/in x getroffen haben.«
3. Sobald die Person ihren Namen sagt, erwiderst du: »... natürlich!«, und *wiederholst* ihren Namen.
4. Sag, wie du heißt. Vorname und Nachname.

Die Expertin:

Diane Gottsman ist Etikette-Expertin und Gründerin der Protocol School of Texas.

Warum:

Vielleicht denkst du, dass du eine unangenehme Situation vermeiden kannst, indem du zuerst deinen Namen sagst, in der Hoffnung, dass dein Gegenüber dann mit seinem Namen antwortet, aber meistens funktioniert das nicht. Und was machst du, wenn du als Antwort bekommst: »Äh, ja, Mareike, ich weiß, wie du heißt, wir sind uns doch schon tausendmal begegnet.« Dann sitzt du richtig in der Falle. Deshalb ist es besser, ehrlich zu sein und dazu zu stehen, dass du den Namen vergessen hast. Wenn du Details erwähnst, wann und wo ihr euch zum letzten Mal gesehen habt, zeigst du, dass du dich an die *Person* erinnerst, nur nicht an ihren Namen. Und es ist höflich, den Namen zu wiederholen (und wird dir helfen, dich das nächste Mal daran zu erinnern – FÜR MEHR TIPPS ZUM NAMENMERKEN SIEHE SEITE 279).

BONUS

Na gut, aber was ist, wenn dein Gegenüber der Partner deiner Cousine ist und du ihn schon x-mal getroffen hast (sorry, Martin … oder, äh, Markus?!) oder wenn es ein Kunde ist, an den du dich definitiv erinnern solltest? Wenn du genug Zeit hast, während er auf dich zukommt, schlendere zu jemandem, der in der Nähe steht, und bitte um Überlebenshilfe, am besten, ohne die Lippen zu bewegen (à la Meryl Streep und Anne Hathaway in *Der Teufel trägt Prada*). Wenn dafür keine Zeit bleibt, halte die Begrüßung kurz, und lenk das Gespräch möglichst schnell auf irgendein Thema: »Was für ein schöner Tag heute! Möchtest du auch einen neuen Drink?« Was du auf keinen Fall tun solltest: raten, nachfragen, lügen. Und sobald ihr euch getrennt habt, such dir jemanden, der dir den Namen sagen kann!

Ein Gastgeschenk aussuchen

1. Frag dich: »Bin ich häufig bei dieser Person zu Gast? Ist sie gern Gastgeberin?«
2. Falls nein, was für *andere* Hobbys hat sie? (Nicht jede Gastgeberin muss ein klassisches Gastgeschenk bekommen.)
3. Denk darüber nach, wie viel du ausgeben willst. (Orientiere dich daran, wie viel du für Geburtstagsgeschenke ausgibst. Es sollte im Verhältnis dazu stehen, wie gut du die Gastgeberin kennst.)
4. Berücksichtige auch das Event: Ist es ein gemütliches Abendessen unter Freunden? Oder das große Silvester-Dinner mit Hummer und Champagner? Pass das Geschenk daran an. Trotzdem musst du keine horrenden

Summen ausgeben. Ein Geschenk für zehn Euro ist topp, und jeder freut sich darüber!

5. Falls viele Leute eingeladen sind, schenk lieber keine Blumen. Dann muss sich die Gastgeberin nur um noch eine weitere Sache kümmern. (Nämlich eine Blumenvase zu finden, während es schon wieder an der Tür klingelt und sie gleichzeitig die Gäste unterhalten will!) Aber schick doch einfach am Tag *nach* der Party einen Strauß; das ist auch eine super Idee, wenn du das Gastgeschenk vergessen hast. Oder du schenkst einen Strauß samt Vase, den man direkt hinstellen kann.
6. Solltest du auf Nummer sicher gehen und Wein schenken wollen, kläre vorher, ob die Gastgeber auch wirklich Wein trinken. Finde am besten heraus, welchen Wein sie mögen. Einen Wein kaufen – siehe Seite 209.
7. Überleg dir eine Überraschung – ein Frühstückspaket mit frisch gebackenen Keksen, Kaffee und Croissants oder ein frisches Brot mit gutem Käse. (Lass deine Gastgeber wissen, dass das dein Geschenk für sie, nicht ein Beitrag zum Büfett für alle ist.)
8. Verpacke dein Geschenk so, dass die Verpackung wiederverwendet werden kann. (Eine Stoffserviette für das Brot, zugebunden mit einer Schnur, oder eine kleine Pflanze in einem Kaffeebecher.) Wie du am besten Geschenke verpackst, erfährst du auf Seite 229.
9. Kaufe ein paar extra Geschenke auf Vorrat für Last-Minute-Einladungen: schöne Kerzen, lustige Servietten, ausgefallene Bierdeckel.

Die Expertin:

Joy Cho ist Gründerin und Kreativdirektorin der Lifestyle-Marke Oh Joy! und des gleichnamigen Design-Büros. Zwei

Jahre in Folge war Joy auf der *Time*-Top-30-Liste der einflussreichsten Menschen im Internet.

Warum:

Ein gutes Gastgeschenk sollte etwas sein, was die Beschenkte im Laufe des Abends (be-)nutzen kann. Aber manche Leute LIEBEN es, Gastgeber zu sein, während andere einfach nur ihren Freundeskreis um sich versammeln wollen, ohne zu viel Aufwand betreiben zu müssen. Dir ein paar Fragen zum Gastgeber zu stellen ist deshalb besonders wichtig. Für eine Freundin, die eher ungern ihre Gäste unterhält, die aber in letzter Zeit sehr viel gearbeitet hat, könnte ein Maniküre-Gutschein das perfekte Geschenk sein; wenn du zu einem Familienfest gehst, könnte ein Gesellschaftsspiel die Stimmung treffen.

Und du musst nicht übertreiben. Was wirklich zählt, ist die Geste (und wie viele Gedanken du dir zu Schritt 1 und 2 gemacht hast). Wenn du eine Flasche Wein verschenkst, pack sie auf jeden Fall ein, und lass die Gastgeber wissen, dass die Flasche für sie allein ist, nicht für die Party. (Dasselbe gilt für alle Essensgeschenke – du willst ja auch nicht das geplante Menü durcheinanderbringen.)

BONUS

Wann brauchst du ein Gastgeschenk? Wenn du das erste Mal zu jemandem nach Hause eingeladen bist (und die Leute gerade erst neu eingezogen sind oder ihr erst seit Kurzem befreundet seid) oder wenn die Gastgeber etwas Bestimmtes feiern (einen neuen Job, Geburtstag, Verlobung …). Außerdem wenn du einfach dankbar dafür bist, dass dein Gegenüber mal wieder seine Wohnung für alle zur Verfügung stellt, und deine Dankbarkeit auch zeigen willst. Aber wenn du zum x-ten Mal gute Freunde besuchst und ihr zusammen abhängt, besteht kein Zwang, ein Gastgeschenk mitzubringen. (Obwohl Joy in solchen Fällen häufig leckeres Eis mitbringt – darüber freuen wir uns doch alle immer!)

Geschenke schön verpacken

»Geschenke verpacken muss nicht in Stress ausarten. Falls du mehrere Geschenke verpacken musst, schenk dir ein Glas Wein ein und leg schöne Musik auf.«
– Anna Bond

1. Suche alle deine Verpackungsmaterialien zusammen: Papier, Tesafilm, Schere und alle lustigen Deko-Elemente, die du besitzt.
2. Sorg dafür, dass du eine große, flache Arbeitsfläche hast – den Esstisch, den Küchentresen oder den Fußboden.
3. Roll so viel Papier aus, wie du schätzungsweise brauchst, und stell das Geschenk mit der längsten Seite an die Schnittkante. Dann dreh das Geschenk so lange in Richtung Papierrolle, bis alle Seiten einmal unten lagen (also das Papier alles bedecken wird).
4. Schlag drei bis fünf Zentimeter drauf, und schneide dann das Papier ab.
5. Leg das Geschenk mit der Oberseite nach unten in die Mitte des Bogens, und falte das Papier einmal zu. Achte darauf, dass du an den Kanten saubere Knicke bekommst. Verwende einen Streifen Tesafilm, um das Papier in der Mitte zusammenzukleben. (Klebe Papier auf Papier, nicht das Papier auf das Geschenk.)
6. Kürze das Papier an den zwei offenen Seiten so, dass es beim Einfalten etwa die Hälfte des Geschenks bedeckt.

(Bei zu viel Papier an den Seiten wird es schwieriger, schöne Ecken zu bekommen.)

7. Falte die obere Seite des Papiers nach unten, und mach an der Seite einen diagonalen Knick. Falte dann die äußeren Seiten wie bei einem Briefumschlag entlang des Knicks ein. Als Letztes kommt die untere Seite dran. (Falls sie zu lang ist, falte sie einmal ein, sodass es am Ende einen schönen Knick gibt.) Kleb die äußeren Seiten mit einem Streifen Tesafilm zusammen, kleb dann die Unterseite darüber. Mach dasselbe auf der anderen Seite des Geschenks.
8. Zum Schluss: Geschenkband. Wickle es um das Geschenk, und schneide es erst dann ab, damit es nicht aus Versehen zu kurz ist. Belass es bei einfachen Schleifen (also einfach zu öffnen), und schneide das Geschenkband diagonal ab.

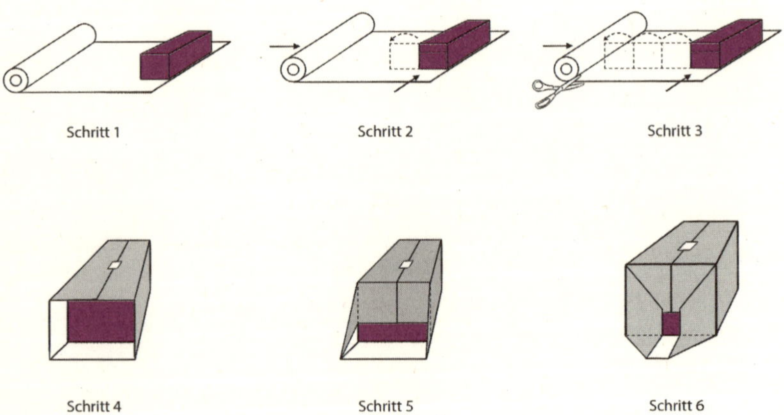

Die Expertin:

Anna Bond ist Mitgründerin und leitende Kreativdirektorin von Rifle Paper Co., einer internationalen Schreibwaren- und Lifestyle-Marke.

Warum:

Du solltest dein Geschenkpapier immer so abmessen, dass es gerade groß genug für dein Geschenk ist – zu viel Geschenkpapier sieht sperrig und unordentlich aus. Mit dem extra 3-bis-5-cm-Streifen kannst du die Schnittkanten bedecken, bevor du sie zusammenklebst. (Das ist Annas Lieblingstrick, damit das Geschenk noch ordentlicher verpackt ist.) Verwende nicht zu viel Papier, und kleb den Tesafilm nicht direkt auf das Geschenk, denn davon geht es vielleicht kaputt. (Und es ist schwieriger auszupacken.) Für ein schönes Finish falte das Geschenkpapier an den Ecken des Geschenks nach. Anna arbeitet am liebsten mit Samt- oder Baumwoll-Geschenkband. Kauf dir am besten einen Vorrat an unterschiedlichen Farben, die zu möglichst vielen Designs passen. Und: Anna wickelt das Geschenkband immer einmal komplett um ihre Geschenke.

Profi-Tipp: Wenn ein Geschenk eine ausgefallene Form hat, empfiehlt Anna Seidenpapier zum Verpacken – und dann werde kreativ. Wickle zum Beispiel ein Stofftier hinein wie in eine Tüte, und mach oben eine große Schleife drum. Ein Vorrat an Geschenktüten ist natürlich auch immer eine gute Sache für solche Geschenke und macht dir das Leben leichter. Die Tüte sollte so groß sein, dass das Geschenk nicht oben rausschaut. Damit die Tüte voll aussieht, kannst du oben zusammengeknülltes Seidenpapier drauflegen.

Apropos Geschenkpapier aufbewahren:

Finde einen praktischen Ort, wo das Geschenkpapier nicht zu viel Platz wegnimmt. (Du brauchst kein extra Zimmer dafür.) Am wichtigsten ist, dass alles an einem Ort ist und du leicht drankommst. Anna empfiehlt, die Geschenkpapierrollen in einem großen Korb im Schrank aufzubewahren und die Geschenkbänder, den Tesafilm und eine Schere in eine

Box direkt daneben zu packen. (Nimm nicht einfach deine normale Schere und dein normales Klebeband, sonst musst du sie jedes Mal, wenn du etwas einpacken willst, suchen.) Karten und Geschenkanhänger gehören in eine extra Box.

Kapitel

11

Self-Care

Meditation

»Beweg deinen Körper, wenn er stärker werden soll. Willst du aber deinen Geist stärken, bring ihn zur Ruhe.«

– Suze Yalof Schwartz

1. Schließe die Augen.
2. Bring deine innere To-do-Liste zum Schweigen, indem du dich aufs Ein- und Ausatmen konzentrierst. (Leg eine Hand auf deine Brust, und spüre, wie sie sich hebt und senkt.)
3. Hör auf, auf deinen Atem zu achten, und sei ganz im Moment. Atme, hör die Vögel zwitschern, Kinder spielen ... was auch immer geschieht, lass dich darauf ein.
4. Nimm wahr, dass du jetzt darüber nachdenkst, was es zum Abendessen gibt, oder du dich über eine Textnachricht von irgendjemandem ärgerst. Stimmt's?
5. Benenne, was deinen Geist beschäftigt: Stress, Grübeln, Essensplanung ...

6. Konzentriere dich wieder auf deine Atmung, und beginne noch einmal bei Schritt 2, so lange, bis du für längere Zeitabschnitte ganz im Moment verweilen kannst.

Die Expertin:

Suze Yalof Schwartz ist Gründerin und Geschäftsführerin von Unplug Meditation und Autorin des Buchs *Be mindful – Einfach mal abschalten*.

Warum:

Wenn deine Gedanken abschweifen – und das werden sie tun –, versuch nicht, diese Gedanken zu unterdrücken; dann kommen sie bloß umso stärker zurück. Stattdessen gilt: »name it to tame it«, also »benenne und befriede«, was dich ablenkt – gern auch laut, wenn dir das hilft. (»Sorry, Zitronenhähnchen, jetzt nicht.«) Danach kannst du deinen Geist und deinen Körper wieder zur Meditation zurückbringen, indem du wahrnimmst, wie du ein- und ausatmest. Die meisten Menschen verkomplizieren Meditation, weil sie glauben, sie müssten ihren Kopf komplett abschalten, aber das gelingt nur den wenigsten – und in Wahrheit *solltest* du dir sogar bewusst werden, worüber du gerade nachdenkst. Es ist ein spielerisches Hin und Her zwischen dem aufmerksamen Betrachten, wohin deine Gedanken abschweifen, und der bewussten Wahrnehmung deines Atems. Und wenn es dir gelingt, deinen Geist gezielt vom Umherschweifen zum Fokus auf deinen Atem zurückzuführen, auch wenn es nur für eine Minute ist – Glückwunsch, du meditierst!

BONUS

Und warum fällt Meditation so vielen Menschen so schwer?

Weil wir daran gewöhnt sind, die ganze Zeit von etwas abgelenkt und mit etwas beschäftigt zu sein. Es ist viel einfacher, 24/7 »angeknipst« (mit technischen Geräten verbunden) zu sein und sich abzulenken, als mit sich selbst allein zu sein. Aber natürlich ist die permanente Überreizung der eigentliche Grund dafür, dass wir gestresst sind und Ängste entwickeln und überhaupt erst Meditation brauchen. Du willst klarer, fokussierter und achtsamer werden? Dann sitz pro Tag fünf Minuten still da. Das schaffst du! Mach es am besten gleich nach dem Aufstehen, mithilfe einer App und Kopfhörern.

Wenn du dich ans Meditieren gewöhnt hast, wirst du feststellen, dass du diesen ruhigen und fokussierten Zustand auch herstellen kannst, wenn du in eine stressige Situation gerätst. Wenn du damit deinen Tag startest, noch bevor andere Dinge deine Aufmerksamkeit ablenken, trainierst du eine Fähigkeit, die dich den ganzen Tag über trägt.

Stressabbau in weniger als einer Minute

1. Halte beide Hände vor dein Gesicht, so als ob du beidhändig »Daumen hoch« zeigen willst.
2. Dreh deine Daumen in die Horizontale, und platziere sie auf beiden Seiten deines Nasenrückens, direkt unterhalb der Augenbrauen.
3. Übe festen Druck aus.
4. Zähle langsam bis zehn und atme.
5. Setze deine Daumen jetzt etwas oberhalb des äußeren Endes deiner Augenbrauen auf.
6. Platziere deine Zeigefinger etwa 2,5 Zentimeter oberhalb deiner Daumen und etwas nach innen eingerückt.
7. Übe sanften Druck aus.
8. Zähle langsam bis zehn und atme.
9. Mach weiter mit dem, was du vorher getan hast.

Der Experte:

Dr. med. Mehmet Oz ist leitender Professor für Chirurgie an der Columbia University, Bestsellerautor und Moderator der Talkshow *The Dr. Oz Show*, die mit einem Emmy ausgezeichnet wurde.

Warum:

Viele Leute speichern Stress in ihrem Kopf und ihrem Gesicht, sind also dauerangespannt, und (ich stresse dich nur ungern) dieser Stress kann jeden Teil deines Körpers schädigen und chronische Krankheiten erzeugen. Du solltest dir auf jeden Fall die **Atemübung auf Seite 271**, **die Meditation auf Seite 233** und **Loslassen auf Seite 308** anschauen, aber vorher gönn dir eine schnelle DIY-Kopfmassage – ein supereinfaches Mittel, um Stress abzubauen und dein Gesicht zu entspannen. Du kannst währenddessen die Augen schließen, wenn dir das lieber ist, du kannst die Übung aber auch einfach in der Öffentlichkeit machen, wo auch immer du bist. Aber wasch dir die Hände, bevor du dir ins Gesicht fasst!

Eine Tasse Tee machen

1. Füll deinen Wasserkocher mit frischem, gefiltertem Wasser. (Widersteh dem Drang, einfach das alte Wasser wieder aufzukochen.)
2. Bring das Wasser zum Kochen. Bei grünem und weißem Tee sowie einigen Oolong-Sorten darf das Wasser nur ca. 75 Grad warm sein. (Das ist deutlich kälter als der Siedepunkt, der liegt bei 100 Grad.) Falls dein Wasserkocher also kein Thermometer hat, lass das Wasser auf jeden Fall abkühlen.

3. Falls du losen Tee verwendest (was wir offenbar alle tun sollten), miss ihn ab. Normalerweise nimmst du einen Teelöffel pro Tasse, aber lies besser auf der Verpackung nach. Gib den Tee in deine Teekanne oder dein Tee-Ei oder -sieb. (Die meisten Teekannen haben entweder ein eingebautes Teesieb oder einen Filter in der Tülle, sodass du problemlos Teebeutel oder losen Tee verwenden kannst.)
4. Gieß das Wasser in die Teekanne, und lass den Tee für drei bis vier Minuten ziehen. (Die genaue Ziehdauer hängt von deiner Teesorte ab.)
5. Während du auf deinen Tee wartest, gieß etwas heißes Wasser in deine Tasse, um sie vorzuwärmen. (Schütte es erst, kurz bevor du deinen Tee eingießt, weg.)
6. Falls du einen Teebeutel verwendest, häng ihn direkt in deine Tasse. Dann gieß das Wasser drauf, und lass ihn zwei bis vier Minuten ziehen. (Schwenke ihn dabei nicht hin und her.)
7. Vor dem Trinken: Nimm den Teebeutel aus der Tasse (nicht ausdrücken!) und das Teesieb aus der Kanne.

Die Expertin:

Tatjana Apukhtina ist Gründerin von Teapro, einem Londoner Aboservice für losen Tee. Abonnenten bekommen jeden Monat eine Motto-Box mit Teegeschirr, einzigartigen Teesorten und Hintergrundinformationen zur Geschichte dieser Tees und ihrer positiven Eigenschaften.

Warum:

Tee besteht hauptsächlich aus Wasser, deshalb ist das Wasser tatsächlich *wichtig*. Verwende gefiltertes Wasser, und nimm immer frisches. Bereits abgekochtes Wasser beinhaltet weniger Sauerstoff und macht deinen Tee geschmacksärmer. Einige Teesorten sind sehr temperaturempfindlich, andere solltest du mit fast noch kochendem Wasser aufbrühen. Eine Faustregel ist: Kräutertees brauchen kochendes Wasser und eine längere Ziehzeit (etwa fünf Minuten); Grüntees werden bitter, wenn dein Wasser zu heiß ist. Wenn du losen Tee aufbrühst, solltest du darauf achten, dass die Blätter genügend Platz haben, um sich in deiner Kanne oder Tasse zu entfalten. (Tatjana rät davon ab, ein kleines Tee-Ei zu verwenden, weil es dem Tee zu wenig Platz lässt. Mit Teesieben aus Glas oder Teekannen mit dazugehörigem Sieb bekommst du den besten Geschmack.) Losen Tee kannst du mehrfach aufbrühen – in der Regel mindestens drei- oder viermal. Wenn du Teebeutel verwendest, lass sie in Ruhe ziehen, und dann schmeiß sie weg – kein Ausdrücken, kein Hin-und-her-Schwenken! Wenn du Teebeutel ausdrückst, löst du damit nur den Bodensatz, der die meisten Tannine beinhaltet, und die sorgen dafür, dass dein Tee bitter schmeckt. (Außerdem verbietet es die Tee-Etikette.) Und verwende bei losem Tee keinen Zucker; der passt einfach nicht zu qualitativ hochwertigem Tee und schmälert dessen positive Eigenschaften. Außerdem wirst du merken, dass du guten Tee nicht wirklich zu süßen brauchst. Wenn du eine absolute Naschkatze bist, kannst du stattdessen Honig ausprobieren.

Apropos Teebeutel:

Kauf immer Teebeutel, bei denen man *sieht*, dass wirklich Teeblätter drin sind. In vielen Teebeuteln sind einfach nur Staub und Krümel, also niedrigste Qualität (hauptsächlich Reste). Checke auch, ob die Firma deiner Wahl Teebeutel ohne Plastikzusätze herstellt – denn viele Teebeutel enthalten welches. Das Plastik löst sich im heißen Wasser, und dann trinkst du es mit. Ähm, gut zu wissen!

BONUS

Was du sonst noch über Tee wissen solltest:

1. **Grüntee:** Beinhaltet viele Antioxidantien (sogar mehr noch als Schwarztee) und kann deinen Körper sehr gut entgiften. Trink Grüntee, wenn du im Büro längere Zeit konzentriert arbeiten willst, der macht auch weniger hibbelig als Kaffee.
2. **Weißer Tee**: L-Theanin ist eine Aminosäure, die in Tee enthalten ist und die Produktion des Neurotransmitters GABA fördert, der wiederum entspannend auf dein Gehirn wirkt. (Weißer Tee hat den höchsten Anteil an L-Theanin.)
3. **Kamille:** Der perfekte Tee fürs Schlafengehen. Kamille entspannt deine Muskeln und beruhigt die Nerven. Damit erleichtert der Tee dir auf natürlichem Weg das Einschlafen. Hilft auch gut gegen Kopfweh und Übelkeit, zum Beispiel bei einem Kater.
4. **Pfefferminze:** Pfefferminze wirkt krampflösend, deshalb kannst du mit diesem Tee deinen Magen beruhigen, Krämpfe mindern und Blähungen vermeiden. Außerdem lindert Minze Übelkeit. Da Pfefferminztee kein Koffein enthält, kannst du den Tee zu jeder Zeit trinken.
5. **Matcha:** Matcha ist eine Sorte Grüntee, und zwar in Puderform. (Die Blätter werden zermahlen.) Er enthält besonders viele Antioxidantien, die dein Immunsystem unterstützen und allgemeines Wohlbefinden fördern.
6. **Schwarztee:** Ist der beliebteste Tee in Großbritannien und enthält Thearubigine und Tannine, die ein gutes Mittel gegen Grippe und erste Hilfe bei Erkältungssymptomen sind.

Gesund bleiben

1. Iss Knoblauch. (Am besten rohen – sorry an Freunde und Familie! –, aber gekochter hilft auch.)
2. Trink Tee, der die Abwehrkräfte stärkt; Ingwer und Heilpilz (ja, den gibt es wirklich!) helfen am besten.
3. Hab immer Hand-Desinfektionsmittel griffbereit (an deinem Schreibtisch, in der Handtasche oder im Auto), aber achte darauf, dass es genug Alkohol enthält. Du benötigst mindestens sechzigprozentigen Alkohol, damit es wirksam ist!
4. Verwende Meerwasser-Nasenspray, bevor du arbeiten gehst.
5. Wasch dir die Hände, nachdem du etwas angefasst hast (Fahrstuhlknöpfe, Türgriffe, den Kugelschreiber in der Bank), und auch dann, wenn du den Typen mit Schnupfen bloß *angeschaut* hast.
6. Nimm nach der Arbeit noch mal Nasenspray. (Dann wasch dir wieder die Hände.)

Der Experte:

Dr. med. Mehmet Oz ist leitender Professor für Chirurgie an der Columbia University, Bestsellerautor und Moderator der Talkshow *The Dr. Oz Show*, die mit einem Emmy ausgezeichnet wurde.

Warum:

In einem ersten Schritt solltest du deinen Körper auf alle unvermeidbaren Krankheitserreger im öffentlichen Raum – Büro, öffentlicher Nahverkehr, Kino ... – vorbereiten. Dann solltest du dich um die Erreger kümmern, die du bereits im Körper hast. Knoblauch puscht wirklich dein Immunsystem – es steigert die Produktion der weißen Blutkörperchen, die

Krankheitserreger bekämpfen –, aber das bedeutet nicht, dass du eine rohe Knolle futtern sollst. Verwende Knoblauch einfach in einem Salatdressing oder in Suppen, mach dir ein Knoblauchbrot (misch gepressten Knoblauch mit Butter oder Ghee, am besten auf einem getoasteten Brot), mach einen Dip daraus (hallo, Tsatsiki!), oder versuche, mehrmals pro Woche mindestens eine Zehe zu essen.

Der Tee gibt dir einen Energie-Kick und spült Gifte aus, und die Nasendusche funktioniert doppelt: Zum einen spült sie Bakterien weg, bevor sie dich krank machen, zum anderen befeuchtest du damit deine Nasenschleimhaut. (Wenn die trocken ist, wirst du leichter krank.) Und natürlich Hände waschen, nach Bedarf. Und der Bedarf ist *riesig!* Durch die Corona-Pandemie haben wir alle gelernt, dass wir uns viel häufiger ins Gesicht fassen, als wir glauben. Hand-Desinfektionsmittel ist auch gut, falls du nichts anderes griffbereit hast. Aber vergiss nicht, dass du damit nicht alle Krankheitserreger unschädlich machen kannst, Noroviren zum Beispiel nicht; deshalb solltest du immer auch die Hände waschen. Mindestens zwanzig Sekunden lang, das ist ohnehin klar, oder?

Profi-Tipp: Du hast ein Kratzen im Hals? So findest du heraus, ob es eine einfache Erkältung oder die Grippe ist: Erkältungssymptome treten nach und nach, über mehrere Tage verteilt, auf und betreffen vor allem deinen Kopf (Nasennebenhöhlen, Schnupfen, Halsschmerzen), während die Grippe plötzlich auftritt und deinen ganzen Körper befällt (Gliederschmerzen, Fieber, Bauchweh). Da will man sich sofort die Hände waschen, stimmt's?

BONUS

Wenn du öffentliche Toiletten benutzt, lässt du immer die erste Kabine leer und nimmst eine weiter hinten? Na klar!

Experten haben die Theorie, dass die Leute die erste Kabine überspringen und lieber eine weiter hinten nehmen, um etwas mehr Privatsphäre zu bekommen. Aber da die erste Kabine am seltensten benutzt wird, sind dort am wenigsten Bakterien. Wahnsinn! Also überspring die erste Kabine nicht, sondern nutz sie, denn dort ist die Infektionsgefahr besonders gering.

Power-Napping

»Das Wichtigste ist, nicht zu viel über den perfekten Nap nachzudenken und total gestresst zu versuchen, einzuschlafen (und dabei zu scheitern). Wir haben mehrere, wissenschaftlich fundierte Thrive Microsteps entwickelt, die so winzig sind, dass nichts schiefgehen kann, und die du problemlos in deinen Alltag integrieren kannst – für einen besseren Schlaf und bessere Naps.«

– Arianna Huffington

1. Verwandle den Raum in einen dunklen Schlaftempel. Mach das Licht aus, und zieh den Vorhang zu, sobald du einschlafen willst.
2. Eliminiere alle Geräusche im Raum. Geräusche sind einer der simpelsten und unmittelbarsten Hinderungsgründe fürs Einschlafen. Finde die Quellen aller Störgeräusche (beginne mit deinen Technikgeräten), und entferne sie aus dem Raum, oder stell sie aus.
3. Sorge für einen kühlen Raum (18 bis 20 Grad). Stell dein Thermostat entsprechend deines Wärmeempfindens auf »kühl«. Es ist nachgewiesen, dass schon eine geringe Absenkung der Körpertemperatur dem Gehirn den Impuls sendet, sich auf Schlaf einzustellen.

4. Verwende alle Hilfsmittel, die dir beim Schlafen helfen. Wenn du normalerweise mit einer Gesichtsmaske oder weißem Rauschen einschläfst, wird dir das sehr wahrscheinlich auch beim Nap helfen.
5. Meditation kann hilfreich sein – schon ein paar tiefe Atemzüge können deinen Geist beruhigen und den Übergang zum Schlaf erleichtern. Eine Tasse Kamillen- oder Lavendeltee wirkt ebenfalls beruhigend und bringt dich in den Schlafmodus. Lenke deinen Fokus weg von deinen Alltagssorgen, indem du ein paar Dinge, für die du dankbar bist, in deinem Dankbarkeitsbuch aufschreibst. Viele Leute schätzen diese Methode als Einschlafritual am Abend, aber sie funktioniert auch vor einem Nap.
6. Das Wichtigste ist: Leg dich für den Nap hin, sobald du müde bist, auch wenn die Bedingungen nicht ideal sind. Laut Experten ist die beste Zeit für ein Nickerchen dann, wenn du müde bist – dann klappt es auch!

Die Expertin:

Arianna Huffington ist Gründerin von *The Huffington Post* und Autorin zahlreicher Bücher. Zuletzt erschien von ihr *Die Schlaf-Revolution*.

Warum:

»Obwohl ein Nap, ein Nickerchen oder Schläfchen, einen gesunden Nachtschlaf nicht ersetzen kann, haben wissenschaftliche Studien nachgewiesen, dass wir dadurch unsere Aufmerksamkeit und unsere kognitive Leistungsfähigkeit steigern und sogar unser Immunsystem verbessern. Naps sind eine wunderbare Hilfe, wenn du in der Nacht zuvor nicht gut oder nicht genug geschlafen hast. Wenn du nachts ausreichend schläfst, brauchst du keine Naps.« – Arianna Huffington

Profi-Tipp: Wenn dein Nickerchen ziemlich lang ist, schläfst du eventuell sehr tief und brauchst einen Wecker, um aufzuwachen. Dann solltest du auf jeden Fall einen analogen Wecker verwenden, damit du dein Handy außerhalb des Schlafraums lassen kannst. So könnt ihr beide, frisch aufgeladen, neu durchstarten. Die National Sleep Foundation empfiehlt für einen erholsamen Nap, nach dem man sich nicht erschlagen fühlt, eine Dauer von zwanzig bis dreißig Minuten.

Energie-Kick (in drei Minuten)

1. Lies dir alle Schritte hier durch, damit du ungefähr weißt, wie die Übung läuft. (Am Anfang kann sie eine Herausforderung sein.)
2. Such dir einen ruhigen, ungestörten Ort, und setz dich hin. Atme probehalber tief ein, und spüre, wie sich dein Bauch beim Einatmen hebt und beim Ausatmen senkt.
3. Stell den Timer deines Handys auf eine Minute und dreißig Sekunden, und schließ die Augen.
4. Halte dein rechtes Nasenloch mit dem rechten Daumen zu, und atme durch das linke Nasenloch ein.
5. Halte dein linkes Nasenloch mit dem rechten Ringfinger zu, nimm den Daumen weg, und atme durch das rechte Nasenloch aus.
6. Wiederhole das (links einatmen, rechts ausatmen) so häufig wie möglich in den neunzig Sekunden. Die Atemzüge sind wahrscheinlich ziemlich flach.
7. Sobald der Timer klingelt, lass die Hand sinken und atme tief durch beide Nasenlöcher ein. Dann atme komplett aus.

8. Öffne vorsichtig die Augen, und stell deinen Timer auf eine Minute und dreißig Sekunden. Schließ wieder die Augen.
9. Halte dein linkes Nasenloch mit dem rechten Ringfinger zu, atme durch das rechte Nasenloch ein.
10. Halte dein rechtes Nasenloch mit dem rechten Daumen zu, nimm den Ringfinger weg, und atme durch das linke Nasenloch aus.
11. Jetzt fang damit an, deinen Atem zu beschleunigen – rechts einatmen, links ausatmen. Tu das für neunzig Sekunden.
12. Sobald der Timer klingelt, atme tief durch beide Nasenlöcher ein und halte kurz den Atem an. Dann atme vollständig aus, und bleib kurz mit geschlossenen Augen sitzen.
13. Spüre das neue Energie-Level.

Die Expertin:

Parvati Shallow ist hauptberuflich Abenteurerin, Rednerin und international anerkannte Yoga-Lehrerin. (Sie gibt Fortgeschrittenen-Kurse in Hatha- und Kundalini-Yoga). Sie hat dreimal an der CBS-Serie *Survivor* teilgenommen (und die Überlebensshow in Staffel 16 gewonnen).

Warum:

Diese Atemübung, bei der man sehr schnell abwechselnd durch beide Nasenlöcher atmet, kommt aus der Yoga-Praxis. Sie gehört zu den Pranayama-Atemtechniken, die deine Lebensenergie steigern, und eignet sich perfekt, wenn du einen sanften Energie-Kick brauchst, aber nicht hibbelig von Kaffee werden willst. Also perfekt für, sagen wir mal, fünfzehn Uhr, wenn wir alle müde und träge werden. Die Übung wirkt vielleicht erst einmal seltsam, das gebe ich zu (deshalb suchst du dir ja auch einen ruhigen Ort dafür), aber das wird mit der Zeit besser, und deshalb sollst du die Technik ja auch vorab üben. (Vielleicht brauchst du auch Taschentücher – ich weiß, ich weiß.) Die Pranayama-Techniken basieren auf ziemlich komplexen Zusammenhängen und sind wirklich kraftvolle Übungen. Wenn dir also durch das schnelle Atmen schwindelig wird, mach auf jeden Fall einen Moment Pause und atme normal. Mach erst weiter, wenn der Schwindel aufgehört hat. Nach und nach kannst du die Dauer der Übung auf fünf Minuten oder länger steigern.

Nägel selbst lackieren

»Vergiss nie: Übung macht den Meister. Sei also nicht frustriert, wenn das erste Mal nicht perfekt ist – wenn du's versaust, kannst du's ausbessern!«

– Michelle Lee

1. Geh auf die Toilette. (Dann musst du das nicht mit frisch lackierten Nägeln tun – hoppla!)
2. Stell alles griffbereit hin: Nagelunterlack (base coat), Farblack, Nagelüberlack (top coat), Nagelfeile, eine Eyeliner-Bürste und Nagellackentferner.
3. Such dir eine gerade und stabile Arbeitsfläche.
4. Entferne den alten Lack, dann feile dir die Nägel. (Feile nur in *eine* Richtung, um gezackte Ränder zu vermeiden.)
5. Wasch dir die Hände mit warmem Seifenwasser, aber lass sie nicht einweichen – dann saugen sich die Nägel voll, werden größer und nehmen den Lack schlechter an. Trockne dir die Hände gut ab.

6. Roll deinen Nagellack vorsichtig ein paar Mal in deinen Händen hin und her, bevor du ihn aufträgst. Wenn er sich abgesetzt hat, dreh die Flasche langsam auf den Kopf und zurück – aber schüttle sie nicht! (Sonst entstehen Bläschen, und die sollen nicht auf deinen Nägeln landen.)
7. Leg deine Ellbogen *und* deine Unterarme auf die gerade (!) Arbeitsfläche, und trag den Lack auf, während du bei deiner Malhand die Außenseite deines kleinen Fingers auf der Fläche aufliegen lässt. (Das stabilisiert deine Hand.)
8. Trag den Unterlack erst auf der einen, dann auf der anderen Hand auf. Lass ihn ein bis zwei Minuten trocknen. (Diesen Schritt auf keinen Fall auslassen; du brauchst eine solide Basis!)
9. Nimm den Nagellack-Pinsel aus der Flasche, und lass überschüssigen Lack in die Flasche tropfen. Du willst mit *einem* Tropfen Lack auf *einer* Seite des Pinsels arbeiten.
10. Platziere diesen Farbtropfen mittig auf deinem Nagel, in der Nähe der Nagelhaut, aber nicht direkt am Rand. Schieb den Tropfen zurück Richtung Nagelhaut und zieh den Pinsel zur Nagelspitze, sodass du einen Streifen durch die Mitte ziehst. Wiederhole das auf beiden Seiten des ersten Streifens – dein Ziel sollten drei Streifen nebeneinander sein –, und lass ein bisschen Platz zwischen deinem Nagel und der Nagelhaut an den Seiten.
11. Kreiere einen Abschluss an allen Nagelspitzen, indem du vorsichtig eine kleine Menge Nagellack am Rand entlang verteilst. (Das ist ein Profitrick, der das Abplatzen verhindert.)
12. Wiederhole die Schritte 9 bis 11 an allen Nägeln. Lass die erste Hand ein bis zwei Minuten trocknen, dann kommt die zweite dran.

13. Sobald die erste Schicht teilweise trocken ist (nach ein bis zwei Minuten, je nach Lack), trag eine zweite Schicht mit derselben Technik auf.
14. Korrigiere alle Fehler mit einer festen Make-up-Bürste (zum Beispiel einer Eyeliner-Bürste) und Nagellackentferner.
15. Trag den Nagelüberlack auf beide Hände auf, und lass deine Nägel trocknen. Nagellacktrockner (drying drops) oder ein Föhn beschleunigen das Ganze.

Die Expertin:

Michelle Lee ist Chefredakteurin der *Allure* und großer Fan von Nail Art. Auf Instagram findest du unter #michelleleenails ihre wunderschönen Kreationen und Tutorials.

Warum:

Du musst zu Hause gar kein Maniküre-Komplett-Programm machen, aber du solltest zumindest den ganzen alten Lack entfernen und dir die Hände waschen. (Wenn du einmal im Monat zur professionellen Maniküre gehst, wird die Zuhause-Maniküre viel einfacher.) Verwende KEINE Handcreme, bevor du Lack aufträgst; damit der Lack hält, braucht er eine saubere und trockene Oberfläche. Deine Nagelhaut kannst du während des Waschens mit dem Daumennagel der anderen Hand zurückschieben – und Nietnägel solltest du mit einem Klipper oder einer speziellen Nagelschere kürzen. Wenn es geht, lackiere dir die Nägel *morgens*. Nagellack ist in der Regel erst nach mehreren Stunden komplett ausgehärtet, und meistens sind wir abends achtloser mit unseren Händen als tagsüber. (Und dein Bett ist ein Feind frisch lackierter Nägel.) Michelle lackiert immer zuerst ihre schwächere Hand, weil es ihr Selbstbewusstsein pusht, das gute Ergebnis zu sehen. Ein Trick, wenn du *mit* deiner schwächeren Hand lackierst:

Halte den Pinsel still, und beweg stattdessen die auf dem Tisch liegende Hand (statt die Pinsel-Hand zu bewegen, die eventuell zittert). Und trag immer eine relativ dünne Schicht auf, denn wenn sie zu dick ist, trocknet der Lack nicht und verschmiert. (Dünne Lacke trocknen schneller; ältere, dickere Lacke brauchen länger.)

Profi-Tipp: Der Number-one-Trick, um die Lebensdauer deiner Nägel zu verlängern: Verwende deine Nägel nicht als Werkzeuge! Kratz damit keine Aufkleber ab, und öffne keine Dosen mit deinen Nägeln – und wühl niemals in den Tiefen deiner Tasche herum, ohne auf deine Nägel zu achten. Erneuere den Nagelüberlack, ein paar Tage nachdem du deinen Nagellack aufgetragen hast, und creme deine Hände regelmäßig ein.

Work-outs vorbereiten (und wirklich durchziehen)

»Der beste Work-out für dich ist der, bei dem du dann auch bleibst.«

– Liz Plosser

1. Sag dir: »Ich darf Sport machen«, statt: »Ich muss Sport machen.« (Ändere die Art, wie du über Sport und deinen Work-out sprichst und denkst.)
2. Verhandle nicht mehr darüber. Sag nicht: »Morgen will ich gern zum Sport gehen« oder: »Ich versuche, joggen zu gehen«. Sag dir, *dass* du es tun wirst, blockiere in deinem Kalender ein Zeitfenster dafür – und dann: Tu es!
3. Leg dir am Abend vorher die Sportsachen raus. (Oder pack deine Sporttasche, und stell sie neben die Tür.)
4. Schau nach, wie das Wetter wird, und plane entsprechend. Das ist für Outdoor-Sport besonders relevant, aber auch

wenn du bloß ins Fitnessstudio fährst, macht es mit der richtigen Ausrüstung definitiv mehr Spaß.

5. Plane genau, wie das Work-out aussehen soll. Besonders an Tagen, an denen du eigentlich keine Lust hast, mach es dir leichter, indem du weißt, mit was du anfangen wirst. (Das heißt: Geh nicht einfach ins Studio und lauf dann planlos zwischen den Geräten hin und her.)
6. Hör Musik, um deine Energie zu boosten – oder zu senken. Starte die Energy-Playlist (oder die Yoga-Entspannungsmusik) ein paar Minuten *vor* deinem Work-out.
7. Iss einen Snack mit hundert bis dreihundert Kalorien. (Eine Kombination aus Kohlenhydraten und Proteinen ist perfekt, dafür gibt es extra Powerbars). Der Kalorienbedarf ist individuell und hängt auch mit dem Zeitpunkt des Work-outs zusammen, aber du brauchst auf jeden Fall einen Powerboost. Probier aus, was für dich am besten funktioniert.
8. Verschwende keine Zeit mit Work-outs, die du schrecklich findest. Nur weil dein Freundeskreis für den ersten Halbmarathon trainiert oder alle sagen, dass sie sich noch nie so gut gefühlt haben, wie seitdem sie ___________ (hier den neuesten Fitnesstrend einsetzen) machen, musst du nicht dasselbe tun.
9. Folge nur den Fitness-Kanälen in den sozialen Medien, die dich motivieren und positiv stimmen. (Und melde dich von denen ab, bei denen du dich schlecht fühlst und die dich irgendwie nerven.) Es geht um deine Zeit, deine Motivation, deine Inspiration – also triff eine sorgfältige Auswahl.
10. Denk dran: Dein zukünftiges Ich wird dir extrem dankbar sein. Bisher hat noch niemand gesagt: »Oh Mann, ich wünschte, ich hätte gerade keinen Sport gemacht.«

Die Expertin:

Liz Plosser ist Chefredakteurin der *Women's Health* und schon zehn Marathons, mindestens hundert Halbmarathons (kein Tippfehler, Leute!) und einen Halb-Ironman gelaufen. Außerdem ist sie zertifizierte Personal Trainerin.

Warum:

Wenn du das nächste Mal krank oder verletzt bist (oder, ähm, in Quarantäne) und noch nicht einmal spazieren gehen kannst, erinnere dich daran, wie sehr dir Bewegung fehlt. Sport machen ist ein Luxus, das vergisst man leicht, vor allem, wenn man um sechs Uhr morgens im Stockfinstern verzweifelt seinen Schrank nach einer passenden Leggings durchforstet wie ein hungriges Eichhörnchen. (Liz kennt das Gefühl.) Deine Einstellung zählt – und rausgelegte Klamotten!

Aber natürlich wird es auch Tage geben, an denen dein Gehirn Nein sagt zum Sport, und dann werden die nicht verhandelbaren Tricks relevant. Manchmal muss man sich einfach durchkämpfen, dann sind die gut durchgeplanten Work-outs eine Hilfe. Wenn dein Hirn schon viel Energie aufbringen muss, um dich zu motivieren, entscheide wenigstens vorher, wozu es dich motivieren soll. Gehe ich an die Ruderbank? Mache ich Intervall-Training? Oder besuche ich einen Spinning-Kurs? Es gibt viele Wege, damit das jemand anders für dich entscheidet. (Trainer auf Instagram, eine Fitness-App, ein fester Kurs, den du regelmäßig besuchst.) Ein anderes Mittel, um Entscheidungen leichter zu treffen, ist: Bleib bei der Kleidung, die gut zu deinem Körper passt. Neue Sportklamotten machen immer Freude, aber letzten Endes ziehen wir alle am liebsten immer wieder dieselben Leggings, Sneaker und Tops an. Wenn du welche gefunden hast, die perfekt für dich sind, kauf immer wieder dieselben.

Profi-Tipp: Wenn du deinen Work-out vorbereitest, stell dir vor, du wärst ein Kleinkind, das in den Tag startet. Eltern von kleinen Kindern verlassen nie das Haus ohne Snacks, Wasser und warme Kleidung (aber nicht zu warme!), und vorher gehen sie noch schnell Pipi machen. Wenn du dich schon auf deinen Work-out vorbereitest, dann mach es richtig und befolge alle (Baby-)Schritte. Und wenn du dich selbst gut behandelst, wirst du sehr wahrscheinlich am nächsten Tag wieder Sport machen wollen!

BONUS

Du hast keine Zeit für einen »richtigen« Work-out? Sportzeitschriften predigen es seit Jahren, und zwar weil es stimmt: Such dir über den Tag verteilt Gelegenheiten, um extra Schritte zu gehen. Nimm die Treppe, park etwas weiter entfernt, mach einen beruflichen Anruf, während du einmal um den Block läufst, und besuch deine Kolleginnen in ihrem Büro, wenn du ein Meeting auswerten willst. Und: Heutzutage findest du online problemlos Anleitungen für alle möglichen schnellen Work-outs, die du an den verrücktesten Orten machen kannst.

Nach dem Work-out dehnen

»Sport machen, ohne sich hinterher zu dehnen, ist wie ein Satz ohne Satzzeichen.«

– Amanda Kloots

Halte alle folgenden Dehnübungen für ein paar Atemzüge. Wenn du an einer Stelle mehr Dehnung brauchst, lass dir Zeit. Dehnen ist für alle unterschiedlich.

1. Leg dich flach mit gestreckten Füßen auf den Rücken, zieh dein rechtes Knie zur Brust, und umarme es fest mit beiden Armen.
2. Streck dein rechtes Bein zur Decke, und halte deine Beinrückseite mit beiden Händen fest. Zieh dein Bein Richtung Brust, bis du die Dehnung in der Beinrückseite spürst. (Du kannst auch ein Handtuch um deine Fußsohle legen und dein Bein damit in Richtung deines Körpers ziehen. Auf diese Weise kannst du deinen Nacken und deinen Kopf auf dem Boden liegen lassen.)
3. Stell dein linkes Bein im rechten Winkel auf, und leg deinen rechten Knöchel auf dein linkes Knie. Fass mit der rechten Hand durch das Loch, und falte deine Hände hinter deinem linken Knie zusammen. Zieh das linke Bein zu dir, und dehne so deinen äußeren Oberschenkel und die Gesäßmuskulatur.
4. Stell beide Füße angewinkelt möglichst nah an deinem Po auf, und lass dein rechtes Knie nach außen auf den Boden fallen. Richte es wieder auf, und wiederhole das ein paar Mal, um deine Hüfte zu öffnen.
5. Streck dein linkes Bein gerade aus, und öffne die Arme (wie ein T). Dann leg dein rechtes Knie links von deinem Körper auf dem Boden ab. (Das ist eine Yoga-Drehung, die Schadstoffe abbaut – extrem gut für deine Organe!)
6. Wiederhole die Schritte 1 bis 5 auf der anderen Seite.
7. Setz dich auf, und strecke beide Beine geöffnet aus.
8. Strecke beide Arme neben deinem Kopf gerade nach oben, dann für ein paar Sekunden Richtung deines rechten Fußes. (Du solltest die Dehnung in der Beinrückseite spüren.) Dreh dich anschließend zum linken Fuß und zwischen beide Beine – so dehnst du die Innenseite deiner Oberschenkel.

9. Steh auf, und streck deinen rechten Arm horizontal an deinem Körper entlang nach links; halte ihn mit deinem linken Arm fest. Dreh den Kopf in die entgegengesetzte Richtung – so dehnst du deinen Nacken. Dann führe deinen rechten Ellbogen Richtung Decke, und lass dabei deine Handoberfläche auf dem Rücken liegen – so dehnst du den Trizeps. Schieb mit der linken Hand den rechten Ellbogen nach hinten – das intensiviert die Dehnung.
10. Schüttle deine Arme aus, und wiederhole die Übung mit dem linken Arm.
11. Falte deine Hände hinter deinem Rücken, und drück sie Richtung Boden, zieh gleichzeitig dein Kinn Richtung Decke. (Das ist eine gegenläufige Dehnung, die eigentlich immer guttut, auch wenn du keinen Sport gemacht hast).
12. Stell dich auf die vorderen Fußballen, um dein Fußgewölbe zu dehnen.
13. Klapp deinen Körper in der Mitte zusammen nach vorn, lass den Kopf hängen, und fasse mit deinen Händen die gegenüberliegenden Ellbogen. Pendele sacht von rechts nach links. Lass die Arme locker, und schüttele den Kopf wie beim Verneinen/Bejahen.
14. Richte dich langsam, Wirbel für Wirbel, auf. Stell dir dabei vor, wie du deinen Körper zusammenfügst und stapelst – die Knie über die Knöchel, die Hüfte über die Knie, die Schultern über die Hüfte. Hebe den Kopf als Letztes.
15. Beende das Dehnen mit einer Power-Pose. Stell dich breitbeinig hin, und streck die Arme so aus, dass dein Körper ein X bildet. Öffne deinen Brustkorb Richtung Decke, und hebe den Kopf.

Die Expertin:

Amanda Kloots, ehemalige Broadway-Tänzerin und Mitglied der Showtanzgruppe Radio City Rockettes, arbeitet heute als Promi-Trainerin.

Warum:

Du dehnst dich, um Verletzungen zu vermeiden, aber auch, um deinen Körper runterzufahren. Atme während des Dehnens tief ein und aus, um deinen Herzschlag zu beruhigen und deine Muskeln ausreichend mit Sauerstoff zu versorgen, damit sie weniger Milchsäure bilden. Oder anders gesagt: SCHWÄNZE AUF KEINEN FALL DAS DEHNEN NACH DEM SPORT. Dehnen ist wirklich wichtig und dauert bloß fünf Minuten, obwohl längeres Dehnen eigentlich noch besser ist. (Wenn du kurz vor dem Schlafgehen eine Dehn-Session einlegst, kannst du dadurch besser runterkommen und guten Schlaf fördern.) Beende das Dehnen immer mit der Übung, bei der du deinen Kopf zwischen deinen Beinen baumeln lässt. So baust du die ganze Spannung ab, die sich während des Work-outs in deinem Rücken und Nacken gesammelt hat, und sorgst dafür, dass du eine gute Haltung hast, den ganzen Tag. Und die Power-Pose soll dich daran erinnern, dich so groß wie möglich zu machen und offen zu sein für alle Möglichkeiten, die sich dir bieten. Boom!

BONUS

Du kannst dich dort, wo du bist, nicht auf den Boden legen?
Dann dehne deine Beinrückseiten, indem du die Füße nebeneinanderstellst, die Knie beugst und deine Handflächen auf den Boden legst. Atme tief ein und versuche, deine Knie möglichst gerade durchzudrücken. Dann atme aus, und beuge wieder die Knie. Wiederhole das fünfmal. (Das ist ein Rockettes-Stretch!) Dann stell dich wieder gerade hin, und

zieh abwechselnd deine Knöchel zu deinem Po, um die Oberschenkeloberseiten zu dehnen. Stell anschließend deine Füße abwechselnd im rechten Winkel oben an die Wand, und senk deinen Körper in Richtung deines Beines, um deine Waden zu dehnen. Für eine Drehungsvariante stell dich etwas breitbeiniger hin, und greife jeweils mit der gegenüberliegenden Hand abwechselnd nach deinen Zehen.

Nein sagen (wenn du denkst, du solltest Ja sagen, aber nicht wirklich Ja sagen willst)

»Frag dich nicht, ob du etwas tun oder lassen solltest. Frag dich lieber, ob du lieber genau das tun willst oder alles andere, was dich sowieso schon in deinem vollgepackten Alltag beschäftigt.«

– Laura Vanderkam

1. Mach dir bewusst, dass Zeit wertvoll ist und du sie nicht zurückbekommst, wenn du sie einmal verbraucht hast.
2. Stell dir folgende Frage: »Wäre ich bereit, *morgen* diese Sache zu tun?« (Es ist einfach, sich im September für eine Aufgabe freiwillig zu melden, die im April erledigt werden muss. Tu deinem zukünftigen Ich den Gefallen, und stell dir diese Frage.)
3. Antworte schnell. Lass die Leute nicht unnötig auf deine Antwort warten, wenn du dich fürs Absagen entschieden hast.
4. Statt zu sagen, dass du keine Zeit hast, versuch es hiermit: »Danke, dass du an mich gedacht hast. Ich kann das leider nicht übernehmen, aber ich wünsche dir alles Gute für x.« (Wenn du deine Prioritäten anders setzt, steh dazu.)

5. Erläutere oder formuliere deine Absage neu, damit keine Schuldgefühle entstehen. »Die Aufgabe ist so wichtig, dass man sich ihr mit voller Kraft widmen sollte, und das kann ich nicht, da ich mich um xyz kümmern muss. Wenn ich zusagen würde, mich darum zu kümmern, könnte ich die Wichtigkeit des Anlasses nicht richtig würdigen.«

Die Expertin:

Laura Vanderkam ist Zeitmanagement-Expertin und Autorin zahlreicher Bücher. Ihr TED-Talk »How to Gain Control of Your Free Time« wurde mehr als acht Millionen mal angeschaut.

Warum:

Wenn du ein Gespür für den Wert von Zeit entwickelst, wird dir immer bewusst sein, dass du, wenn du jetzt Nein zu etwas sagst, später die Zeit hast, zu etwas anderem Ja zu sagen. Du solltest sichergehen, dass du Nein zu Dingen sagst, die du nicht wirklich tun willst, die nicht zu deinen Zielen passen oder die dir und den Menschen, die dir wichtig sind, nichts bedeuten oder keine Freude bereiten. Räum deinen Kalender auf, und schaff Platz – und Energie – für die wichtigen Sachen, die wirklich zählen, die aufregend und potenziell gefährlich sind, bei denen du an deine Grenzen stößt, die aber auch dein Leben reicher machen. Häufig vernachlässigen wir unser zukünftiges Ich, weil wir es uns als eine ganz andere Person als unser heutiges Ich vorstellen. Entweder denken wir: »Ach, dieses Ich wird unglaublich produktiv sein, also wird es schon klarkommen«, oder wir denken: »Das ist dann sein Problem, es muss sich mit meinen Entscheidungen abfinden.«

»Wäre ich bereit, diese Sache morgen zu tun?« Diese Frage hilft dir dabei, eine Entscheidung zu treffen. Denn du weißt ziemlich genau, wie viel Energie du am nächsten Tag haben wirst, was du alles erledigen musst und wie die morgige Kosten-Nutzen-Rechnung aussehen würde. Wenn du bereit bist, etwas anderes zu verschieben oder ausfallen zu lassen, damit du diese Sache *morgen* machen kannst, dann wirst du wahrscheinlich immer zusagen, egal wann. Wenn das nicht so ist, hast du auch deine Antwort gefunden. Und die solltest du zeitnah weitergeben. (Wenn du nur mit der Erklärung absagst: »Ich kann nicht zusagen, weil ich keine Zeit habe«, zwingst du dein Gegenüber dazu, einen neuen Termin zu finden, der dir passt.)

BONUS

Wenn du überlegst, ob du etwas zusagen sollst, und weißt, dass dort Leute sind, mit denen du wirklich gerne Zeit verbringst, dann sei dir bewusst: Seine Zeit mit Menschen zu verbringen ist eigentlich immer sinnvoll verbrachte Zeit. (Und, seien wir mal ehrlich, es klappt gar nicht so häufig, dass wirklich alle Zeit haben.) Ja, es bedeutet Aufwand, dort hinzukommen. Aber wahrscheinlich macht es dich glücklicher, mit Freundinnen essen zu gehen, als zu Hause durch Instagram zu scrollen und dir Bilder von Leuten, die mit Freundinnen essen gehen, anzuschauen.

Du brauchst das richtige Maß in deinem Leben: nicht nur mühelose Dinge, sondern auch Aktivitäten, die etwas aufwendig sind. Frag dich selbst: »Wird sich mein zukünftiges Ich freuen, wenn ich zusage?« Die Frage kann dir den Anstoß geben, den du brauchst, um etwas zuzusagen, obwohl es auch einen kleinen extra Aufwand für dich bedeutet (also bei Regen aufbrechen oder … na ja, eine Hose anziehen).

Kapitel

12

Persönliche Erfolgsrezepte

Selbstbewusst einen Raum betreten

1. Denk dir einen Satz aus, den du bei deiner Ankunft sagen kannst.
2. Schau dich im Spiegel an (oder auf dem Handy). Korrigiere, was dich stört.
3. Atme tief ein.
4. Spür das Adrenalin durch deinen Körper fließen, und konzentriere dich darauf, es als Energieschub zu verwenden.
5. Sag laut: »Ich schaffe das.« Etwas peinlich, aber: Du schaffst das.
6. Richte dich auf, lächle, los geht's.

Die Expertin:

Lydia Fenet ist Amerikas erfolgreichste Auktionatorin für Wohltätigkeitsveranstaltungen, leitende Managerin bei Christie's sowie Autorin.

Warum:

Wenn du im Vorhinein weißt, was du beim Betreten eines Raumes sagen wirst – auch wenn es so was Einfaches ist wie:

»Seid ihr auch so in den Regen geraten wie ich?« –, wirkt das sehr beruhigend auf deine Nerven, denn du überlässt nichts dem Zufall (und vermeidest peinliche Stille). Und wenn du vorab deine Zähne checkst, musst du unterwegs nicht darin rumpulen oder endlos darüber nachdenken, ob du etwas zwischen den Zähnen hast oder nicht. Und tief durchzuatmen verschafft dir genug Zeit, um alle Energie, die durch deine Adern schießt, für das zu nutzen, was gleich kommt – auch wenn es bloß ein ganz normaler Geschäftstermin ist. Es ist ziemlich wahrscheinlich, dass du dein strengster Kritiker bist, deshalb ist deine Selbstmotivation, »Du schaffst das!«, der perfekte letzte Schritt, bevor du dich aufrichtest und den Raum betrittst. Denk immer daran: Selbstbewusstsein ist ansteckend!

Achtsame Entscheidungen treffen

»Achtsamkeit scheint ein schwammiges Konzept zu sein, dabei bedeutet es eigentlich nur, dass du dir darüber bewusst bist, was du tust, während du es tust. Wenn du achtsam bist, siehst, hörst, berührst, riechst und schmeckst du auf andere Weise. Es verändert dein Verhalten anderen gegenüber. Es verwandelt deine Laune und deine Produktivität – Achtsamkeit ist eine alles verändernde Kraft!«

– Nicole Lapin

1. Bevor du eine Entscheidung triffst (oder wenn du merkst, dass dein Kopf total voll statt achtsam ist), halte einen Moment inne.
2. Atme. **Auf Seite 271 findest du eine beruhigende 16-Sekunden-Atemübung.**

3. Verbinde dich mit deinen Sinnen mithilfe der 5-4-3-2-1-Technik: Mach dir fünf Dinge bewusst, die du siehst, vier Dinge, die du berührst, drei Dinge, die du hörst, zwei Dinge, die du riechst, und eins, das du schmeckst.
4. Steh auf, und laufe hin und her, falls du dich noch mehr sortieren musst.
5. Verarbeite die Situation. Was passiert gerade *wirklich* – nicht in deinem Kopf, sondern in der Realität?
6. Benenne alle Emotionen, die du spürst. (Wenn du dich zwingst, deine Gefühle genau zu benennen, kannst du sie dadurch schon etwas in den Griff bekommen.)
7. Jetzt, da dir bewusst ist, was wirklich geschieht, triff die beste, achtsame Entscheidung.
8. Führ sie aus.

Die Expertin:

Nicole Lapin war die jüngste CNN-Moderatorin aller Zeiten und die jüngste Moderatorin der CNBC Morgenshow. Gleichzeitig war sie bei MSNBC und Today für Wirtschaftsthemen verantwortlich.

Warum:

Die meisten Menschen vergessen direkt nach dem Aufstehen jegliche Achtsamkeit, vor allem dann, wenn sie im Arbeitsmodus sind. Achtsamkeitstechniken wie die 5-4-3-2-1-Methode helfen dir, zu entschleunigen und bewusstere Entscheidungen zu treffen, trotz permanenter Ablenkungen. (Also leg dein Handy weg! TIPPS ZUM AUSSTÖPSELN FINDEST DU AUF SEITE 305.) Die Grundidee ist: Pause, Prozess des Nachdenkens, Power – los geht's.[3] Wenn du achtsam bist, kannst du wohl-

3 Schreib dir die drei Ps – Pause, Prozess des Nachdenkens, Power – auf ein Post-it, das du an deinen Rechner klebst, damit du deine nächste wütende E-Mail nicht sofort raushaust.

überlegtere Entscheidungen treffen, die auch deinen Werten entsprechen. Nicoles drei Ps sind simpel (und durch die Alliteration kannst du sie dir leichter merken), aber eine Pause einzulegen ist eine Fähigkeit, die du tatsächlich üben musst. Denn jede Entscheidung, die wir treffen, setzt sich aus tausend Mini-Entscheidungen zusammen. Und bevor du diese Entscheidungen triffst, sei es aus dem Bauch heraus oder rational, musst du eine Sekunde innehalten. Wissenschaftliche Studien haben nachgewiesen, dass schon eine Pause von fünfzig bis hundert Millisekunden unserem Hirn die Chance gibt, die entscheidungsrelevanten Informationen zu verarbeiten und alles Ablenkende auszublenden. Häufig ist die Entscheidung nicht wichtig (Suppe oder Salat), also ist auch die Pause nicht wichtig. Aber je wichtiger Entscheidungen sind, desto wichtiger wird diese Pause – und das Ganz-im-Moment-Sein. Lerne erst einmal und hauptsächlich, zu *sein*, dann wird das Handeln von selbst kommen.

Profi-Tipp:
Wenn du **h**ungry, **a**ngry, **l**onely oder **t**ired bist (also: HALT, oder auf Deutsch: hungrig, wütend, einsam oder müde), triffst du sehr wahrscheinlich schlechte Entscheidungen. Lass dich von diesen negativen Stressfaktoren nicht dazu hinreißen, sondern mache Halt, wenn du dich nach HALT fühlst!

Eine Harvard-Studie hat herausgefunden, dass Menschen nur in siebenundvierzig Prozent aller Fälle Dinge bewusst tun. Das heißt, dass wir mehr als die Hälfte unserer Zeit noch nicht einmal bewusst wissen, worauf wir achten sollten!

Wie achtsam bist du? Beantworte die folgenden Fragen:

- Schweifst du bei Gesprächen, die länger als zehn Sekunden dauern, gedanklich ab?
- Denkst du, während du dich unterhältst, darüber nach, was du gleich sagen wirst, statt deinem Gegenüber zuzuhören?
- Schaust du während Unterhaltungen oder Treffen auf dein Handy, und legst du es während der Mahlzeiten auf den Tisch?
- Bewegst du dich von A nach B und stellst dann fest, dass du keine Ahnung hast, wie du dorthin gekommen bist?
- Bereitet es dir Schwierigkeiten, eine Sache zu Ende zu bringen, bevor du eine neue beginnst?
- Triffst du häufig impulsive Entscheidungen oder platzt einfach mit dem heraus, was dir durch den Kopf schießt?
- Fühlst du dich von deinem Wust an Gedanken und Gefühlen so überwältigt, dass du völlig gelähmt bist und keine Entscheidung treffen oder eine Meinung formulieren kannst?

Je mehr Fragen du mit Ja beantwortet hast, desto schwerer fällt es dir, ganz im Moment zu sein. Zum Glück ist Achtsamkeit eine Fähigkeit, die du lernen kannst!

Sich Ziele setzen

»Ich bin davon überzeugt, dass man sich zuerst Ziele setzen sollte und dann, davon ausgehend, quasi rückwärts, die passenden Strategien entwickeln muss, um diese Ziele zu erreichen.«

– Nicole Lapin

1. Definiere für dich selbst, was »alles erreichen« für dich bedeutet. (Denk daran, dass das für jeden Menschen etwas anderes sein kann.) Erkenne an, dass »alles erreicht haben« und »alles gemacht haben« nicht dasselbe sind.
2. Schreib deine finanziellen Ziele auf. (Wahrscheinlich hast du ein paar generelle Karriereziele und Gehaltsvorstellungen im Kopf, aber hast du schon einmal konkret aufgeschrieben, wie sie aussehen? Damit du dir selbst Rechenschaft ablegen kannst, brauchst du eindeutige Zahlen.)
3. Schreib deine familiären Ziele auf. (Es ist egal, ob du zehn Kinder oder zehn Katzen willst, bei dieser Aufgabe sollst du feststellen, was »alles erreichen« *für dich* heißt.)
4. Schreib ein paar Fun-Ziele auf. (Urlaube, die du machen willst, Dinge/Hobbys, die du ausprobieren willst, vielleicht ein Ferienhaus am Meer – ja, diese Ziele solltest du auch auflisten!)
5. Formuliere Fitness-Ziele. (Also nicht: Ich will einen mega Sixpack, sondern: Was will ich mit meinem Körper tun können? Einen Marathon laufen? Mit den Kindern Fußball/Basketball spielen? Fünf Einkaufstüten in den vierten Stock tragen, ohne außer Atem zu kommen? Vergiss auch deinen Geist und deine Seele nicht!)

6. Ordne deine Ziele aus allen vier genannten Kategorien folgenden Plänen zu:
   - Einjahresplan
   - Dreijahresplan
   - Fünfjahresplan
   - Siebenjahresplan
   - Zehnjahresplan
7. Schau dir die Vergangenheit an, und überprüfe, ob deine Karriere-Entscheidungen zu dem passen, was du in anderen Bereichen deines Lebens erreichen willst. (Schau zum Beispiel, ob du genug verdienst, um dir in zehn Jahren das Ferienhaus am Meer leisten zu können.)
8. Stell sicher, dass dich deine Entscheidungen, wie du jeden Tag verbringen willst, deinem Ziel näher bringen, oder triff, wenn es nötig ist, andere Entscheidungen.
9. Ändere deine Ziele so oft wie nötig; aber stell sicher, dass du auch deinen Plan, wie du diese Ziele erreichst, entsprechend anpasst.
10. Falls du auf andere neidisch bist, schau dir deine Ziele-Liste noch einmal an. Steht das, worauf du neidisch bist, auf der Liste? Nein? Dann gehört es für dich nicht zum »alles erreichen« dazu, zumindest nicht jetzt.

Die Expertin:

Nicole Lapin war die jüngste CNN-Moderatorin aller Zeiten und die jüngste Moderatorin der CNBC Morgenshow. Gleichzeitig war sie bei MSNBC und Today für Wirtschaftsthemen verantwortlich.

Warum:

Wenn du erfolgreich sein willst, solltest du dich darauf vorbereiten, also musst du zuerst herausfinden, worauf du dich eigentlich vorbereiten willst. Was bedeutet »alles erreichen«

für dich persönlich? Wie sieht das aus? Beantworte diese Frage in allen vier F-Kategorien (Finanzen, Familie, Fun, Fitness), und entwickle dann einen Handlungsplan, wie du die genannten Ziele erreichst. Die Ziele kürzeren Jahresplänen zuzuordnen ist eine gute Idee, weil die Frage »Wo will ich in zehn Jahren stehen?« ziemlich lähmend sein kann. Durch diese kleineren, erreichbaren Ziele wird dich deine Zukunftsplanung weniger erschlagen und dir machbarer erscheinen. Und vergiss nicht, dir in deiner Fitness-Kategorie auch ein paar Mental-Health- und Wellness-Ziele zu setzen! Realistisch betrachtet, sollte es dir deine Karriere finanziell ermöglichen, die anderen Ziele zu erreichen. Also checke, während du die anderen Fs aufschreibst, immer noch mal, ob sie zu deinen Karriere-Zielen passen. Es ist super, eine ganz konkrete Zahl vor Augen zu haben, was man verdienen will (also ein Zielgehalt oder zum Beispiel einen Bonus), aber viel konstruktiver ist es, erst einmal zu wissen, was man mit diesem Geld machen will.

Fun ist Fun, aber auch der kann teuer werden und viel Zeit benötigen (dasselbe gilt für Kinder), also denk das Ganze von hinten. Frag dich als Erstes, wie dein Leben aussehen soll. Willst du einmal im Quartal verreisen? Einmal im Monat mit den Mädels wegfahren? Einmal in der Woche ausgehen? Entscheide das zuerst, dann finde heraus, wie viel Geld du für den jeweiligen Lebensentwurf brauchen würdest.

Funfact: Eine groß angelegte Studie zum Thema »Ziele setzen« hat herausgefunden, dass nur drei Prozent aller Menschen sich eindeutige Ziele setzen und sie auch aufschreiben. Aber im Durchschnitt verdienten diese drei Prozent dann das Zehnfache im Vergleich zu den siebenundneunzig Prozent, die nichts aufgeschrieben hatten. (Entschuldigt mich kurz, ich geh nur mal meine Ziele aufschreiben.)

Aufhören, obsessiv über etwas nachzudenken, was vielleicht geschehen wird – oder auch nicht

1. Stell dir das Schlimmstmögliche vor, das nach deinem jetzigen Kenntnisstand geschehen kann.
2. Lass für ein oder zwei Minuten deine Gedanken in dem schwarzen Was-wäre-wenn-Loch versinken. Was würde *wirklich* passieren, wenn das Schlimmstmögliche eintritt?
3. Entwickle einen Plan, was du bei verschiedenen Varianten des Worst-Case-Szenarios tun würdest. Was würdest du also tun, wenn du verlassen oder entlassen wirst oder Krebs bekommst? Spiel es einmal durch. Falls du willst: Besprich deinen Plan mit jemandem, der dir nahesteht.
4. Schreib deinen Plan samt Lösungen auf. (Also, du wirst entlassen, dann machst du x, y, z). Schreib es auf einem Block auf, oder mach in Gedanken eine klar strukturierte Liste.
5. Leg diesen Plan irgendwo ordentlich ab, entweder gedanklich oder in der Schuhkiste ganz unten in deinem Schrank.
6. Startet die Was-wäre-wenn-Spirale das nächste Mal in deinem Kopf (und das wird sie irgendwann), erinnere dich daran, dass du dafür bereits einen Lösungsplan hast und nicht mehr darüber nachdenken musst. Danke, das war's!

Der Experte:

Ethan Zohn ist Motivationsredner, zweifacher Krebs-Überlebender und war früher professioneller Fußballspieler. Er und seine Frau Lisa haben diese Technik angewendet, als er an Krebs erkrankt war – Lisa hat sie ihm beigebracht. (Danke, Lisa!)

Warum:

Wir alle machen uns Sorgen und denken darüber nach, was wäre, wenn. Das ist einfach so, und wir können es nicht verhindern, und das sollten wir auch nicht. Statt zu versuchen, gar nicht erst darüber nachzudenken, denk darüber nach. Was wäre, wenn. Vom Anfang bis zum Ende. (Aber solltest du zu tief in ein schwarzes Loch fallen, mach eine kurze Pause – steh auf, atme tief durch, klatsch laut in die Hände ... was auch immer dir hilft, aus dem Gedankenkarussell auszusteigen.) Der wichtigste Schritt ist: dein Handlungsplan und die Frage, wie du weitermachen würdest. Und dann *mach weiter*. Wenn du – und dein Gehirn – wissen, dass es, solltest du ihn brauchen, einen Notfallplan gibt, musst du nicht mehr obsessiv über das Was-wäre-wenn nachdenken.

BONUS

Du steckst in einer besonders fiesen Was-wäre-wenn-Phase?
Dann trag an einem Handgelenk ein Gummiband. Und jedes Mal, wenn die negativen Gedanken überhandnehmen, zieh das Band einmal kurz hoch, um das negative Muster zu durchbrechen. Dann such dir eine positive Erinnerung aus deinem Gedächtnis raus – die Geburt eines Kindes, dein Universitätsabschluss, eine große Wanderung –, egal was, Hauptsache, es hat dich glücklich gemacht. Ersetze den negativen Gedanken durch die positive Erinnerung, und lass zu, dass du tatsächlich spürst, wie gut sich das anfühlt. Du brauchst etwas Übung, aber irgendwann liegen nur noch Millisekunden zwischen dem negativen und dem positiven Gefühl. Du trainierst dein Gehirn gewissermaßen auf positives Denken.

Eine schnelle, ehrliche Ausgabenbilanz ziehen

»Wenn du dir das Bein brichst, würdest du dich nie selbst dafür beschimpfen, dass du den Bruch nicht allein richten kannst. Bist du Arzt? Nein? Aber wenn es um Geld geht, glauben wir, dass wir mit zunehmendem Alter wissen müssten, wie wir damit umgehen. Bist du Vermögensberater? Nein? Dann brauchst du Hilfe in Gelddingen.«

– Tiffany Aliche, aka »the Budgetnista«

1. Führe einen Monat lang eine Liste über all deine Ausgaben. Wirklich alle. Stromrechnungen, Friseur, Hafermilch Lattes, alles.
2. Schreib neben die Kostenpunkte den Betrag, den du *monatlich* dafür ausgibst. (Wenn du es nicht genau weißt, schätze die Summe.)
3. Teile Kosten, die einmal im Quartal oder Jahr anfallen, auf. Falls du alle drei Monate neunzig Euro für Warmwasser zahlst, schreib dreißig Euro in Schritt 2 auf. (Wenn du alle zwei Wochen für vierzig Euro zur Maniküre gehst, schreib achtzig Euro in Schritt 2 auf.)
4. Rechne alle Beträge zusammen. Das ist normalerweise der Moment, in dem die Tränen fließen. Was, das gebe ich aus?!
5. Schreib auf, was du monatlich verdienst. *Netto*. Nicht das Brutto ohne Abzüge, sondern das, was wirklich auf deinem Konto landet.
6. Zieh das, was du monatlich ausgibst, von dem, was auf dem Konto landet, ab. (Also Schritt 5 minus Schritt 4.)
7. Schau dir deine Kreditkarten- oder EC-Karten-Abrechnung und die Posten darauf an. Passen sie generell zu

dir als Person, also dazu, wer du bist und wo du im Leben stehst?

Die Expertin:

Tiffany Aliche, aka »the Budgetnista«, ist Finanzberaterin und Autorin. Sie gründete die Live Richer Academy, die Frauen berät, wie sie ihre Finanzen individuell so planen, dass sie maximale finanzielle Freiheit haben.

Warum:

Wenn du zum Arzt gehst, weil du dich nicht gut fühlst, wird er dir nicht einfach so ein Herz-Medikament verschreiben, sondern dich komplett durchchecken. Darum geht es auch hier: einen kompletten Check-up. Der konkrete Zeitraum von einem Monat ist die perfekte Größe, um einen guten Überblick über Einnnahmen und Ausgaben zu bekommen. Schritt 1 und 2 sind getrennt voneinander, damit du nichts vergisst. Wenn die Leute einfach alle ihre Ausgaben aufschreiben, tendieren sie dazu, bestimmte Ausgaben, wie essen gehen oder Friseur, zu vergessen, weil sie glauben, diese Ausgaben seien unbedeutend. Aber wenn du einfach *nur* das entsprechende Wort aufschreibst (also Nägel, Benzin, Take-out), ohne die dazugehörigen Summen, lässt du weniger Dinge aus. Du hast keine Ahnung, wo dein Geld geblieben ist? Deine Kreditkarte und deine EC-Karte können es dir sagen, also schnapp dir deinen letzten Kontoauszug. Und wenn du einmal alles durchgerechnet hast, wo landest du? Im Minus? Im Plus? Keine Panik – es geht erstmal nur um die bloße Feststellung. Die meisten Menschen landen im Minus. Oder sie sind ganz knapp im Plus, haben aber keine Ahnung, wohin das Plus verschwunden ist. (Nur so ein Tipp: Es wird aufgefressen von den Dingen, die du vergessen hast.) Aber wenn dir die Person aus Schritt 7 völlig fremd ist, ist es vielleicht Zeit für eine Veränderung – und für einen Sparplan. **Wie du weniger ausgibst, erfährst du auf Seite 121.**

Gelassen reagieren

1. Denk darüber nach, was genau dich ärgert oder beunruhigt.
2. Schließe die Augen, atme langsam ein, und zähle dabei bis vier; visualisiere deinen Atem.
3. Stell dir vor, wie der Atem in deinen Bauch fließt. Wenn er dort ist, halte ihn vier Sekunden ein.
4. Atme aus, visualisiere wieder den Atem, und zähle bis vier.
5. Mach für vier Sekunden eine Atempause.
6. Öffne die Augen und atme normal.
7. Frag dich selbst: »Habe ich während des Aus- und Einatmens über die Sache, die mich stresst, nachgedacht?« Nicht wirklich.
8. Wiederhole die Übung bei Bedarf.

Der Experte:

davidji ist international anerkannter Stress-Management-Spezialist, Meditationslehrer und Autor. (Außerdem bringt er Marines die 16-Sekunden-Atemtechnik, die er »schweigendes Atmen« nennt, bei.)

Warum:

Bei dieser Atemübung geht es darum, deinen normalen Atem-Rhythmus zu unterbrechen und so dein Gehirn neu zu starten. Wenn du tief einatmest und genau beobachtest, wie dein Atem in deinen Bauch fließt und dann langsam wieder aufsteigt, schaffst du damit Raum. Du kannst nicht darüber nachdenken, was dich so stresst, denn du denkst ja über deinen Atem nach. (Oder darüber, bitte nicht ohnmächtig zu werden. Oder geht das nur mir so?) Wenn die Sekunde 17 kommt, besteht natürlich die Gefahr, dass du in deine alte Stimmung zurückfällst, aber es ist wahrscheinlicher, dass du anders reagierst, einfach aufgrund der Pause. Wende diese Technik an, bevor du eine frustrierende E-Mail beantwortest oder während du dreiunddreißig Minuten in einer Kundenservice-Telefonhotline wartest. Du kannst die Übung auch machen, wenn du im Stau stehst – oder beim Familienabendessen –, aber dann lass die Augen offen. Übe so lange, bis du jederzeit problemlos auf die Technik zurückgreifen kannst. (Wenn du die Übung viermal wiederholst, meditierst du übrigens!)

BONUS

Erst denken – oder in diesem Fall: erst atmen –, dann handeln ist immer eine gute Idee. Wie schon Albert Einstein sagte: »Energie kann nicht erzeugt oder zerstört werden; sie kann nur den Aggregatzustand ändern.« Das bedeutet, dass du deine Reaktion oder Antwort, wenn du einmal jemanden verletzt hast, im Nachhinein nicht mehr ändern kannst. Und diese negative Energie wird dich und dein Gegenüber durch den ganzen Tag begleiten. Vor jeder Interaktion mit jemand anderem solltest du deshalb darüber nachdenken, welche Sorte Energie du ausstrahlen willst – positive oder negative? Laut davidji kannst du entweder »Ojas« (süßen, belebenden, emotionalen Nektar) oder »Ama« (giftigen Müll) hinterlassen. Für mich bitte einmal den Nektar!

Schwierige Zeiten überstehen

»Ruf dir in Erinnerung, dass du bereits furchtbare Tage, Ungerechtigkeiten, schwierige Umstände, schrecklichen Liebeskummer und andere Enttäuschungen überlebt hast. Du hast das getan, was notwendig war, um darüber hinwegzukommen. Und egal, wie du dich gerade fühlst oder wohin die Reise geht – dass du es bis hierher geschafft hast, ist eine Leistung, die es zu würdigen gilt.«

– Emily McDowell

1. Stell dir vor, dass du eine Raupe bist, die sich gerade in einen Schmetterling verwandelt – solange du im Kokon bist, tappst du im Dunkeln herum, stößt überall an, scheißt dich voll und triffst auf unbekannte Hindernisse. Das ist alles wichtig und geschieht zu einem Zweck.
2. Erinnere dich selbst hieran: Es gibt kein Scheitern, sondern nur Lernen. (Manchmal lernen wir auch, was wir *nicht* tun sollten, das ist auch in Ordnung).
3. Such das Glück am richtigen Ort. (Dinge, die uns wirklich glücklich machen, sind: Zeit in der Natur verbringen, Spielen, Schlafen, Ausruhen, Essen, Nähe, Liebe, Berührung, Bewegung.)
4. Denk daran: Du kannst dich nicht gut fühlen, wenn du dich selbst hasst. Der Selbstschutzmechanismus »Wenn ich grausam zu mir selbst bin, tut es weniger weh, wenn andere mich schlecht behandeln« ist ein Fehlschluss.
5. Versuche, nichts zu dir selbst zu sagen, was du nicht auch zu deinen besten Freunden sagen würdest. Unsere innere Stimme sagt so einige fiese Dinge, die wir niemals zu jemand anderem sagen würden.

6. Lass die Vergangenheit ruhen, und mach dich nicht selbst fertig. Im Nachhinein ist es immer einfach, Entscheidungen, die man getroffen hat, zu verurteilen – »Was hab ich mir bloß dabei gedacht?« Aber was auch immer du dir dabei gedacht hast, es hat damals Sinn für dich gemacht.

Die Expertin:

Emily McDowell ist Kreativdirektorin, Autorin und Illustratorin.

Warum:

Am wichtigsten ist deine Einstellung – und dass du geduldig mit dir selbst bist. Wenn wir mitten im Verwandlungsprozess stecken, wenn alles sich schwarz, dunkel und sinnlos anfühlt –, dann sind wir im Kokon. Und von innen können wir schlecht erkennen, wann oder wie es weitergehen wird und dass wir vielleicht schon ganz kurz davor sind, auf der anderen Seite wieder rauszukommen. Denn solange man drinnen feststeckt, fühlt sich alles schwarz an, bis zu dem Moment, wenn es das auf einmal nicht mehr tut. Und, Überraschung: Du kannst fliegen. Du hast es wahrscheinlich schon hundertmal gehört, aber man kann es nicht oft genug wiederholen: Wenn die Dinge nicht so laufen, wie du es dir gewünscht hast, vergiss nicht, dass manchmal etwas, was sich im ersten Moment wie ein einziges Scheitern anfühlt, zu dem Besten wird, was dir passieren konnte. Wir lernen dann eventuell etwas über uns selbst oder über andere oder beides. Und wenn du dich traurig und haltlos fühlst und etwas daran ändern willst, versuch mit deinem inneren, natürlichen Wesen in Kontakt zu treten. Konzentrier dich auf die Dinge, die dich biologisch, also körperlich, glücklich machen.

BONUS

Du willst deine positiven Energien mit anderen teilen? Wenn du jemanden liebst, sag es ihm oder ihr – und sag auch, warum. Belass es nicht bei einem einfachen »Ich liebe dich«. Sag dem Menschen, den du liebst, möglichst genau, was an ihm du so besonders magst. Das kannst du gut auch per SMS machen. Und wenn du weißt, dass jemand in einer schwierigen Phase steckt, lass denjenigen wissen, dass du weißt, was er gerade durchmacht und wie gut er sich schlägt.

Profi-Tipp: »Je länger ich lebe, desto überzeugter bin ich davon, dass unsere wichtigste Aufgabe im Leben darin besteht, nett zu uns selbst zu sein.« – Emily McDowell

Vorsätze fassen und sich daran halten

»Richtig gefasste Vorsätze können uns zu einem viel glücklicheren Menschen machen.«

– Gretchen Rubin

1. Stell dir folgende Frage: »Was würde mich glücklich(er) machen?« Vielleicht brauchst du mehr von etwas Gutem (Zeit mit deinen Freunden, ein Hobby) oder weniger von etwas Schlechtem (mit deinen Kindern streiten, dich über deine Essgewohnheiten ärgern), oder du musst etwas ändern, was sich nicht richtig anfühlt.
2. Finde die Gewohnheit heraus, die du verändern musst, damit sich etwas ändert. Sie sollte möglichst konkret und umsetzbar sein. Statt »mehr Freude im Leben haben« etwas wie »jeden Samstag einen Filmklassiker schauen«.
3. Denk darüber nach, ob du eher Dafür- oder Dagegen-Entscheider bist. (Das heißt, möchtest du dich *für* etwas

entscheiden oder *gegen* etwas?) Formuliere deine Entscheidung so, dass sie dazu passt (also: »Ich werde x tun« oder: »Ich werde y lassen«).

4. Überprüfe auch: »Ist mein Ziel zu niedrig gesteckt? Oder zu hoch?« Wenn du dir zu viel abverlangst, stehst du dir eventuell selbst im Weg. Oder du musst dir höhere Ziele setzen, falls du schnell das Interesse oder die Motivation verlierst, wenn es zu langsam vorangeht.
5. Mach einen Plan, wie du deine eigenen Vorsätze auch wirklich verlässlich umsetzen wirst. (Wenn du leicht aufgibst, mach dir bewusst, dass du eine externe Instanz brauchst, und bitte Freunde darum, diese Instanz zu sein.)

Die Expertin:

Gretchen Rubin ist unter anderem Autorin des Buches *Das Happiness-Projekt* sowie Moderatorin des preisgekrönten Podcasts *Happier with Gretchen Rubin*, in dem sie mit ihrer Zuhörerschaft Erkenntnisse, Strategien und Geschichten darüber teilt, wie man sich selbst besser versteht und ein glücklicheres Leben führt.

Warum:

Der Weg zum Glück beginnt damit, dich selbst richtig gut zu kennen. Fang damit an, darüber nachzudenken, was es bräuchte, damit du nächste Woche, nächsten Monat, nächstes Jahr glücklicher bist. (Je mehr dein Leben deine Werte widerspiegelt, desto glücklicher wirst du dich fühlen. Deine Gewohnheiten helfen dir dabei, dass dein Leben deine Werte widerspiegelt.)

Ein weitverbreiteter Fehler ist, dass Leute viel zu abstrakte Vorsätze fassen. »Das Jetzt genießen« ist ziemlich schwer messbar und deshalb auch schwer umzusetzen. Such dir stattdessen eine möglichst konkrete, messbare Handlung aus, die dich diesem abstrakten Ziel näher bringt, so was wie »morgens meinen Kaffee immer auf der Terrasse trinken«.

Wenn es darum geht, etwas in deinem Leben grundsätzlich zu verändern, gibt es zwei Möglichkeiten: Einige Menschen müssen sich kleine, sich wiederholende Zwischenziele auf dem Weg zur großen Veränderung setzen. (Ich mache jeden Tag nach dem Mittagessen einen zehnminütigen Spaziergang.) Andere Menschen benötigen die große Energie und Aufregung einer radikalen Veränderung, um ihr gewohntes Verhalten zu verändern. (Ich stehe jeden Morgen eine Stunde früher auf, um ins Fitnessstudio zu gehen!) Beide Ansätze funktionieren, also entscheide, welcher Typ du bist, und pass deine Ziele entsprechend an.

Was letzten Endes zählt, damit du dich an deine Vorsätze hältst, ist: Verantwortung dafür zu übernehmen. Ein Vorschlag von Gretchen ist, im Freundeskreis eine »Besser-als-vorher«-Gruppe zu gründen, oder du trägst dir Ziele oder Auswertungstage in deinen Kalender ein und nimmst sie dann auch ernst. Das ist auch der Grund dafür, dass Schritt 2 so wichtig ist: Wenn dein Vorsatz zu vage ist, ist es schwer, sich für die Einhaltung verantwortlich zu fühlen. (Ob du dich an deinen Vorsatz »gesünder zu essen« hältst, ist schwieriger zu kontrollieren, als ob du deinen Vorsatz »dreimal pro Woche Salat zum Mittagessen« einhältst).

BONUS

Du willst eine gute, neue Gewohnheit entwickeln, bei der du auch bleibst? Dann versuch's mit der 1-Minute-Regel: Alles, was du in einer Minute erledigen kannst, erledigst du sofort, statt es auf später zu verschieben. (Das heißt, du solltest es in dem Moment erledigen, in dem es sich manifestiert.)

Den Mantel aufhängen, einen Brief lesen und entsorgen, ein Formular ausfüllen, einen Teller in die Spülmaschine stellen … Denn alle diese Aufgaben sind so schnell erledigt, dass es dir nicht schwerfallen wird, dich an die 1-Minute-Regel zu halten – aber der Effekt ist riesig. Wenn du all diese kleinen, nervigen Aufgaben in den Griff bekommst, fühlst du dich insgesamt klarer und weniger überfordert. Dein Zuhause wird wahrscheinlich aufgeräumter sein und du selbst viel produktiver. (Denn du erledigst so viel Kleinkram innerhalb so kurzer Zeit, dass du viel mehr Zeit für die großen Aufgaben hast.) Das ist ein unfassbar einfacher und effektiver Glücks-Boost – aber du musst dich an die 1-Minute-Regel halten, wenn du Ergebnisse sehen willst.

Profi-Tipp: Statt dich auf deine To-do-Liste zu konzentrieren, mach eine Ta-da-Liste mit allem, was du an diesem Tag schon erledigt hast. Produktivität und Glücklichsein können eng zusammenhängen. Egal, ob du deine Wäsche erledigt oder einen fetten Business-Deal abgeschlossen hast, wichtig ist das Gefühl, an etwas zu wachsen, und zu merken, dass man sich weiterentwickelt, lernt und lehrt. Eine Ta-da-Liste hilft dir dabei, deinen Tag bewusster und mit höherer Zufriedenheit wahrzunehmen. (Eventuell hattest du das Gefühl, dass du den ganzen Tag nichts getan hast. Aber schau mal, deine Liste! Du hast ja einiges erledigt!) Ta-da-Listen sind auch eine super Sache fürs Jahresende, wenn du dafür diszipliniert genug bist. (Entrümple deinen Kalender, dann hast du Zeit dafür). Manchmal hat man das Gefühl, dass man tage- oder sogar wochenlang total unproduktiv war, aber im Jahresrückblick sieht man dann, was man *tatsächlich* alles geleistet hat.

Kapitel

13

Zwischenmenschliche Erfolgsrezepte

Sich Namen merken

»Sich Namen merken zu können ist eine der wichtigsten Fähigkeiten beim Netzwerken, essenzieller Teil der Business-Etikette und eine menschliche Grundfähigkeit.«

- Jim Kwik

1. Glaube daran, dass du dir Namen merken kannst. Der einzige Weg, unser Verhalten zu ändern und Ziele zu erreichen, ist es, daran zu glauben, dass wir es können. Dieser Glaube ist ein Signal an unser Gehirn, eine Aufgabe zu meistern.
2. Übe. Es dauert dreißig bis sechzig Tage, etwas Neues zu lernen. Also übe so häufig, wie du kannst, dir die Namen von Leuten, die du kennenlernst, zu merken.
3. Sag den Namen. Wenn sich dir jemand vorstellt, wiederhole den Namen beim Antworten: »Hallo, Ted.«
4. Verwende den Namen. Versuch, den Namen im Gespräch drei bis vier Mal auszusprechen. Aber Vorsicht: Das muss natürlich wirken, sonst kommst du schnell seltsam rüber.

5. Frag nach: Kennt dein Gegenüber viele Menschen mit demselben Namen? Wie kam es zu der Namenswahl? (Wird der Name vererbt? Hat er für die Eltern eine besondere Bedeutung?) Das wird deinem Gedächtnis auf die Sprünge helfen, wenn ihr euch das nächste Mal seht. Und Menschen *lieben* es, über sich selbst zu reden.
6. Visualisiere. Die meisten Menschen können sich Gesichter besser merken als Namen. Der Trick ist, das Gesicht, an das du dich erinnerst, mit einem Bild zu verbinden, das du mit dem Namen verbindest. Falls jemand Jakob heißt, könntest du dir die Person als Mönch mit einer Glocke vorstellen – dann kannst du beim nächsten Treffen das Kinderlied mit dem Namen verbinden. (Hoffentlich.)
7. Beende das erste Treffen oder Gespräch mit einer persönlichen Verabschiedung: »Bis zum nächsten Mal, Jakob. Es war schön, dich zu kennenzulernen!«

Der Experte:

Jim Kwik ist Experte für Gedächtnistraining und Schnell-Lesen, internationaler Speaker und Vorstandsvorsitzender von Kwik Learning, einer Consulting Firma, die Memory-Techniken vermittelt.

Warum:

Sich Namen zu merken ist eine Fähigkeit, die man üben muss. Die gute Nachricht ist, dass das weniger aufwendig ist, als du glaubst. Der Grund, warum du den Namen wiederholen sollst, ist: Dann hast du ihn gleich zwei Mal gehört. So gehst du auch sicher, dass du dich nicht verhört oder etwas falsch verstanden hast. Du willst dich ja nicht zwanzig Minuten mit Ted unterhalten und zum Abschied »Auf Wiedersehen, Ed«

sagen – dann lieber gleich korrigiert werden. Und verwende den Namen im Gespräch so häufig, wie der Kontext es möglich macht. (Bonus: Wenn jemand vorbeikommt, kannst du beide einander vorstellen.) Zum Abschied noch einmal den Namen zu sagen ist ein Schlüsselmoment: eine Gelegenheit mehr und die Chance, dass du dich beim nächsten Mal erinnerst. Und Ted wird beeindruckt sein!

Profi-Tipp: Rede dir gar nicht erst ein, dass du dir Namen schlecht merken kannst. Dein Gehirn ist wie ein Supercomputer und deine Selbsteinschätzung wie ein Programm, das dann automatisch abläuft. Wenn du selbst glaubst, dass du dir Namen nicht merken kannst, wirst du dir den Namen der nächsten Person, die du kennenlernst, tatsächlich nicht merken können – denn darauf hast du deinen Supercomputer ja nicht programmiert. Ein ganz einfacher Trick, um dir nicht länger einzureden, dass du etwas nicht kannst, ist es, gedanklich das Wörtchen »noch« zu ergänzen: »Ich kann mir Namen nicht merken – *noch* nicht.«

Dankeskarten schreiben

1. Starte mit einer Grußformel: »Hallo!«, »Liebe/r ...«
2. Sag direkt Danke für das Geschenk oder die Unterstützung.
3. Führe deinen Dank weiter aus. Was wirst du mit dem Geschenk machen oder was macht dir besondere Freude daran?
4. Gib einen Ausblick in die Zukunft – wann werdet ihr euch das nächste Mal sehen? Oder wünsche der Person schöne Ferien oder Feiertage: »Ich freue mich schon jetzt auf unser Wiedersehen bei Katrins Hochzeit!«

5. Wiederhole deine Wertschätzung: »Noch einmal danke für deine Aufmerksamkeit.«
6. Beende die Karte mit Grüßen. »Küsschen«, »Alles Liebe«, »Mach's gut«.
7. Füge ein PS hinzu, wenn du magst. Es sollte kurz und positiv sein, zum Beispiel ein Insider-Witz, oder nimm Bezug auf etwas aus dem Leben der Empfängerin: »PS: Ich finde deine neue Frisur super.«

Die Expertin:

Cheree Berry ist Vorstandsvorsitzende und Kreativdirektorin von Cheree Berry Paper. Sie designt Hochzeitseinladungen, Feiertagsgrüße, Babykarten und eigentlich alles, was du dir auf Papier so vorstellen kannst.

Warum:

Wenn Leute eine Dankeskarte öffnen, wollen sie gern sofort sehen, wofür du dich bedankst, also komm direkt zum Punkt. (Denn es ist vielleicht schon ein Weilchen her, dass sie dir das Geschenk gegeben haben.) Als Nächstes schreib etwas möglichst Konkretes. Wenn jemand dir schreibt: »Vielen Dank für das Geschenk; ich kann es kaum erwarten, es das erste Mal zu benutzen«, dann denkst du dir doch auch: »Hör mal, erinnerst du dich überhaupt an das, was ich dir geschenkt habe, oder daran, wer ich überhaupt bin?« Details geben dem Empfänger ein gutes Gefühl. Solange dir die andere Person keine Rolex geschenkt hat und du wirklich ins Schwärmen gerätst, ist es völlig ausreichend, noch einmal Danke zu sagen und dann zum Ende zu kommen. Füge ein PS hinzu, wenn dir danach ist – die meisten Briefe oder Mails haben eins. (»PS: Hoffentlich ist das wichtige Meeting gut gelaufen.«) Mach dich nicht verrückt, indem du zu viel über die Karte nachdenkst: Du solltest für das Ganze nicht mehr als drei Minuten brauchen. Wenn du davon ausgehst, dass Dankeskarten-Schreiben unglaublich viel Zeit braucht, dann wird es zu einer riesigen Arbeitsaufgabe (und steht monatelang auf deiner To-do-Liste ... hab ich zumindest von anderen gehört). Hab immer ein paar Karten in deiner Handtasche, und schreib schnell eine, während du beim Zahnarzt wartest. Ach ja, wenn du Angst hast, dass du die Karte versaust – oder zweimal das Wort »aufregend« verwendest –, dann schreib doch auf dem Handy oder Rechner einen Entwurf und lass die Rechtschreibprüfung drüberlaufen.

BONUS

Ach so, du weißt *wirklich nicht* mehr, was du von wem geschenkt bekommen hast? Vermeide es, irgendetwas Unspezifisches über »das Geschenk« zu schreiben. Verschiebe den Fokus stattdessen auf die Schenkende, und beginne mit einer einfachen, aufrichtigen Wertschätzung ihrer Aufmerksamkeit. Dann schreib etwas Konkretes über diese Person. Vielleicht erinnerst du dich an eure letzte Begegnung oder an ein Gespräch, das ihr hattet. »Vielen Dank für das Geschenk, du tolle, aufmerksame Lady! Deiner Großzügigkeit sind keine Grenzen gesetzt. Ich hab mich übrigens sehr gefreut, dich und deine Freunde letzte Woche im Eiscafé zu treffen. Ich hoffe, dass Lilly und Nico einen schönen Sommer haben!« Wenn du Details zu einer Begegnung nennst, also zum Beispiel die Namen der Anwesenden, dann fällt es weniger auf, dass die Geschenkdetails fehlen. Cherees goldene Regel für Dankeskarten lautet: Schreib anderen so, wie sie dir schreiben sollen.

Auf dem Laufenden sein (Sport)

»Du musst kein Interesse vortäuschen oder lügen. Aber wenn du ein Teil von etwas sein willst, was die Leute einander wirklich näher bringt – eine der letzten Sachen, die Menschen wirklich live miteinander schauen und teilen –, solltest du über wichtige Sportevents auf dem Laufenden sein.«

– Sarah Spain

Such dir ein paar Sport-Webseiten (eine für Sport im Allgemeinen und eine für Sport und Teams in deiner Stadt), und setze ein Lesezeichen. Schau täglich, wöchentlich oder immer dann auf die Seite, wenn du zu einem Spiel gehst oder mit Freunden gemeinsam ein Spiel schauen wirst.

1. Spieltermine, Platzierungen und andere verlässliche und verständlich aufbereitete Informationen findest du bei bekannten Zeitungen, Sendern oder Websites, die journalistische Standards erfüllen.
2. Falls du und dein Freundeskreis Fans von einem bestimmten Verein seid, folge ihnen auf ihrer Vereinsseite, ihrem Blog und in den sozialen Medien.
3. Folge den Social-Media-Accounts von einigen wenigen Ausnahmetalenten.
4. Finde vor einem wichtigen Spiel heraus, was die spannendsten Neuigkeiten sind, und lies dazu genauer nach. (Wer ist verletzt, welche sind die besten Spieler ...) Vereinsseiten und Blogs sind super dafür.
5. Sei immer auf dem Laufenden, warum ein bestimmtes Spiel relevant sein könnte – auch das Dienstagabend-Spiel Mitte Mai. Warum ist der Sieg wichtig? Was passiert,

wenn das Team verliert? Gibt es eine lange Geschichte zwischen dem Team und diesem Gegner? Welcher Spieler startet gerade richtig durch?

6. Entdecke die spannenden Hintergrundberichte. Wenn du Interviews mit Freunden und Familie liest – und mit dem Trainer aus der fünften Klasse –, entwickelst du ein ganz anderes Interesse für die Athleten.

Die Expertin:

Sarah Spain ist TV-Star, Autorin und wurde als Radiomoderatorin bereits mit dem Emmy und dem Peabody Award ausgezeichnet.

Warum:

Sport bringt Menschen einander näher. (Das ist der Grund, warum während der Pandemie alle Sportveranstaltungen abgesagt wurden!) Und wenn sich eine Gruppe von Leuten trifft, um zusammen die NBA Finals oder das Kentucky Derby oder so was wie … NASCAR zu schauen, macht es hundertprozentig mehr Spaß und ist viel interessanter für dich, wenn du eine ungefähre Ahnung hast, worum es geht (also Regeln, wichtige Spieler, Rivalitäten). Es gibt x Websites, die dich mit aktuellen Infos versorgen – was ist heute los und warum ist das Spiel wichtig –, aber wenn du dich in einer bestimmten Sportart nicht wirklich auskennst (ähm, NASCAR), ist die wichtigste Frage: Was steht auf dem Spiel? Wenn du dir also unsicher bist, konzentrier dich auf diese Frage. Nimm dir fünf Minuten Zeit, um zu verstehen, was die Besonderheit dieses einen Spiels ist.

Deinem Team in den sozialen Medien zu folgen ist wichtig, weil du so erfährst, welche Spiele als Nächstes anstehen, und außerdem die Spieler persönliche Dinge tweeten. Und wenn du dich ihnen näher fühlst, fällt es dir auch leichter, dich wirklich für den Sport zu begeistern.

Gute Hintergrundberichte machen einfach alles viel interessanter. Ist das das erste Auswärtsspiel für jemanden, der früher für den Verein gespielt hat? War er bei den Fans so beliebt, dass er Standing Ovations bekommt, obwohl er jetzt im gegnerischen Team ist? Statt dich zu fragen: »Was ist denn jetzt los?«, kannst du selbst Teil dieses emotionalen Moments werden. Wissen macht alles spannender und sorgt dafür, dass dir der Sport, den du anschaust, etwas bedeutet.

Kommentare in den sozialen Medien schreiben

1. Bevor du etwas kommentierst, stell dir eine einfache Frage: »Würde ich das im wirklichen Leben auch sagen?«
2. Lenk nicht vom Thema ab. (Wenn jemand etwas über ein krankes Kind oder eine kranke Katze postet, schreib nicht: »Aber weißt du auch, was gerade in Australien los ist?« Ja, das ist auch furchtbar, aber nicht der Punkt.)
3. Falls das Thema kontrovers ist (und heutzutage ist fast alles kontrovers), mach deine Hausaufgaben, bevor du deinen Senf dazugibst. Wenn du nicht wirklich auf dem Laufenden bist – über beide Seiten eines Themas –, halt dich lieber zurück.
4. Versuch nicht, jemanden online von einer anderen Meinung zu überzeugen. Leute ändern nur sehr selten ihre Meinung, nachdem sie sie online veröffentlicht haben. (Das heißt, sie sterben lieber dafür, auch wenn es ein total sinnloser Tod ist.)
5. Bitte, bitte, bitte: Check Rechtschreibung und Grammatik in deinen Beiträgen.

6. Verwende Satzzeichen! Vergiss nicht, dass du mit Satzzeichen den Ton eines Satzes zum Ausdruck bringen kannst. (Es macht einen Unterschied, ob jemand unter dein Urlaubsfoto nur »fun« schreibt oder eben »Fun!!!!«)
7. Vergiss nicht, dass Emojis so einiges wiedergutmachen. Sie zu verwenden wird nicht nur akzeptiert, sondern eigentlich sogar erwartet. (Und auch sie machen den Ton aus, siehe Schritt 6.)
8. Lies dir noch mal deinen Kommentar durch, bevor du ihn postest. Was du online schreibst, ist für immer da. Wenn dein Kommentar länger lebt als du, ist das in Ordnung für dich?
9. Kommentiere die Posts von Menschen, die auch deine Posts kommentieren.

Die Expertin:

Sara Buckley ist Social Media Director bei Buzz Brand, einer Kreativ-Agentur, die kleine Unternehmen dabei unterstützt, ihre Social-Media-Präsenz auszubauen. Sie hat außerdem die extrem beliebten Instagram-Accounts @nottheworstmom und @nottheworstmarriage.

Warum:

Du solltest online dieselben Höflichkeitsregeln beachten wie im wirklichen Leben. Du würdest ja auch nicht auf einer Dinnerparty das Gespräch zum Entgleisen bringen, oder? Oder deinen Senf zu etwas dazugeben, von dem du keine Ahnung hast ... Wahrscheinlich ergreifst du auf der Party nur dann das Wort, wenn du etwas Substanzielles zu einem Thema beizutragen oder etwas Interessantes (oder Unterstützendes) zu sagen hast. Mach das online genauso. Und was man bei Social-Media-Beiträgen nicht vergessen sollte:

Sie sind für immer. Und du kennst ja deine Follower nicht – vielleicht ist dein zukünftiger Angestellter, Kollege oder Boss unter ihnen. Heute gehört es dazu, sich den Social-Media-Auftritt von Bewerberinnen vor dem Vorstellungsgespräch anzuschauen. So wie du dich dort präsentierst, wirst du als Person wahrgenommen – im Guten wie im Schlechten (und das ist öfter der Fall). Also triff bewusste Entscheidungen, was du postest und was du kommentierst. Celebrities und Politikerinnen werden für Tweets, die sie vor zehn Jahren geschrieben haben, öffentlich hingerichtet. Es könnte dich deinen Job kosten – oder deine Beziehung. Das musst du ernst nehmen, denn andere tun es auch.

BONUS

Du willst dein Unternehmen/deine Marke in den sozialen Medien puschen? Wenn du deinen Namen bekannter machen und mehr Follower gewinnen willst, bring dich selbst ins Spiel, indem du Likes vergibst, Kommentare schreibst und mit anderen Leuten interagierst. Stell dir vor, du wärst auf einer Cocktailparty und völlig neu in der Branche. Und dann fändest du heraus, dass auf der Party ganz viele andere, in dieser Branche gut etablierte Gäste sind ... Dann würdest du dich auch vorstellen, und wenn sie dich ansprechen, würdest du antworten. Genauso läuft es online. Betrachte Social-Media-Accounts als einen weiteren Ort für zwischenmenschliche Begegnungen. Als einen Ort, an dem deine zukünftigen Fans, Follower und Kunden abhängen. Und als eine kostenlose Plattform, über die du Leute erreichst, die potenziell dein Produkt kaufen, in dein Geschäft kommen, deine Musik downloaden werden. (Dein Buch bestellen?) Nutz das! Aber verteile nicht nur Likes, sondern trag auch etwas zum Gespräch bei. Wenn du willst, dass Leute dich wahrnehmen, sorg für einen positiven und bemerkenswerten Auftritt. (Die

Leute lesen wirklich die Kommentare. Und wenn sie mögen, was sie lesen, werden sie dir folgen.)

Produktiv streiten

1. Beantworte zwei Fragen: »Bin ich müde? Bin ich hungrig?« Fang niemals einen Streit an, solange du nicht beide mit Nein beantworten kannst.
2. Entscheide dich, was du bearbeiten willst, und teile dein Vorhaben mit deinem Partner/deiner Partnerin.
3. Setz dir ein Zeitlimit – stell dir einen Timer, falls du ihn brauchst –, und lass dein Gegenüber das Zeitlimit wissen. »Lass uns maximal zehn Minuten darüber sprechen, einverstanden?«
4. Bring dein Argument ohne Beleidigungen vor. SIEHE SEITE 74 FÜR »EIN ARGUMENT BRINGEN UND GEHÖRT WERDEN« UND SEITE 76 FÜR »KONSTRUKTIVE KRITIK ÄUSSERN«.
5. Hör zu, ohne dein Gegenüber zu unterbrechen. (Das heißt, wechselt euch beim Sprechen ab. Das klingt offensichtlich, aber ... Beziehungen halt.)
6. Bleib bei dem Thema, für das du dich in Schritt 2 entschieden hast, ganz egal, wie gern du die Sache mit dem Geschirrspüler wieder anbringen würdest.
7. Mach einen Handlungsvorschlag, der das Problem löst.
8. Vereinbare einen Zeitpunkt, zu dem ihr wieder über das Thema redet.
9. Ende mit etwas Positivem – auch wenn du dich dazu zwingen musst.

Die Expertin:

Jo Piazza ist Bestsellerautorin, preisgekrönte Journalistin und Podcasterin. In ihrem Buch *How to Be Married* stellt sie unterschiedliche Ehemodelle von allen Kontinenten vor.

Warum:

Bevor du eine Diskussion oder einen Streit anfängst, solltest du sichergehen, dass du ausreichend gegessen hast und ausgeruht bist. Denn niemand ist die bestmögliche Version seiner selbst oder kann rationale Entscheidungen treffen, wenn er hungrig oder müde ist. Frag nur mal Zweijährige. Jo sagt so schön: »Der Spruch ›Geh niemals wütend ins Bett‹ ist Bullshit.« Du musst schon etwas dafür tun, dass eine Auseinandersetzung erfolgreich verläuft. Und konzentriere dich beim Streiten auf *eine* Sache, und die solltest du kennen, bevor du ins Gespräch startest. Dann fällt es dir leichter, der Versuchung zu widerstehen, einfach eine Riesenliste mit Dingen, über die du dich geärgert hast, auszukotzen, denn die hast du natürlich parat. (Total parat!) Und vereinbart ein Safeword, wenn ihr trotzdem abschweift – am besten irgendetwas Lustiges oder für euch zwei Bedeutsames, was euch einen kurzen ungezwungenen Moment ermöglicht. Der wichtigste Punkt beim Streiten ist: dem anderen zuzuhören. Gib deinem Partner genug Raum für sein Argument, bevor du dein Gegenargument bringst. Und beende keinen Streit, ohne einen Vorsatz für die Zukunft oder einen Handlungsplan zu formulieren. Sag so etwas wie: »Okay, dann probieren wir mal aus, was wir besprochen haben, und schauen, wie es läuft. Dann lass uns in einer Woche oder einem Monat noch mal darüber reden.« Und anschließend habt Versöhnungssex. Oh, stopp – den gibt's ja nur in Filmen.

Sich entschuldigen

»Sich entschuldigen zu können ist eine entscheidende Fähigkeit, die auch für denjenigen, der sich entschuldigt, sehr hilfreich ist. ›Entschuldige, das tut mir leid‹, sagst du nicht bloß, um dein Gegenüber zu besänftigen, du stellst dich auch deinem eigenen Verhalten und übernimmst Verantwortung dafür – und leistest damit einen großen Beitrag zu deinem eigenen seelischen Wohlbefinden.«
– Zelana Montminy

1. Denk darüber nach, was genau dein Beitrag zu dem Problem/Konflikt war. (Für deine Entschuldigung brauchst du maximale Klarheit.)
2. Bitte die andere Person um ein Gespräch – und zwar dann, wenn ihre beide Zeit habt und nicht abgelenkt seid. (Das heißt, wenn ihr euch beruhigt habt und euch fokussieren könnt.) Entschuldige dich am besten persönlich, wenn das nicht geht, telefonisch. Entschuldigungen per SMS oder E-Mail folgen – mit großem Abstand – auf Platz drei.
3. Sag: »Es tut mir leid, dass ich ______.« (Benenne absolut aufrichtig und eindeutig deinen Fehler. Geh noch mal zu Schritt 1, wenn du dir unsicher bist.)
4. Widerstehe dem Drang, eine Rechtfertigung für deinen Fehler zu liefern.
5. Formuliere, wie du dich beim nächsten Mal in so einer Situation verhalten wirst oder wie du dein Verhalten ändern wirst. (Auch hier: Sei möglichst genau.)
6. Frag: »Nimmst du meine Entschuldigung an?«
7. Frag dein Gegenüber, wie es weitergehen soll und was du tun kannst. Was braucht dein Gegenüber von dir?

Die Expertin:

Zelana Montminy ist Verhaltensforscherin und promovierte Psychologin mit dem Schwerpunkt »Positive Psychologie«.

Warum:

Bei einer Entschuldigung geht es darum, Unrecht zu beheben. Sich um Verzeihung zu bitten ist nur der erste Schritt. Aber es ist ein immens wichtiger Schritt, deshalb ist es so wichtig, dass du dir beim Definieren und Formulieren deiner Entschuldigung Zeit lässt. Du musst wirklich verstehen, wie genau du dein Gegenüber verletzt hast. Manchmal, vor allem wenn es um einen Konflikt in der Partnerschaft geht, kann das auch heißen, dass du wütend ins Bett gehen musst und den Streit – und die Entschuldigung – erst am nächsten Tag mit klarem Kopf wiederaufgreifen kannst. Du musst den richtigen Zeitpunkt für eine Entschuldigung finden, sonst wird sie nicht angenommen werden. Und sag auf keinen Fall so etwas wie: »Es tut mir leid, dass *du* das so empfindest« oder: »Der Grund ist, dass *du* x getan hast«. Vermeide am besten jegliche Du-Botschaft, und bleib bei Ich-Botschaften. Dann lass dein Gegenüber aussprechen, und unterbrich ihn nicht, um dich zu verteidigen. Das ist nicht der richtige Zeitpunkt für Schuldzuweisungen oder Ausreden (»Oh, aber ich hab das nur gemacht, weil du vorher das gemacht hast«, »Ich bin so gestresst von der Arbeit, dass ich total überfordert bin, und deshalb habe ich mich dir gegenüber so blöd verhalten«). Eine Entschuldigung ist ziemlich wertlos, wenn sich hinterher nicht etwas verändert, also tausch dich mit deinem Gegenüber darüber aus, wie du dich in Zukunft im Hinblick auf dieses Problem verhalten sollst. Wenn dir die Beziehung zu dieser Person wichtig ist, solltest du bereit sein, das dafür Notwendige zu tun.

Aus einem Gespräch aussteigen, das man nicht führen will

Signalisiere, dass du aufbrechen willst, indem du deine Hand zum Gruß ausstreckst oder, noch besser, deinem Gegenüber auf die Schulter klopfst (wenn das zu deiner natürlichen Körpersprache passt) oder zum Abschied winkst.

1. Sag: »Das war ein schönes Gespräch, aber ich muss los.« (Du kannst nach der Visitenkarte fragen und sagen, dass du dich melden wirst – falls du das willst – oder dass ihr später, an Tag xy, das nächste Mal sprecht – falls du das willst.)
2. Geh einfach los.
3. Wenn das Gespräch zu politisch ist oder Gerüchte verbreitet werden, sei am besten ehrlich und sag: »Ich fühle mich nicht wohl mit der Richtung, in die sich das Gespräch entwickelt« oder: »Ich brauche eine Pause, bitte entschuldigt mich«.
4. Wenn du in einem Gespräch mit jemandem festhängst, der das Gespräch komplett an sich reißt, versuch das hier: »Danke für das nette Gespräch. Ich muss ein paar Leuten Hallo sagen, wir sehen uns später.«
5. Wenn du auf einer Party bist, sag nicht, dass du zur Bar oder ans Büfett gehst. (Sonst kommt dein Gegenüber vielleicht mit!)
6. Wenn du dich aus einer Gruppe von Leuten lösen willst, kannst du dich schnell und unauffällig verabschieden, indem du kurz winkst und laut in die Runde flüsterst: »War schön, mit euch zu sprechen, ich muss jetzt los.« Dann gehst du einfach.

7. Entschuldige dich nicht. Du kannst schon sagen: »Entschuldigt, dass ich euch unterbreche, aber ich muss jetzt wirklich los«, aber es ist nichts Falsches daran, ein Gespräch zu beenden, also musst du dich dafür nicht entschuldigen.
8. Falls jemand in der Nähe ist, den du kennst, kannst du sagen: »Oh, ich muss los, ich muss unbedingt noch mit Anne sprechen, entschuldigt mich.« Und dann gehst du direkt zu Anne.
9. Du kannst auch Anne (oder jemand anderen, der vorbeikommt und den du kennst) zu dir bitten und sie vorstellen: »Ihr solltet einander kennenlernen, darf ich vorstellen?« Und dann schließt du an: »Entschuldigt mich, ich lass euch beide mal allein und misch mich ein bisschen unter die Leute.«

Die Expertin:

Diane Gottsman ist Etikette-Expertin und Gründerin der Protocol School of Texas.

Warum:

Egal, ob dein Gegenüber deine Mutter, ein Kollege, ein anderer Elternteil an der Bushaltestelle oder der Typ in der Warteschlange beim Bäcker ist, um ein Gespräch zu beenden, gelten immer die gleichen Regeln: Sei direkt, höflich und aufrichtig. Manchmal wirst du der anderen Person sogar einen Gefallen tun. Wenn du deine Hand ausstreckst (oder jemandem auf die Schulter klopfst oder winkst), signalisierst du damit: »Ich muss los.« So schaffst du auch eine physische Grenze zwischen euch beiden – du signalisierst also mit deiner Körpersprache, dass du jetzt gehst. Wir alle sind selbst für unsere persönlichen Grenzen verantwortlich, also sag, wenn du ein dir unangenehmes Gespräch verlassen willst (Gossip, politische Tirade, Streit), einfach das, womit du dich am wohlsten fühlst. Zerbrich dir darüber nicht den Kopf. Mit »Hey, Christa, ich muss los. Wir sehen uns morgen ...« verkrümelst du dich auf absolut höfliche Weise.

BONUS

Wie man jemanden im öffentlichen Nahverkehr grüßt (ohne sich danebensetzen zu müssen): Lächle, winke, und sag Hallo. Dann geh weiter. Wenn es jemand ist, bei dem du das Gefühl hast, dass du mehr sagen musst, ergänze noch: »Schön, dich zu sehen. Ich muss ein paar E-Mails abarbeiten. Wir hören bald voneinander, ja?« Das reicht völlig. Du musst dich nicht danebensetzen oder ein längeres Gespräch anfangen. Und vergiss eins nicht: Sehr wahrscheinlich wollen die anderen genauso ungern neben dir sitzen wie du neben ihnen.

Ein Telefonat beenden: Bei einem Telefonat kann dein Gegenüber deine Körpersprache und deinen Gesichtsausdruck nicht sehen, also musst du aktiv werden und das Gesprächsende anmoderieren. Unterbrich dein Gegenüber höflich mit einem Satz wie: »Karen, ich erwarte noch einen Anruf, auf den ich mich vorbereiten muss. Ich melde mich in den nächsten Tagen noch einmal bei dir, um zu hören, wie sich das Projekt entwickelt hat.« Fasse dich kurz, sei herzlich und vor allem authentisch. Und versprich nicht, dass du zurückrufen wirst, wenn du es nicht wirklich vorhast.

Die richtigen Worte finden, wenn du anderen von deiner schwierigen Lage erzählst

»Immer wieder nach den richtigen Worten zu suchen kann psychisch sehr herausfordernd sein. Bereite dich stattdessen lieber so vor, dass du eine kompakte Botschaft hast. Auf diese Weise bist du weniger gestresst darüber, dass du die Botschaft überbringen musst, und gehst sicher, dass du das mitteilst, was du mitteilen willst.«

– Gretchen Rubin

1. Identifiziere das Thema, nach dem die Leute dich fragen werden – eine Trennung, etwas Gesundheitliches, ein überraschender Arbeitsplatzwechsel.
2. Entscheide dich, wie du die Situation framen willst, also welchen Kontext du ihr geben willst. (»Wie will ich selbst darüber nachdenken? Wie möchte ich, dass andere die Situation wahrnehmen? Wie möchte ich, dass die Welt von dieser Information erfährt?«)
3. Überlege dir zwei, drei Sätze, die die Situation kurz und knapp zusammenfassen. Sie sollten die grundlegenden Infos enthalten. Du bist dir unsicher, was die Leute wissen wollen? Stell dir selbst die Frage: »Was würde ich gern wissen, wenn ich an ihrer Stelle wäre?« Schreib die Sätze auf, falls dir das hilft!
4. Formuliere einen Satz darüber, wie du dich *fühlst*, denn das interessiert die Leute am meisten. Wie geht es dir mit der Situation?
5. Achte auf den Klang deiner Stimme, wenn du dich mitteilst. Wenn du sachlich klingst, ist das Gespräch beendet; wenn du humorvoll klingst, fühlt sich dein Gegenüber ermutigt nachzufragen.
6. Wiederhole das Ganze bei Bedarf.

Die Expertin:

Gretchen Rubin ist unter anderem Autorin des Buches *Das Happiness-Projekt* sowie Moderatorin des preisgekrönten Podcasts *Happier with Gretchen Rubin*, in dem sie mit ihrer Zuhörerschaft Erkenntnisse, Strategien und Geschichten darüber teilt, wie man sich selbst besser versteht und ein glücklicheres Leben führt.

Warum:

Häufig haben wir so viel Angst vor dem, was auf uns zukommt, dass wir uns total abschotten und vermeiden, dass irgendjemand uns Fragen dazu stellen kann. Es kann wahnsinnig anstrengend sein, ständig gefragt zu werden, wie es dir geht und was mit dir los ist. Wenn es etwas ist, über das du nur ungern nachdenkst, kann es schon eine riesige Herausforderung sein, die Sache überhaupt in Worte zu fassen. Du wirkst auf andere nicht unauthentisch, wenn du dir die Zeit nimmst, die du brauchst, um achtsam zu entscheiden, wie *du* die Situation in Worte fassen willst. Ein Beispiel: »Max und ich lassen uns scheiden. Das ist nicht das, was ich wollte, aber seitdem die Entscheidung gefallen ist, fühle ich mich irgendwie befreit.« Wenn du so ein kompaktes, kurzes Statement in petto hast, kannst du damit gestalten, wie über die Sache gesprochen wird, und es wird auch viel einfacher, ein Gespräch darüber zu beenden. Wenn du nicht weiter darüber sprechen willst, kommunizierst du mit so einem Statement einen definitiven Abschluss, ähnlich wie eine Regierungserklärung: »Zum aktuellen Zeitpunkt beantworten wir keine weiteren Fragen.« Du beendest das Gespräch, aber auf höfliche Weise. Natürlich kannst du mit deinem Freundeskreis und deiner Familie endlos über das Thema sprechen, aber mit dem Statement bist du für alle Fälle gewappnet und musst nicht immer wieder neu – und schmerzhaft – darüber nachdenken, wie du Nachfragen beantwortest.

BONUS

Dasselbe gilt für gute Neuigkeiten. Du willst anderen von einem neuen Job, deiner Verlobung, dem extrem unterhaltsamen Buch, das dein Leben verändert hat, oder von was auch immer erzählen?! Wenn du deine Kurzpräsentation gut vorbereitest, hast du die Fäden in der Hand und kannst dich deinem Umfeld so präsentieren, wie du gesehen werden möchtest. Und Gespräche laufen einfach runder, wenn du vorher weißt, *was* du *wie* sagen willst.

Für Freunde da sein, wenn sie dir ihre missliche Lage anvertrauen

1. Reagiere möglichst neutral. Wenn sich dein Gegenüber dir öffnet, reagiere nicht geschockt oder ablehnend, vor allem dann nicht, wenn dir etwas Privates mitgeteilt wird und/oder die Person sich schämt. (Also zum Beispiel fremdgehen, lügen, gefeuert werden, rechtliche Probleme und so weiter.)
2. Frag: »Willst du darüber reden?«
3. Falls ja, frag vorsichtig nach: »Und wie geht es dir damit?« Oder: »Und wie fühlst du dich jetzt?«
4. Hake nicht zu sehr nach, und frag nicht nach Details. Wichtig ist nicht, was genau passiert ist, sondern wie sich dein Gegenüber *fühlt*.
5. Fokussiere dich auf dein Gegenüber, und höre zu. Deine Aufgabe ist zuhören, nicht antworten. Du solltest also, während die Person erzählt, nicht bereits über deine Antwort nachdenken. (Ja, das ist eine wichtige und herausfordernde soziale Fähigkeit!)

6. Gib nicht ungefragt Ratschläge. Häufig wollen Leute erstmal Dampf ablassen und keine Lösungsvorschläge hören. Wenn du deine Meinung äußerst, kann das so wirken, also ob du die Situation besser verstehst als dein Gegenüber – was nicht immer der Fall sein wird. (Du kannst *fragen*, ob die Person einen Ratschlag möchte, aber am besten sanft und ohne herablassend zu sein, also zum Beispiel: »Wäre es hilfreich, wenn ich sage, was ich an deiner Stelle tun würde?« Oder: »Möchtest du hören, was ich dazu denke, oder willst du es nur loswerden?«)
7. Im Zweifel sag einfach: »Es tut mir leid, dass dir das passiert ist.« Den meisten Menschen fällt es schwer zu sagen, dass ihnen etwas leidtut – sie finden, dass klingt nach einer Floskel. Aber wenn du aufrichtig Anteil nimmst, wird dein Gegenüber das spüren.
8. Beende das Gespräch mit der Frage: »Wie kann ich dich jetzt am besten unterstützen?«
9. Melde dich am nächsten Tag bei der Person. Und am übernächsten. Und am überübernächsten.

Die Expertin:

Rachel Wilkerson Miller ist Autorin und stellvertretende Chefredakteurin von *Vice*. Zuvor war sie leitende Redakteurin bei *BuzzFeed*.

Warum:

Das Wichtigste ist: Urteile nicht, und widerstehe der Versuchung, erstaunt die Augen aufzureißen und »Waaaaas???!!« zu rufen. Geh nicht davon aus, dass du weißt, wie dein Gegenüber sich in dieser Situation fühlt. (Vielleicht freut sich die Person wahnsinnig über die Scheidung und fühlt sich schlecht, weil sie nicht am Boden zerstört ist.) Am besten sagst du so was wie: »Wow, das sind ziemlich große Neuigkeiten!« Dann besteht nicht die Gefahr, dass du mit der falschen Emotion reagierst, und dein Gegenüber kann ausführen, wie es zu der Sache steht. Stell erst einmal vorsichtige Nachfragen, damit du herausfinden kannst, was die andere Person jetzt von dir braucht. Und konzentrier dich auf die Gefühle der Person, nicht auf die Fakten. Diese Idee habe ich aus Kelsey Crowes und Emily McDowells Buch *There Is No Good Card For This* (Emily findest du auf Seite 273 dieses Buches!). Du willst dich nicht in den Details ihrer Krankheitsdiagnose oder ihrer nächsten Bewerbung verlieren, denn darum geht es gerade nicht. Ja, es gibt auch Menschen, die das Thema in allen Details besprechen *wollen*, darauf solltest du auch vorbereitet sein, aber dann lass *sie* reden. Und wenn dir unklar ist, was dein Gegenüber von dir braucht, frag nach, deshalb musst du dich nicht schlecht fühlen. Vielleicht ist es ein Ratschlag, oder du sollst bloß zuhören. Manchmal braucht dein Gegenüber Ablenkung, und dann wieder ist es was ganz Konkretes, zum Beispiel Begleitung bei einem Gerichtstermin.

BONUS

Verschenke ein Puzzle. Wenn du das Gefühl hast, dass deine ganze Welt zusammenbricht, kann es ziemlich aufbauend sein, etwas im wahrsten Sinne des Wortes zusammenzusetzen. Puzzles sind sowohl beruhigend als auch anregend. Sie sind eine Herausforderung, aber eine nette. Und sie sind ein unglaublich einfaches Mittel, um gebrochene Herzen zu heilen und ein Gehirn zu beschäftigen, das ansonsten nur um Trauer, Wut, Ängste und Handy-Benachrichtigungen kreisen würde. Ein Puzzle wird nicht all deine Probleme lösen, aber ein Puzzle ist ein Problem, das du lösen kannst.

Beileid bekunden

»Sei dir bewusst, dass du nichts sagen kannst, was es besser macht oder ändert, also mach dir nicht zu viel Druck. Du musst nicht möglichst trostreiche Worte finden, es reicht, den Schmerz und die Trauer anzuerkennen.«

– Nora McInerny

1. Mach es einfach. Jetzt. (Das Schlimmste, was du machen kannst, ist schweigen.)
2. Schick eine SMS oder eine Karte. Oder ruf an. Oder, noch besser, fahr hin.
3. Sag einfach, wie es ist. »Das ist furchtbar. Mein herzliches Beileid. Ich bin da, falls du reden willst. Und auch falls du schweigen willst.« (Ein einfaches »Es hat mich so traurig gemacht, von seinem/ihrem Tod zu hören« reicht auch. Verwende am besten den Namen oder »vom Tod deiner Mutter/deines Freundes/deines Onkels« statt »von deinem Verlust«.) Versuche nicht, möglichst schnell das Thema zu wechseln oder einen Witz zu machen. Halte die Stille aus. Das kann unangenehm für dich sein, aber es geht nicht um dich. Lass die Trauernden trauern.
4. Erzähle eine schöne Erinnerung oder eine Anekdote von dir und der verstorbenen Person, wenn du sie gut kanntest.
5. Wenn die Trauernden dir nahestehen und du etwas tun willst, sei dir sicher, dass es authentisch ist. (Das heißt, biete nicht an, dich um das Baby zu kümmern, wenn du noch nie im Leben eine Windel gewechselt hast.)
6. Mach dir eine Notiz im Kalender, und melde dich nächstes Jahr an diesem Tag.

Die Expertin:

Nora McInerny ist Autorin und Podcasterin. Als sie einunddreißig war, hatte sie innerhalb weniger Wochen eine Fehlgeburt, ihr Vater starb an Krebs und ihr Ehemann Aaron an einem Gehirntumor. Ihr TED-Talk über das Trauern wurde innerhalb des ersten Jahres über 2,5 Millionen Mal angeschaut. Sie ist Gründerin des Hot Young Widow Club für Menschen, die ihre bessere Hälfte verloren haben.

Warum:

Es gibt eine Hierarchie für Beileidsbekundungen. Auf dem untersten Level sind Beileidsbekundungen per SMS, E-Mail oder per Nachricht via Facebook. Mittleres Level sind handgeschriebene Karten.[4] Und das Top-Level der Fürsorge und Anteilnahme ist: VORBEIKOMMEN. Geh zum Begräbnis. Sitz Shiva. Bring was Warmes zum Essen mit. Biete eine Umarmung an. Und wenn du sprichst, denk daran: Dein Gegenüber braucht keine Geschichte über dein Leben und deinen Verlust. Dein Gegenüber braucht keine Erklärung, was dieser Verlust für ihn bedeutet – das ist seine Entscheidung. Und dein Gegenüber braucht keine Lösungsvorschläge. (Lass das mit dem »Du solltest …«!) Und keine Angst, auch wenn du etwas Fürchterliches sagst, also so was wie: »Alles geschieht aus einem Grund« oder: »Das ist Gottes Plan«, hast du wenigstens guten Willen gezeigt. Du warst da. Und das allein zählt. (PS: Niemand weiß wirklich, was er sagen soll, du nicht und die Trauernden auch nicht – also reicht es völlig

4 Eigentlich solltest du immer eine Karte schreiben. Auch wenn du den/die Verstorbene/n gar nicht persönlich kanntest. Auch wenn der Trauernde ein Kollege ist, der dich vermutlich nicht mag. »Ich hab von XYZs Tod gehört und wollte dich wissen lassen, dass ich an dich denke.« Du musst nicht schreiben, wie furchtbar es ist – die Trauernden wissen selbst, wie sie sich fühlen. Und du musst keine religiösen Plattitüden schreiben – es sei denn, du meinst es ernst und weißt, dass die Empfänger religiös sind. Das reicht schon völlig. Adresse, Briefmarke drauf, abschicken.

zu sagen: »Ich weiß gar nicht, was ich sagen soll; ich weiß nur, dass ich für dich da sein will.«) Wenn du über den/die Verstorbene/n etwas Nettes sagen kannst, ist das schön; aber mach das nicht beim Begräbnis, wenn die Trauernden total neben sich stehen und überhaupt nicht zuhören können. Mach es ein paar Monate oder auch Jahre später. Hab keine Angst, den Namen des/der Verstorbenen zu sagen, und sprich über sein/ihr Leben, nicht nur über den Tod. Eine der größten Ängste, die Trauernde nach einem Verlust haben, ist, dass der Verlust noch größer und vollständiger wird. Deshalb hilft es, gemeinsam Erinnerungen an den/die Verstorbene zu teilen – so lebt er/sie weiter.

BONUS

Schreib nicht: »Lass mich wissen, wenn ich etwas für dich tun kann.« Eine Person, die trauert, weiß selbst nicht, was du für sie tun kannst. Wenn du etwas tun willst, tu es einfach. Aber stell dir vorher folgende Fragen: Wie stehst du zu der trauernden Person? Wer bist du für sie? Was kannst du gut? Welche Unterstützung kannst du verlässlich anbieten und dauerhaft leisten? Dann mach genau das. Auch wenn es bloß Schneeräumen im Winter ist oder beim Bäcker einkaufen. Oder ihre Kinder in die Schule bringen. Mach das, was du leisten kannst und was eine selbstverständliche Erweiterung eurer Freundschaft ist. Und deine Unterstützung muss nicht zwangsläufig was mit Trauer zu tun haben. Behandle dein Gegenüber wie eine ganz normale Person, denn das ist er oder sie ja auch. (Als Noras Mann gestorben ist, hat ihr jemand einen Wellness-Gutschein geschickt. Und ihre erste Reaktion war ein Ähhhm ... Aber dann hat sie ihn einen Monat später für eine Massage eingelöst, und das war genau das, was sie brauchte, aber das wusste sie vorher nicht.) Und: Wenn du etwas spendest, etwas zu essen oder ein Geschenk vorbeibringst oder eine SMS schickst und kein Dankeschön dafür bekommst, darfst du das nicht persönlich nehmen.

Profi-Tipps:

1. Wenn du zufällig jemanden triffst, der dir erzählt, dass ein Angehöriger verstorben ist, und du schon vorher davon gehört hast, dann sag nicht einfach: »Ich hab schon davon gehört.« Du denkst vielleicht, dass du der Person damit hilfst, aber eigentlich verhinderst du damit, dass dein Gegenüber ausführlicher darüber und über seine eigenen Erfahrungen spricht. Sag stattdessen: »Ich hab das schön gehört, aber nicht von dir. Willst *du* darüber sprechen?« Und dann lass die Person reden, wenn sie will.
2. Es gibt keine Verjährungsregeln für Beileidsbekundungen. Auch wenn du die Person seit Monaten oder vielleicht sogar seit Jahren nicht gesehen hast, aber weißt, dass ihre Mutter gestorben ist, dann solltest du diesen Verlust nicht ignorieren. Wir vermeiden solche Situationen sehr gerne, auch weil wir Angst haben, der Person den Tag zu versauen, aber in Wahrheit ist das ein wichtiger Teil des menschlichen Lebens. Du solltest ihn nicht verpassen.
3. Trauer ist chronisch, also nimm immer wieder Kontakt mit den Trauernden auf. Der Durchschnittsamerikaner in versicherungspflichtiger Vollzeitbeschäftigung bekommt drei bis fünf Tage frei nach dem Tod seines Ehepartners, Kindes oder der Eltern. Und dann arbeitet er wieder und sieht eigentlich ganz normal aus, also geht es ihm auch gut, oder? Es geht ihm nicht gut.

Kapitel

14

Ein starker Tagesabschluss

Ausstöpseln – handyfreie Zeit

»Da unser Verhältnis zu technischen Geräten einen immensen Einfluss auf unser Wohlbefinden hat, hat Thrive Global zahlreiche Microsteps – Veränderungen, die so klein sind, dass du sie auf jeden Fall umsetzen kannst – fürs Offline-Gehen entwickelt. Mein Favorit ist: das Handy nachts nicht im Schlafzimmer laden.«

– Arianne Huffington

1. Sorg für eine technikfreie Nacht, indem du dein Handy, dein Tablet, deinen Rechner und so weiter aus dem Schlafzimmer entfernst, bevor du ins Bett gehst. Dann hast du automatisch auch einen technikfreien Start in den Tag. Schnapp dir nach dem Aufwachen nicht sofort das Handy, sondern nimm dir ein, zwei Minuten Zeit, und atme tief ein und aus; formuliere deine Ziele für den Tag. Den Tag so zu starten und zu beenden wird die ganze Zeit dazwischen positiv beeinflussen.
2. Schalte alle Mitteilungen auf Lautlos – außer von Menschen, die dich erreichen müssen. Je häufiger unser Tele-

fon brummt, desto häufiger wird das Stresshormon Cortisol ausgeschüttet.

3. Sortiere den Startbildschirm deines Handys neu, um Ablenkungen zu vermeiden. Nimm dir ein paar Minuten Zeit, um zu überprüfen, welche Apps du wirklich auf der Startseite brauchst. Behalte nur diejenigen, von denen du profitierst – und lösche alle, die nur Aufmerksamkeit ziehen.
4. Steck dein Handy in die Tasche, und schau dich um, während du in der S-Bahn sitzt oder einkaufen gehst. Wenn du handyfrei unterwegs bist, kommst du eher mit Leuten in Kontakt, nimmst die Außenwelt, Sehenswürdigkeiten, die Landschaft wahr – und lädst deinen positiven Speicher auf.
5. Nimm dir täglich eine »Technik-Auszeit«, um Stress abzubauen und dich besser zu fokussieren. Plane feste Zeiten ein, zu denen du weder soziale Medien nutzt noch deine E-Mails checkst. Dann kannst du dich wirklich auf deine Arbeit oder auf dich selbst und deine Lieben konzentrieren.
6. Plane in deinem Kalender Zeiten für etwas ein, was dir wichtig ist – außer der Arbeit. Das kann Sport sein, eine Ausstellung oder ein Treffen mit Freunden. Aktiviere eine Erinnerung, damit du dich an deinen Plan hältst.
7. Leg das Handy auch während des Essens weg. Versuche diesen Microstep: Wenn du mit Freunden essen gehst, spielt das »Handy-Stapel-Spiel«. Legt alle Telefone in die Mitte des Tisches. Wer als Erstes sein Handy nimmt, zahlt die Rechnung für alle! Aber jetzt mal im Ernst: Immer wenn du mit jemandem zusammen irgendwo bist – mit Kindern, mit der Familie, mit Freunden oder auch mit Kolleg*innen bei einem Arbeitstreffen –, leg das Handy weg. Dann bist du viel präsenter und hast mehr von der Zeit!

Die Expertin:

Arianna Huffington ist Gründerin von *The Huffington Post* und Autorin zahlreicher Bücher. Zuletzt erschien von ihr *Die Schlaf-Revolution*.

Warum:

»Es gibt keine feste Vorgabe, wie häufig du eine Technik-Pause einlegen solltest – viel wichtiger ist, dass du diese Zeit fest in deinen Tag und deine Termine einplanst. Dass wir uns eine technikfreie Zeit nehmen und dadurch unsere Energien wieder aufladen, sollte eine feste Gewohnheit und so selbstverständlich sein wie das Aufladen unserer Handys. ›Ausstöpseln‹ ist wichtig, weil wir unseren Mitmenschen und uns selbst nur wirklich begegnen können, wenn wir den Kontakt mit der Welt – also zumindest mit der digitalen, bildschirmbasierten Version der Welt – erst einmal unterbrechen. ›Ausstöpseln‹ ermöglicht es uns, uns mit unserer natürlichen Kreativität und Lebensweisheit zu verbinden. Dann können wir das ruhige Kraftzentrum im Auge des Sturms entdecken. Und es hilft uns dabei, Stress abzubauen und einen Burn-out zu vermeiden, eine Krankheit, die sich heutzutage weltweit wie eine Epidemie verbreitet.« – Arianna Huffington

Vergeben und loslassen

»Wir lassen Leute in unsere Gedanken, die wir niemals in unsere Wohnung lassen würden; und dort können sie eine Menge Schaden anrichten. Wir müssen aufhören, sie einzuladen.«

– davidji

1. Mach dir bewusst, welche negativen Gedanken dich immer wieder beschäftigen. (Du weißt schon, welche.)
2. Versuch anzuerkennen, dass eine bestimmte Person »giftige« Gefühle und Gedanken bei dir auslöst – und widerstehe dem Bedürfnis, diese Wut zurückzugeben. Rache wird dir nicht helfen.
3. Verstehe, dass du dich für eine Reaktion *entscheiden* kannst. Und du hast dich dafür entschieden, dich gedanklich mit dieser Person zu beschäftigen und dir damit den Tag zu vermiesen.
4. Begreife, dass die verletzenden Worte und Taten anderer zu *deren* Gedanken und Realität gehören. Sie haben nichts mit dir zu tun, du musst sie also nicht persönlich nehmen.
5. Jedes Mal, wenn die Worte anderer in deinem Kopf auftauchen (denn das werden sie), lächle und sag – laut, falls dir das hilft: »Oh, hallo, ihr schon wieder? Ihr könnt gleich wieder gehen.« Wiederhole das so häufig wie nötig.
6. Sag abends, bevor du ins Bett gehst, laut: »Ich befreie meine Gedanken von ______.«
7. Wiederhole das morgens, wenn du aufwachst. (Du gibst dir damit selbst die Erlaubnis, dich vom Einfluss dieser Person – den du ihr selbst gewährt hast – zu befreien.)

8. Trainiere dein Gehirn darin, negative Gedanken zu eliminieren, und mach dir klar, dass mit dem Vergeben auch die Freiheit kommt. Du wirst frei sein, um dich mit positiven Dingen und Menschen, die dir guttun, zu beschäftigen.

Der Experte:

davidji ist international anerkannter Stress-Management-Spezialist, Meditationslehrer und Autor. (Außerdem bringt er Marines die 16-Sekunden-Atemtechnik, die er »schweigendes Atmen« nennt, bei.)

Warum:

Dauerhaft Groll gegen jemanden zu hegen und zu nachtragend zu sein ist, wie Gift zu trinken und zu erwarten, dass der andere daran stirbt. Pro Tag hast du 60.000 bis 80.000 Gedanken. Wenn 30.000 davon um diese eine andere Person kreisen, wird es Zeit, loszulassen. Vergeben hat relativ wenig mit anderen Menschen zu tun – es fängt bei dir selbst an. Und wenn wir anderen vergeben, befreien wir uns selbst aus der Gefangenschaft, die durch den Schmerz, den diese Person uns zugefügt hat, entstanden ist. Wenn du dich zu sehr an diesen Schmerz klammerst, hast du keine Ressourcen mehr für andere, wichtigere Dinge in deinem Leben. (Das heißt für die Menschen, die dir nahestehen.) Vielleicht sagst du: »Ich lade diese negativen Gedanken ja nicht ein; sie kommen ganz von selbst und beißen sich fest.« Dann denk daran: Vergeben ist eine Fähigkeit, die man üben kann und muss. Du musst dich immer und immer wieder aktiv fürs Vergeben entscheiden, irgendwann funktioniert es. Wahrscheinlich gibt es eine bestimmte Person und ein bestimmtes Thema, irgendetwas, was richtig harte Arbeit ist – bleib dran.

BONUS

Vergeben und loslassen bedeutet nicht, dass du das Verhalten desjenigen, der dich verletzt hat, gutheißt. Aber es ermöglicht dir, dich selbst aus dieser Verletzung zu lösen. Jemand anderes war ursprünglich für eine bestimmte Situation verantwortlich, aber häufig sind wir selbst diejenigen, die sich nicht von Worten oder Taten lösen können. Deshalb sind wir diejenigen, die loslassen müssen. Gib dir selbst die Erlaubnis, das loszulassen, wodurch andere dich gefangen halten, indem du ihnen verzeihst. Sag: »Ich glaube, dass du mich nicht absichtlich verletzt hast, also verzeihe ich dir. Du hast mich verletzt, oder ich habe es zumindest so empfunden, und das Gefühl möchte ich loslassen.« Fazit: Dein Seelenfrieden ist wichtiger, als wie ein Wahnsinniger darüber nachzudenken, warum etwas so gelaufen ist, wie es gelaufen ist. Lass los.

Vorbereitungen für einen guten Nachtschlaf

1. Stell deinen Wecker auf eine Stunde *vor* deiner regulären Bettgehzeit.
2. Wenn der Wecker klingelt, geh ins Schlafzimmer und stell ihn aus.
3. Verbring die nächsten zwanzig Minuten mit den Dingen, die dich wach halten würden, wenn du sie nicht erledigst. (Die Spülmaschine anschalten, Türen und Fenster schließen, im Gruppenchat eine Frage beantworten.)
4. Nimm dir dann zwanzig Minuten für Körperpflege. Zähneputzen, Zahnseide, duschen ... wie auch immer deine Routine aussieht, tu es jetzt. Vermeide dabei grelles Licht.
5. Verwende die letzten zwanzig Minuten für Entspannung,

welcher Art auch immer; das kann Meditation sein, ein Gebet, ein Buch lesen oder eine Serie schauen.

6. Entferne dein Handy aus dem Schlafzimmer. **Auf Seite 305 findest du Tipps für mehr handyfreie Zeit.**
7. Leg dich ins Bett, und mach es dir bequem.
8. Mach die »4-7-8«-Atemübung: Atme vier Sekunden ein, halte den Atem für sieben Sekunden, atme dann acht Sekunden lang aus.
9. Wiederhole Schritt 8 einige Male.
10. Schlaf gut.

Der Experte:

Dr. Michael J. Breus, aka »der Schlaf-Doktor«, ist ein renommierter Schlafwissenschaftler und Autor des Buches *The Power of When.*

Warum:

Wenn du dir deinen Schlafzimmer-Wecker als Erinnerung stellst, bist du gezwungen, ins Schlafzimmer zu gehen, um ihn auszuschalten, und das ist für dich ein visueller und emotionaler Trigger dafür, dass es Zeit ist, ins Bett zu gehen. (Wusstest du schon, dass du nicht dein Handy als Wecker verwenden solltest?) Wenn du deine abendliche Ins-Bett-geh-Routine in drei Zwanzig-Minuten-Blöcke aufteilst, schaffst du ein wiedererkennbares Muster, an das du und dein Körper sich gewöhnen werdet. Wenn du in den ersten zwanzig Minuten nicht alles erledigen kannst, was du für den nächsten Tag vorbereiten möchtest, dann schreib es auf, damit du es aus dem Kopf bekommst und wirklich abschalten kannst. Diese Liste zu schreiben kann fester Bestandteil deines Abendrituals sein, dann wirst du dich auch viel organisierter fühlen. Wenn du tief einatmest und dann den Atem anhältst, steigerst du so den

Sauerstoffgehalt in deinem Blut, sodass dein Körper weniger Aufwand betreiben muss, um alle Zellen damit zu versorgen. Und langes, langsames Ausatmen ist wie Meditation, also automatisch entspannend. Der Atemrhythmus ähnelt dann deinem Schlaf-Atemrhythmus, und Körper und Geist stellen sich schon mal auf diese Ruhephase ein.

BONUS

Du wachst morgens um drei Uhr auf und bist total angeknipst? Einer der Hauptgründe dafür ist zu niedriger Blutzucker. Wenn du, sagen wir mal, um neunzehn Uhr zu Abend gegessen hast, sind um drei Uhr seit deiner letzten Mahlzeit acht Stunden vergangen. Das heißt, dein Körper hat die ganze Zeit gefastet. Und wenn dein Gehirn denkt, dass dir die Energie ausgeht und dein Blutzucker fällt, dann weckt es dich, indem es das Stresshormon Cortisol produziert. Das löst einen Blitzstart deines Stoffwechselprozesses aus, du bekommst Hunger und wirst wach, um etwas zu essen. Die einfachste Lösung ist: Iss vor dem Zubettgehen einen Teelöffel unbehandelten Honig – den kann dein Körper nur schwer verstoffwechseln, und deshalb bleibt dein Blutzucker länger auf einem höheren Niveau. (Wenn du nicht auf Zucker stehst, probier stattdessen ein Guavenblatt, auch das reguliert den Blutzucker und fördert einen guten Nachtschlaf.)

Den Tag Revue passieren lassen und schauen, was gut geklappt hat … und was nicht

1. Sitz ruhig da, und atme ein paar Mal tief ein und aus.
2. Geh deinen Tag vom Aufstehen bis jetzt einmal durch. Mach dir eine gedankliche Notiz für alles, wofür du dankbar bist.

3. Denk darüber nach, wann an diesem Tag du dich besonders lebendig gefühlt hast. Wann hast du dich über eine Tätigkeit gefreut? Wann warst du im Flow?
4. Geh den Tag noch einmal durch, und überlege, wann du dich erschöpft gefühlt hast. Hat dich etwas (oder jemand) frustriert? Wann warst du besonders lustlos?
5. Stell dir die Frage: »Was hätte ich heute besser machen können?« (Übe diesen Schritt mit einer großen Portion Mitgefühl mit dir selbst.) »Ich hätte vielleicht geduldiger mit meinen Kindern sein können. Ich hätte meinen Kollegen genauer zuhören können. Ich hätte zum Sport gehen können.«
6. Lass jetzt *all das* los. Vergib dir selbst und den anderen. SIEHE SEITE 308 FÜR TIPPS, UM ZU VERGEBEN
7. Setze dir Ziele und Vorsätze für den nächsten Tag. Welche Erfahrungen aus dem heutigen Tag helfen dir, morgen einen besseren Tag zu verbringen?

Die Expertin:

Patty Morrissey ist Lifestyle- und Organisationsexpertin und Gründerin von Clear & Cultivate, einer Firma, die sich beiden Bereichen mit einem therapeutischen Ansatz widmet. Die *New York Times* hat Patty den Titel »Ordnungsguru« verliehen, und 2016 wurde sie eine der ersten zertifizierten KonMari-Beraterinnen außerhalb Japans. Mit Marie Kondo verbindet sie eine enge Zusammenarbeit.

Warum:

Diese tägliche Übung basiert auf den Exerzitien des Heiligen Ignatius, auf seiner »Tagesübung«. Wenn du den Rückblick mit den Dingen beginnst, für die du dankbar bist, stellst du dich darauf ein, dich erfüllt, genährt und sicher zu fühlen. Mit diesen positiven Gefühlen zu starten hilft dir dabei, liebevoll auf dich selbst zu blicken, wenn es an der Zeit ist, die Dinge aufzulisten, die du hättest besser machen können. Die Grundidee ist, den Tag in Einzelteilen zu betrachten. Konzentriere dich dabei auf die bereichernden Teile, und entferne oder optimiere die Teile, die dir am meisten Kraft geraubt haben. Wenn du dir über diese unterschiedlichen Teile bewusst wirst, hast du die Chance, Schritt für Schritt daran zu wachsen. Es geht darum, *jeden Tag einzeln* zu betrachten und zu verstehen, dass manchmal die kleinsten Veränderungen den größten Effekt haben. Wenn du dich dafür entscheidest, dich als Persönlichkeit weiterentwickeln zu wollen (Überraschung: Wenn du dieses Buch hier liest, hast du dich bereits dafür entschieden!), dann ermöglicht dir der Tagesrückblick, ein Fazit zu ziehen und zu schauen, wie es läuft. Also: Wie läuft es so bei dir?

Danksagung

Mein erster und größter Dank gilt Kristin van Ogtrop, die mir Ende 2018 völlig überraschend eine E-Mail geschrieben und mich gefragt hat, ob ich schon mal darüber nachgedacht habe, ein Buch zu schreiben. »Ähm, JA!«, war meine Antwort. Und das war der Startschuss für die zwei lustigsten, intensivsten und befriedigendsten Jahre meines Lebens. Danke, Kristin, du bist eine fantastische Agentin, und ich durfte viel mehr Ausrufezeichen verwenden, als es dir lieb war! Es war mir eine große Freude, mit dir zu arbeiten, und ich hoffe, wir tun es bald wieder!!!

Danke, Leah Miller, dass du von unserem ersten Telefonat an begeistert warst von der Buchidee – das war ziemlich ansteckend. Ich schätze mich glücklich, dass du dich so sehr für dieses Buch (und für mich) eingesetzt hast. Unser Austausch darüber, was wir tatsächlich vorher alles noch nicht wussten, hat mir viel Vergnügen bereitet. Unendlich dankbar bin ich dir dafür, dass du verstanden hast, nach welchem Ton ich suche (und warum ich so viele Klammern brauche). Danke an die wunderbare Seema Mahanian, deren genauer Blick und perfekte redaktionelle Begleitung mich unterstützt haben, wenn ich Hilfe brauchte – du warst immer herzlich und geduldig, und dank dir ist ein Buch entstanden, auf das ich wirklich stolz bin.

Mein Dank gilt auch dem gesamten Team von Grand Central Publishing, insbesondere Jordan Rubinstein, Alana Spendly, Mari Okuda, Xian Lee, Albert Tang und Haley Weaver, die das Buch in einer schwierigen Phase mit ihrer

Klugheit und Ruhe vorangebracht hat. Ich bin wahnsinnig stolz darauf, GCP-Autorin zu sein.

Dieses Buch gäbe es nicht ohne all die unglaublich tollen Expert*innen, mit denen ich Interviews geführt habe – denn schließlich bin ich selbst keine Expertin. Die letzten anderthalb Jahre war es mein Job, mit Leuten über ihre Leidenschaft zu sprechen und herauszufinden, wie man darin richtig gut wird. Jetzt bin ich *beinahe* eine in allen Lebensbereichen kompetente Erwachsene – und das durch eure Hilfe. Danke, dass ihr eure Weisheit mit mir geteilt und bei Fragen wie dieser nicht laut gelacht habt: »Moment mal, wo genau schüttest du das Waschmittel rein?«

Lauren Powell war ein Geschenk des Himmels und hat mich beim Transkribieren der Interviews und bei der Expert*innen-Suche unterstützt. Außerdem hat sie mir beigebracht, wie man mit Google Sheets arbeitet. (Und sie hat sofort alle panischen SMS und E-Mails beantwortet, wenn ich wieder vergessen hatte, wie das geht.) Und dank Allison Conte sah das Exposé besser aus, als ich es mir je hätte vorstellen können.

Danke an alle meine Freundinnen und Freunde, die sich um meine Kinder gekümmert, für mich Fahrgemeinschaften gebildet, mir Mut machende SMS geschickt und mir zugehört haben, wenn ich mal wieder (und wieder) über all die coolen Dinge gesprochen habe, die ich beim Schreiben des Buches lerne. Und die sich gemeldet haben, um zu hören, wie es mir geht, wenn ich zu lang untergetaucht war. Ein besonders dickes Danke an meine Freundinnen-Gang, die vorab Kapitel gelesen, leidenschaftlich das Cover diskutiert und jeden kleinen Schritt im Schreibprozess gefeiert hat. Auf euch, Ladys!

Ein großer Dank an alle, die sich die Mühe gemacht haben, für mich einen Kontakt zu den tollen Expert*innen herzustellen: Liz Carey, Kara Mendelsohn, Lindsey Weidhorn, Lauren Smith Brody, Suze Yalof Schwartz, Kristin Koch, Kristen Green, Krista DeMaio, Keri Potts, Jennifer Alfson, Gina DeCandia, Jamin Mendelsohn, Margarita Bertsos, Mary Giuliani.

Mein besonderer Dank geht an Joanna Parides Sims, deren unermüdliche Unterstützung dieses Buch, bevor es überhaupt ein Buch war, möglich gemacht hat. Danke, dass du mich unterstützt und motiviert hast, wenn ich unsicher war. Es ist wunderbar, dich an meiner Seite zu haben.

Danke an meine Schwestern, Melissa und Meghan, die immer meine ersten Leserinnen waren (sogar von Instagram-Posts – sorry, Mädels), meine größten Fans sind und ausgezeichnetes Feedback geben. Danke, dass ihr mich ausgehalten und euch um meine Kinder gekümmert habt und euch nicht heimlich per SMS über mich ausgetauscht habt. Habt ihr doch nicht, oder?

Ich danke meinen Eltern, John und Cindy Zammett, und meiner Schwiegermutter, Debbie Ruddy, für eure Unterstützung mit den Kindern (und der Wäsche) und dafür, dass ihr immer an mich geglaubt habt.

Danke an meine Kinder, Alex, Nora und Molly, dafür, dass ihr keinen Lärm gemacht, euch allein Essen gekocht und nie den Bus verpasst habt, während ich zu Hause in einem improvisierten Büro gearbeitet habe. Kleiner Witz! Ich liebe euch alle und bin total aufgeregt, dass ich das Buch jetzt mit euch teilen kann. Es ist Pflichtlektüre, und am Ende gibt es ein Quiz.

Und schließlich: danke an meinen Ehemann Nick, der die Stellung gehalten hat, immer und immer wieder, denn – das haben wir herausgefunden – Multitasking und gleichzeitig ein Buch schreiben ist nicht meine Stärke. Aber immerhin kann ich jetzt super Snacks arrangieren und ein Spannbettlaken zusammenlegen; das ist ja auch was. Ich liebe dich, und ich liebe unser Leben (jetzt, wo ich so viele neue, optimierte Fähigkeiten habe, die ich einbringen kann, sogar noch ein bisschen mehr).